현실의 예술화,
예술의 현실화

계명한국학총서 28

2012년 2월 10일 초판 1쇄 인쇄
2012년 2월 15일 초판 1쇄 발행

저 자 | 한국학연구원 편
펴낸이 | 신일희
펴낸곳 | 계명대학교출판부
704-701 대구광역시 달서구 달구벌대로 1095
전화 053-580-6233 팩스 053-580-6235
등 록 | 1970. 9. 1.(신고번호 제347-1998-1호)

ISBN 978-89-7585-579-5 93800
값 13,000원

계명한국학총서 28

현실의 예술화, 예술의 현실화

계명대학교
한국학연구원 편

계명대학교 출판부

책을 펴내며

계명대학교 한국학연구원은 2010년 10월 20일부터 22일에 걸쳐 '현실의 예술화, 예술의 현실화'라는 제목으로 제4회 한국학 국제학술대회를 개최한 바 있습니다. 학술대회는 한국 전통예술 속에 담긴 생태학적 상상력을 확인하고 그 상상력으로부터 현대의 문제들을 해결할 수 있는 어떤 암시를 얻을 수 있을지 모색해보자는 취지에서 기획되었고, 문학, 서화 · 도예, 건축 · 조경 등 다양한 분야의 학문과 실천의 현장에서 그 주제에 대해 고민해온 국내외 학자들이 발표와 토론을 맡아 진지하고 활발한 논의를 펼쳤습니다.

학술대회에서의 논의를 통해 우리는 현실의 문제들에 대한 선인의 고민과 해결의 의지가 예술 속에 투영되어 있다는 사실을 새삼 확인할 수 있었고, 그 예술 속에 담긴 상상력이 단지 미적 감상의 차원에 국한되지 않고 다시 현실의 문제들을 사유하고 그 해결을 모색하는 데 활용될 수 있는 소중한 자산임을 다시금 인식할 수 있었습니다. 또한 그 논의들을 통해 우리는 우리 고유의 전통을 현재의 삶과 조화롭게 융화시킬 때 공동체의 삶이 주체적이고 풍부해질 수 있고, 학문적인 연구와 현실 속의 실천이 긴밀하게 결합될 때 대학이 지역공동체와 공존하면서 자율적이고 대안적인 질서를 마련해 나갈 수 있다는 믿음을 재확인할 수 있었습니다.

이 책은 그 학술대회에서 발표된 논문들 가운데 아홉 편을 모아 엮은 것입니다. 학술대회에서의 논의들이 책으로 묶임으로써 전통예술의 상상력과 감수성이 어떻게 계승, 변용되어 현재의 삶에 활용될 수 있을지, 더 나아가 현실을 심미적으로 재구성하는 데 어떤 영감을 줄 수 있을지 고민하는 분들에게 그 문제의식과 결과가 공유되고 그리하여 더 진전된 새로운 논의로 이어지는 계기가 될 수 있기를 바랍니다.

계명대학교 한국학연구원

목차

성곽 도시, 대구(Taegu) 답사기:
독특한 역사현장을 보존하기에 너무 늦은 것이 아닌가?

_ 제임스 그레이슨(James Grayson)

_ 석용진

익숙하며 낯선 건축적 실험
– '우리안의 미래 연수원'의 건축사례를 중심으로 –

_ 이일훈

예술적 상상력으로부터 생태학적 감수성으로

- 생태학적 상상력과 실생활에서 유미주의의 추구 -

Christian Illies (Bamberg University, Germany)

예술적 상상력으로부터 생태학적 감수성으로

- 생태학적 상상력과 실생활에서 유미주의의 추구 -

Christian Illies (Bamberg University, Germany)

1. 생태적 위기에 관한 두 이야기

1) 생태적 위기의 역사적 뿌리

"검고 악마적인 공장들"은 낭만파 시인 윌리엄 블레이크(William Blake, 1757~1827)가 영국의 산업혁명의 원동력이었던 철학과 직물공장들을 묘사하기 위해 사용한 구절이다.[1] 이 구절은 환경위기가 우리의 세계를 강타하기 200여 년 전에 만들어진 것이지만, 미래의 재앙을 예견한 이미지로 보인다. 산업혁명은 우리의 자연환경을 파괴

1) 이 구절은 윌리엄 블레이크의 시 'Jerusalem'에 나오는데, 'Jerusalem'은 블레이크의 책 *Milton*(1804~10)의 서문에 처음으로 발표되었다.

한 가장 주된 원인이다.

그러나 산업혁명은 여러 가지 방식으로 인류를 위해서 긍정적이었는데, 특히 그것이 18세기 중엽 이후 광범위한 영향을 미친 농업의 개혁과 일치했기 때문이다. 산업혁명과 농업 개혁의 결합은 인구학적으로 급격한 변화를 가져왔다. 옥수수나 감자와 같은 새로운 작물을 포함해서 식량이 보다 효율적으로 생산되어 사망률이 감소하게 된다. 그러나 이런 긍정적인 발전은 자연환경에 극적인 영향을 미치는 변화들을 가져왔다. 점점 더 많은 사람들이 농지를 떠날 수가 있었고, 떠나야만 했다. 전체적으로 사회가, 또 세계가 변화했다. 농업과 농부에 기반을 둔 사회는 도시화되고 산업화된 사회가 되었다. 사람들이 계속 증가함에 따라 그들의 기술적 재정적 가능성뿐만 아니라 그들의 필요 역시 증가했다. 그러나 산업혁명과 인구의 증가는 세계의 많은 부분에서 자연자원에 대한 착취와 환경파괴로 이어졌다.

환경위기와 그 기원에 관한 이야기는 다른 용어들을 통해서 들을 수 있는데, 우리는 산업혁명의 배후에 있는 관념들을 찾아볼 수 있다. 린 와이트(Lynn White)가 바르게 말한 것처럼 "사람들이 자신들의 환경에 대해 한 것은 그들이 자신들의 환경 안에 있는 것들과 관련해서 자신들을 어떻게 생각하는가에 달려있다."[2] 인류는 산업혁명을 겪지 않고 최소한 10만년을 이 세계에 살아왔다. 근대 자연과학, 기술, 산업과 시장경제가 서유럽에서 그렇게 짧은 시간에 출현했다는 것은

---

2) Lynn Townsend White. 1967. "The Historical Roots of Our Ecologic Crisis". *Science*. Vol. 155(3767). pp. 1203~1207. cf. p. 1204.

무엇인가가 변했음에 틀림없다. 이 모든 것을 출현시킨 특별했던 유럽문화는 무엇일까? 나는 이런 혁명을 설명할 수 있는 서양 유럽의 주된 관념들에 대해 간략히 스케치를 하고자 한다.[3)]

2) 생태적 위기의 형이상학적 뿌리들

유럽의 발전과 일반적인 근대성을 형성한 두 개의 구별되는 문화적 영향이 있는데, 그리스철학과 기독교적 유일신주의이다.[4)] 그리스철학은 논증과 정당화에 관한 높은 기준을 발전시키는 데 특별했다. 소크라테스는 악명 높게 언제나 "왜?"라고 물었으며, 오직 엄격한 추론만이 진리에 이르는 길로 인식되었다. 이런 그리스철학이 중세에 기독교 신학과 결합되었을 때, 신에 대한 특별하고 새로운 이해를 가져왔다. 특히 스콜라철학은 창조자로서의 신은 유일하고 절대적으로 강력하며, 또한 모든 진리의 본질과 근원으로서 이성적이라고 결론지었다.

신에 대한 이런 관념은 자연에 관한 관념의 변화로 이어졌다. 만일 이성적 의지에 따라 이 세계를 창조한 유일한 신이 있다면, 그 세계는 신의 법칙에 의해 질서지어지고 다스려져야만 했다. 그것은 설명할

---

3) 필자의 이런 분석은 비토리오 회슬레의 책에 빚지고 있다. Vittorio Hösle. 1991. *Philosophie der ökologischen Krise*. Muenchen: Beck.

4) 유일신주의의 역할에 대해서는 토인비의 책을 보라. Arnold Toynbee. 1974. "The Religious Background of the Present Environmental Crises." in *Ecology and Religion in History*. eds. David and Eileen Spring. New York: harper and Row. p. 146.

수 없는 기적과 예측 못할 사건들로 가득한 곳이나, 신의 마음의 상징적 표현이 아니라, 이성적으로 구조화 된 곳이어야 했다. 따라서 그것은 인간 이성에 의해 알 수 있는(intelligible) 세계였다. 우리는 "신이 창조한 세계가 어떻게 작동하는지 발견함으로써 신의 마음을 이해할 수 있다."[5] 이 견해가 자연과학이 자라난 형이상학적 토양이었다. 게다가 만일 이 세계와 자연이 온전히 신에게 의존한다면, 자연은 어떠한 내재적인 직접성, 목적이나 목표를 가지지 않는다. 자연에 대한 이런 저평가 위에, 많은 철학자들은 자연을 (기계적) 법칙들에 의해 지배되는 단순한 물질적 객관성으로만 바라보았다. 하이데거는 자연법칙을 공식적으로, 그리고 양적인 단위로 표현하는 것을 가능하게 한 것은 바로 자연을 "시공간적으로 연결된 질량의 단위들이 운동하는 자기폐쇄적인 체계"[6]로 보는 자연관이라고 강조했다.

일단의 중세의 신학자들 역시 신에게는 사고와 의지 사이에 차이가 없으며 따라서 그가 생각하는 것은 동시에 창조된다고 주장했다. (완전하게 이성적이지 않은 의지가 있다면, 그것은 신의 결점이 될 것이기에 신의 의지는 완전히 이성적인 것이었다.) 지식과 행동이 결합되는 정도만큼 인간의 이성적 이해도 신의 탁월한 이성에 참여하게 된다. 프란시스 베이컨(Francis Bacon, 1561~1622)은 우리가 어떤 것의 원인을 알 때에만 우리가 그것을 아는 것이라고, 그리고 우리 자신

---

5) Lynn White, Historical Roots.

6) Martin Heidegger. 1988. "Age of World Picture." *The Question Concerning Technology and Other Essays*. Translated by William Lovitt. New York: Harper & Row Publishers. p. 100. cf. p. 119.

이 그 결과들을 산출할 수 있을 때에만 우리가 그 원인을 아는 것이라고 주장했다. 지암바티스타 비코(Giambattista Vico 1668~1744) 역시 보다 일반적이지만 유사한 의미에서 우리가 어떤 것을 다시 제작할 수 있고, 이미 그것을 제작해 보아야만 그것을 알 수 있다고 주장했다. 즉 "진리(verum)와 제작(factum)은 변환가능한 것이다." 이른바 비코의 "진리-제작 원리"는 근대과학의 주된 특징, 즉 자연과학과 실험의 밀접한 관련을 밝혀준다. 가설이 원인과 결과에 관한 예측을 하고 이들이 실험에 의해서 옳은 것으로 판정되는 것이다. 이것이 증대하는 기술(techonology)의 역할에 대한 설명이 된다. 이론적 통찰은 실천적 적용에 연결된다. 그리고 의미나 가치가 없는 단순한 대상으로서의 자연은 기술적 간섭과 조작을 위한 적절한 대상으로 보인다. 하이데거는 근대 기술에 관한 그의 비판에서 "자연은 모든 곳에서 … 기술의 대상으로 보인다"고 주장한다.[7] 이 과정에는 내재적이고 계속 진행하는 동역학이 있는데, 그 이유는 그 자체에서 한계를 찾지 못하기 때문이다. 과학과 기술은 전 세계를 "거대한 주유소"로 전환시키려 한다.[8]

우리는 서유럽에서 지배적이었던 다른 관념을 덧붙여야 하는데, 그것은 인간들이 자신에게 부여한 독특한 위치이다. 유대기독교적 전통

---

7) Martin Heidegger. 1988. "The Word of Nietzsche." *The Question Concerning Technology and Other Essays*. Translated by William Lovitt. New York: Harper & Row Publishers. p. 100. cf. p. 107.

8) Martin Heidegger. 1966. "Memorial Address." in *Discourse on Thinking*, Translated by John M. anderson and E. Hans Freund. New York: Harper& Row Publishers. p. 50

에 의하면 인간이 그리고 인간만이 신의 형상에 따라서 형성되었다. 이것이 의미하는 바는 인간과 다른 피조물 사이의 차이이다. 이런 격차는 신이 육화되어서 인간이 되었다는 기독교적 믿음에 의해서 더 깊어진다. 이것이 의미하는 바는 신과 인간 사이에 더 강한 유사성이 있다는 것을 의미한다.[9] 그리고 신의 절대적인 특징들이 신을 자연으로부터 초월하게 만들기 때문에, 인간 자신도 상당한 정도로 자연으로부터 초월하게 된다. 르네상스 시대의 철학자 피코 델라 미란돌라(Pico Della Mirandola)는 신과 같은 인간의 속성을 논하는데, 신과 같은 인간의 속성은 인간정신의 무한한 능력에 기원한다고 본다. 신은 인간을 다른 피조물과 다르게 창조하셨고, 인간이 상승해서 신과 하나가 될 수 있는 자유를 주셨다는 것이다. 100여년이 지난 후에 세익스피어의 햄릿은 서양 기독교의 인간관을 다음과 같이 아름답게 표현한다.

> (2막 2장)
> 인간이란 그 얼마나 멋진 걸작품인가! 그 이성은
> 얼마나 고매하고 그 능력은 얼마나 무한한가? 그 자태와 거동은
> 얼마나 우아하고 경탄할 만한가? 그 행동은 천사와 같고
> 이해력은 얼마나 신에 필적할 만한가? (김종환 역)

인간이 자신들에게 부연한 독특한 위치는 인간과 자연 사이의 이원

---

9) 신과 예수의 보다 강한 통일성을 주장하는 동방정교보다 서로마 기독교에서 특히 그렇다.

론에 영감을 주었는데, 이러한 이원론은 사유하는 존재(res cogitans)로서의 인간과, 어떤 의미나 가치가 없는 단순한 물질의 연장(res cogitans)으로서의 자연을 대조시키는 데카르트의 철학에 반영되어 있다. 이미 모든 종교의 강력한 반대자였던 루드비히 포이에르바흐(Lduwig Feuerbach)는 세계에 대한 기독교의 관심의 부재를 비판하고 있다. "자연, 즉 세계는 기독교인들에게는 가치나 관심의 대상이 아니다. 기독교인들은 오직 자기 자신과 자기 영혼의 구제만을 생각한다."[10] 포이에르바흐의 언명이 성급한 일반화를 하는 경향이 있어서 그의 시대의 모든 형태의 기독교 신학에 공정한 것은 아니지만, 서구기독교의 문제 성향을 잘 지적하고 있다고 할 수 있다. 르네상스 이후 인간에 대한 높은 평가와 자연에 대한 무시의 결합은 많은 신학자들과 철학자들로 하여금 자연세계에 대한 인간중심적인 지배의 태도를 가지게 했는데 특히 19세기 신의 존재가 의심되기 시작하면서 더욱 더 그랬다. 더 이상 신을 언급할 필요가 없자, 인간들은 자신들에게 절대적인 위치를 부여했고, 자연은 인간들이 가진 목적의 만족을 위하여 전적으로 기술을 통한 조작과 착취의 대상이 된다.

19세기의 산업혁명은 이런 인간중심적 관점, 자연과 지식에 대한 새로운 관념, 그리고 그에 따른 자연과학과 기술의 결합으로부터 초래된 명백한 결과물이다. 산업 혁명을 추동한 다른 요인은 18세기 이후 계속 발전된 자본주의 경제이다. 자본주의 경제는 산업혁명을 유

10) Ludwig Feurbach. 1957. *The Essence of Christianity*. New York: Harper & Row. p. 287.(*Das Wesen des Christentums*, Leipzig, 1841)

지시켰는데 왜냐하면 자본주의 경제만이 산업을 일으키기 위해 필요한 막대한 재정적 수단을 만들 수 있었기 때문이다. 그리고 자본주의 경제는 기업가들이 다양한 산업에 투자하는 것을 바람직하도록 만들었다. 이 모든 것이 자연환경에 그렇게 파괴적인 새로운 발전의 동역학을 설명한다.

2. 세계관과 태도들

자연에 대한 근대적 태도는 전 지구적 현상이 되었다. 과학, 기술, 그리고 자본주의 경제-겔렌에 따르자면 근대 산업사회의 삼각 구조[11]-가 거의 모든 인간사회를 강력하게 바꾸어 놓았다. 물론 이것은 세계가 서구기독교를 받아들였다는 것을 의미하는 것을 의미하는 것은 아니다. 오히려 반대로 유럽에서조차 산업화의 시기는 세속화의 시기였다. 19세기말부터 과학, 기술, 인간중심주의는 형이상학적이고 종교적인 배경으로부터 점점 더 독립적이 되었다. 대부분의 과학자들과 철학자들에게 신이라는 가설은 불필요하고 낡은 것이 되어버렸다.[12]

---

11) 겔렌은 그것을 근대산업사호의 상부구조라 부른다. (*Die Seele im technischen Zeitalter*. Hamburg. 1957. p. 11ff.)

12) 이런 발전 자체가 최소한 부분적으로는 서양 기도교의 공리들의 결과라는 것에 주목할 만하다. 신 뿐 아니라 기본적인 형이상학 가정들은 기독교가 그리스철학으로부터 받아들인 논증과 정당화의 높은 기준을 통과할 수 없는 듯이 보인다. 수학과 자연과학은 건전한 추론의 패러다임이 되는데, 왜냐하면 그것들은 객관적인 타당성이나 실

그로부터 결과 된 근대성의 세계관은 비록 지구의 거의 대부분에 이르렀지만, 특별히 정합적이거나 철학적으로 건전한 것이 아니었다. 그렇지만, 근대성은 세계에 대한 일련의 태도를 발전시켰고, 이런 태도를 전 지구적으로 받아들여지게 할 정도로 강력했다. ('태도 attitudes'라는 용어로 내가 의미하는 것은 어떤 방식으로 행위 하는 믿음, 감정과 성향을 포함한 복잡한 정신 상태이다.[13]) 이런 태도들은 세계의 대부분의 곳에서 강력하며 그것들은 개인적 혹은 집단적으로 사람들의 삶을 인도한다. 이런 태도들은 역동적이며 어느 정도까지 지역적 문화로부터 독립적이다. 다른 신념과 세계관을 가진 사람들 사이에서도 이런 태도들이 발견된다. 이런 태도를 가지기 위해서 사람들은 그들의 세계관에 대해서 의식할 필요가 없다. 그들은 단지 어떤 방식으로 행동하는 경향을 가지고 있다.

만일 우리가 자연을 대하는 방식을 바꾸고자 한다면, 우리는 근대성의 태도들을 살펴보아야 한다. 그 태도들은 강력하다. 하지만 동시에 그런 태도들이 가능하게 한 것에 관해 깊이 양가적(ambivalent)이다. 그런 태도들은 한편으로는 근대세계의 위대한 성취를 가능케 했으며, 다른 한편으로는 사람들이 성공적으로 자연을 착취하고 파괴하도록 추동했다. 따라서 그런 태도들을 주의 깊게 살펴볼 필요가 있다.

험을 통해 검증된 결과들을 산출하기 때문이다. 하지만 종교적, 형이상학적, 도덕적 가정들에 대해서는 이런 결과들이 산출되지 않는다. 그것들은 비견할만한 객관성이나 방법론을 가지고 있지 않다. 기독교는 신을 세계와 자연으로부터 물러나게 하는데, 그 결과로서 신은 완전히 사라진다.

13) Cf. WordNet, a lexical Database for English by Princeton University. (http://wordnet.princeton.edu)

3. 근대성의 주된 태도들

1) 그런 태도들은 무엇인가?

근대적 인간의 가장 명백한 특징은 자기 자신에게 집중하는 것이다. 우리는 이를 자기중심적 관점이라 할 수 있을 것이다.

(a) 자기중심적 관점

이런 태도는 어떻게 형성되었는가? 만일 신이 없고, 자연이 모든 객관적 성질들과 의미를 가지고 있지 않다면, 사람이 어떤 목표를 설정하고 어떤 것에 중요성을 주기 위해 사람은 자기 자신에게로 향해야 한다. 규범성은 자기 자신 외에 다른 준거점을 가지지 않는다. 자기중심적 관점은 그것의 초점이 인간성(humanity) 그 자체라면 긍정적일 수 있다. 그렇다면 그것은 인간의 독특한 가치와 도덕적 중요성을 이해하는 근거가 될 수 있다. 그러나 만일 자기중심적 관점이 인간들로 하여금 다른 존재하는 것들의 가치에 관심을 갖지 못하거나 보지 못하도록 한다면 위험하다. 만일 인간이 자신만이 이 우주에서 유일하게 의미있는 존재라고 생각한다면, 인간은 다른 형태의 존재들이나 생명들에 대한 어떤 의무도 인정하지 않을 것이다. (프리드리히 니체가 보여주는 것처럼, 주관으로부터 독립된 가치를 인정하지 않는 자기중심성은 일반적인 가치회의주의로 귀착될 것이다.)

인간의 자기중심적 태도에 상응하는 것은 어떤 내재적 가치도 가지지 않은 자연관이다. 두 번째 태도는 다음과 같다.

(b) 순수한 물질적 객관성으로서의 자연관

독일시인 프리드리히 쉴러(F. Schiller)는 이것을 "세계의 비주술화 the disenchantment of the world"라 불렀다. 이 용어는 사회학자 막스 베버(M. Weber)에 의해서 이 세계에서 어떤 의미나 가치를 발견하지 않는 근대세계의 근본적 변화를 묘사하기 위해서 사용되었다.[14)] 이런 태도는 양가적이다. 그것은 비록 환경을 위해서는 재앙이었지만, 여러 모로 인간을 위한 위대한 축복이었던 근대의 과학과 기술을 발전시키는 원동력이 되었다.

베버는 이런 비주술화는 이성에 대한 새로운 이해와 동반된다는 것을 관찰했다. 자연에 객관적인 가치가 없다면, 그런 가치들을 찾는 것은 더 이상 이성적인 것이 아니다. 가치판단을 하는 것, 혹은 어떤 특질에 대한 주장을 하는 것은 결과적으로 이성적 노력으로 간주되지 않는다. 따라서 미학, 윤리학, 종교는 단순한 감정, 욕망이나 믿음에 기초한 것이지 어떤 이성적 직관에 기반한 것은 아니다. 이성은 그것의 가장 높은 기능, 즉 이념이나 목적을 찾는 기능을 상실했다. 근대적 이성관에 의하면 이성은 비정신적인 세계라는 기제(mechanism)에

---

14) "Der Sinn der 'Wertfreiheit' der soziologischen und ökonomischen Wissenschaften" (1917), *Gesammelt Aufsätze zur Wissenschaftlehre*, Tübingen: Mohr 1988, p. 489~540.

서 인과적 사슬을 찾을 수 있을 뿐이다. 근대에서 이성의 모든 적절한 사용은 도구적이다. 차알스 테일러(Charles Taylor)는 그의 저서 <The Ethics of Authenticity진정성의 도덕>[15]에서 이런 제한된 이성관을 근대의 세 가지 질병들 중의 하나라고 주장했는데, 테일러를 따라 그것을 세 번째 문제 있는 태도라고 부를 좋은 이유들이 있다.

(c) 전적으로 도구적인 이성관

비토리오 회슬레(Vittorio Hösle)는 이런 이성관이 다른 두 가지 태도들보다 근본적이라고까지 주장한다. "근대 정치사와 지성사의 가장 큰 실수는 모든 본질적인 문제들이 도구적 이성을 위한 질문으로 변형될 수 있다는 환상이다."[16] 만일 우리가 목적이나 가치에 대해서 이성적인 논변이 가능하다는 신념을 포기한다면, 우리는 도덕적 의무나 요구를 받아들일 수 없다. 따라서 우리에게 남은 것은 우리 자신들 뿐이다. 다른 말로 하면 우리가 제한된 이성관을 받아들인다면, 다른 두 가지 태도도 가지게 된다는 것이다.

2) … 그리고 어떻게 그 태도들이 변형되어야 할 것인가

만일 이 세 가지 태도들이 사람들이 실제로 행동하는데 있어서 중

---

15) Charles Taylor. 1992. *The Ethics of Authenticity*. Harvard University Press.
16) Vittorio Hösle. 1991. *Philosophie der ökologischen Krise*. München: Beck.

요한 영향력을 가진다면, 그런 태도들을 바꾸지 않는 한 환경위기는 극복되지 못할 것이다. 하지만 이런 태도의 변화는 아주 주의 깊게 행해져야 하는데, 그런 태도들의 변화가 그것이 가지고 있는 긍정적인 것을 상실하게 해서는 안되기 때문이다. 우리가 스스로를 무시하거나 인간들의 독특한 가치를 무시해서는 안될 것이다. 그러나 우리는 실재에 대해서 보다 풍부한 접근을 해야 한다. 우리에게 요구되는 것은 인간중심적인 관점을 초월해서 우리들 외에 다른 가치들과 관점들을 인정해야 하는 것이다. 이것이 의미하는 것은 우리가 다수의 자의적인 관점을 택한다는 의미가 아니라, 우리가 상황을 모든 적절한 관점에서 살펴봄으로써 그렇게 해야 한다는 것이다. (한스 요나스(Hans Jonas)가 우리에게 말하는 것처럼) 예를 들어 우리의 행동이 생태계에 강력한 영향을 미칠 때, 우리는 우리의 행동에 의해서 영향을 받는 미래 세대의 사람들의 관점과 다른 생물체들의 관점에서 우리의 계획을 고려해야 한다. 우리는 첫 번째 태도에서 변형된 태도가 필요하다.

(a*) 자기중심적 관점을 초월하는 능력

생태위기가 우리를 너무 심하게 강타했기 때문에 비록 우리가 자기중심적 관점을 취한다 하더라도 무엇인가가 해야 한다고 느낀다. 하지만 그것만으로는 충분하지 않다. 자기이익은 미래로 충분히 연장되지 않는다. 자기이익은 정의상(by definition) 자식이나 손자들의 이익을 포함할 수는 있겠지만 자신의 죽음과 함께 끝이 난다. 그것들은 또한 그 범위에서 제한되어 있다. 예를 들어 왜 내가 미국 멕시코만의 기름유출을 걱정해야 하는가? 만일 기름 유출이 나에게 영향을 미치지 않는다면, 나의 자기이익은 나로 하여금 어떤 행동을 하도록 요구하지 않는다. 우리가 자연 그 자체로서의 어떤 객관적 속성이나 가치들을 인정할 때에만, 자연은 "어디에서나 기술의 대상으로 나타나는" 것이 아니라 보전할 가치가 있는 것으로 나타난다. 다시 한번 말하지만 이것이 두 번째 문제 있는 태도의 긍정적 측면을 무시해야 된다는 것을 의미하는 것은 아니다. 비주술화된 자연관은 자연과학이 발전하는 것을 허용하였고, 자연과정을 규제하는 기제에 대한 우리의 이해를 깊게 했다. 우리는 대상으로서의 자연과 객관적 속성과 가치를 가지는 자연이라는 두 가지 견해를 아우르는 보다 넓은 자연관을 가져야 한다. 새로운 태도는 다음과 같다.

(b*) 물질적 객관성과 가치 있는 존재로서의 자연관

변화된 태도 (a*)와 (b*)는 생태적 태도로서 유망하지만, 사상누각으로 보일 수 있다. 자연에 물질적 객관성 이상의 것을 용인하는 것이 단지 우리의 희망적인 생태적 사고 이상일 수 있을까? 인간중심적인 관점을 초월할 때 왜 우리가 자연에서 가치 있는 것이나 어떤 객관적 속성을 찾아야 한단 말인가? 두 가지 문제 있는 태도들의 변화는 그것들이 보다 견고한 기초, 즉 이성적 기초를 찾을 때에만 가능하다. 그러나 그것은 이성의 도구적 사용의 한계를 넘어설 때에만 가능하다. 즉 이성이 객관적 속성들과 이성적 목적들을 찾고 지지할 수 있어야한 한다. 이것이 아리스토텔레스가 우리 이성(nous)의 가장 높은 과업이라고 본 것인데, 회의주의자가 자신의 회의주의를 더 이상 주장할 수 있는 여지를 남기지 않는 방식으로 첫 번째 원리들을 진리로서 인식하는 것이다.

명백히 이것은 힘든 과업이다. 이성이 이 목적을 성취하길 희망할 수 있을까? 이성은 결정적인 지점에서 회의적인 "왜"라는 질문을 견뎌낼 수 있을까? 이 도전에 대답하는 것은 나의 강연의 목적을 벗어난다. 변화된 태도가 근대의 주도적인 세계관을 이겨내기 위해서는 그런 태도가 견고하고, 이성적 기초를 가질 필요가 있다고 가언적인 방식으로 말하는 것으로 충분할 것이다. 그리고 이것은 다시 가치와 객관적 속성에 대한 이성적 판단을 찾는 과거의 기획(project)에 대해 긍정적 태도를 갖기를 요구한다는 것을 덧붙이자. 세 번째 변화된 태도는 다음과 같다.

(c*)규범적인 사용을 포함하는 보다 풍부한 이성관

우리가 보다 풍부한 이성관을 성취할 수 있는 지는 태도의 변화만으로는 보장되지 않는다. 이성의 규범적 사용-칸트가 이성vernunft이라 부르는-은 단지 우리의 희망적 생각일 수 있다. 그러나 이런 기획과 변화된 태도를 위한 이론적 이유와 실천적 이유가 있다: 첫째, 이성의 규범적 사용에 반대하는 강한 반대 논변이 존재하지 않는다. 데이비드 흄과 그의 추종자들은 이성은 정념의 노예가 될 수 있고 그렇게 되어야만 한다고 주장했을 뿐이지 논증을 한 것은 아니다.[17] (만일 그 주장이 이성적인 직관이 되기를 희망한다면, 그것은 자기모순적인데, 그런 주장은 도구적 이성의 결과일 수 없기 때문이다.) 따라서 이성에 대한 우리의 이해는 논증이라기보다는 태도이다. 둘째, 우리가 자연이 보전할 만한 가치가 있다는 논증을 제시할 수 없다면 우리는 환경위기를 극복할 수 없을 것이다. 환경윤리의 많은 철학적 논증들이 그에 관련되어 있다. 자연을 보전하는 것이 인간에게 이익이 된다는 단순한 호소 만으로 환경위기를 극복할 수 없다. 따라서 만일 우리가 생태적 위기를 극복하고자 원한다면 우리는 풍부한 이성관이 가능하다는 낙관적인 견해를 필요로 한다.

4. 예술과 상상력의 전망

1) 어떻게 태도가 변하는가

만일 우리의 태도들이 최소한 부분적으로는 오랜 관념사의 산물이라 한다면, 새로운 관념과 세계관이 그것들에 영향을 미칠 수 있을 것이다. 환경위기는 우리의 태도들을 변화시키기 시작하고 있는 세계관의 공리들(axioms)에 대한 반성을 시작하게 한다. 환경위기는 모든 사람들에게 점점 더 가시적이 되고 있다. 철학자들, 윤리학자 그리고 공적인 지성인들이 자연에 대한 우리의 접근을 재고해야 한다고 요구한다. 그것은 좋은 신호이다. 정치적 제도들조차 비록 그 결과가 아직

---

17) David Hume. 2003. *A Treatise of Human Nature*. Oxford University Press.

좋지는 않지만, 기후변화를 정책논제로 상정하고 있다. 새로운 생태적 감수성이 자라고 있다.

근대성의 형성에 중요한 기여를 한 기독교 신학은 저평가된 자연관과 강한 인간중심주의적 태도가 생태적 위기를 초래하는데 한 몫을 했다는 것을 깨닫고 있다. 결과적으로 많은 신학자들은 그들의 자연관을 재고하고 환경에 대한 새로운 태도를 증진하고 있다. 신과 세계 사이의 심한 대조가 문제가 있는 것으로 보이기 때문에 창조를 긍정하는 자세를 취할 신학적 이유들이 존재한다. 스티븐 부마-프레디거(Steven Bouma-Prediger)는 성경이 "우리 인간들이 인간 종이 아닌 다른 이웃들과 다르지만 동시에 중요한 면에서 유사하다"고 선언하는 것으로 읽혀야 한다고 강조한다. 우리는 책임감 있는 존재들이고 지구상의 피조물이다.[18] 신학은 세계와 그 가치에 대해서 긍정적인 자세를 인정하는 방향으로 전환하고 있다. 서양의 기독교는 오늘날에는 생태운동을 지지하는 능동적인 힘이다.

그리고 우리는 자연에 대한 긍정적인 접근이 기독교에 전적으로 새로운 것이 아니라는 것을 덧붙일 수 있다. 제임스 내쉬(James Nash)가 말하는 것처럼 기독교가 창조를 부정한다는 생태론자들의 접근은 기독교 역사의 "복잡하고, 모호하며 다양한 성격"을 부정하는 것이고, 기독교 역사에서 비록 소수이기는 하지만 생태적 감수성을 위한

18) Cf. "Is Christianilty ro Blame? The Ecological Complaint Against Christianity" by Steven Bouma-Prediger. (http://www.sebts.edu/lowbandwidth/faithandculture/pdf.docs/bouma_prediger_is-christianity_to-blame.pdf, 7.10.2010). 그의 책에서 보다 자세한 분석을 볼 수 있다. *For the Beauty of the Earth-A Christian Vision for Creaction Care,* Ada, MI: Baker Academic. 2001.

다양한 목소리들을" 인정하지 않는 것이다.[19] 예를 들어 이미 1200년경에 성 프란시스코는 인간과 피조물 사이의 조화를 주창했다.

태도들은 뿌리 깊은 우리의 사고와 행동의 공리(axiom)들이다. 그것이 우리의 세계관을 재고하는 것이 그것들을 변화시키는 방법들 중 하나인 이유이다. 그러나 그것이 전 지구적 변화를 위해서 가장 유망한 방법은 아닐 것이다. 우리는 다양한 문화, 종교 세계관이 있는 세계 속에 살고, 모든 사람에게 세계와 자연에 대해 어떻게 생각하라고 지시할 수 있는 기관은 다행히도 없다.[20] 게다가 태도라는 것은 아주 드물게만 의식적으로 선택되며, 그것들은 다양한 원천으로부터 생겨난다. 비록 태도들은 세계관에 의해 영감을 받지만, 그것들이 세계관들로부터 단순히 연역되는 것은 아니다.

그것이 우리가 근대의 주된 태도를 변형시키는 다른 방식들을 찾아야 하는 이유이다. 생태적 위기는 전 지구적이며 따라서 전 지구적 응전을 필요로 한다. 그런 전 지구적 응전은 자연에 대한 인간의 일반적 접근방식이 변하지 않는 한 찾기 어려울 것이다. 개인의 성격과 달리, 태도는 새로운 통찰이나 교육을 통해서, 혹은 경험이나 다른 영향, 예를 들어 예술 같은 것을 통해서 변화한다. 블레이크는 그런 노력을 위한 좋은 예를 보여준다. 그의 시 예루살렘에서 그는 신, 인간, 그리고

19) James Nash. 1991. *Loving Nature: Ecological Integrity and Christian Responsibility*. Nashville: Abingdon. p. 79.

20) 명백히 모든 세계관들이 평등하게 가치가 있지 않다는 것을 덧붙여야 한다. 어떤 것들은 오히려 위험하고, 어떤 것들은 비판되어야 한다. 그럼에도 불구하고, 칼 포퍼가 강조하듯이 다른 세계관을 가질 수 있는 자유가 있고, 누구나 가져야 하는 단 하나의 세계관이 없다는 것은 더 좋은 일이다.

자연 사이의 미래의 화해를 그리기 위해서 악마의 공장과 신약성서에 나오는 이미지를 대조시키고 있다.

> 나는 나의 정신적 싸움을 멈추지 않겠네.
> 또한 나의 칼도 나의 손에서 잠들지 않을 것이네
> 우리가 영국의 푸르고 쾌적한 땅 위에
> 예루살렘을 건설하기 까지는

블레이크는 그의 독자들의 사회적 양심과 자연에 대한 의식을 고양시키고자 했지만, 그는 세계관의 변화를 위한 논변을 제시하지 않고 단지 비전을 제시했다. 그리고 그런 비전이 더 강력할 지도 모른다. 200여년이 지난 후에도 보다 좋은 세계에 대한 그의 이미지는 사람들에게 호소력을 가지고 있다. 그리고 오랜 동안 이 시는 사람들의 태도를 변화시켜서 어떤 사람들은 영국의 "푸르고 쾌적한 땅"의 아름다움에 대해 감수성이 보다 풍부해졌을 것이다. 시도, 예술작품 일반처럼 태도를 변화시킨다. 이런 가능성을 살펴보자.

2) 예술, 상상력 그리고 태도들

리차드 월하임(Richard Wolheim)이 말하는 것처럼, 예술의 본질은 "인간문화의 전통적인 문제들 중에 가장 포착하기 어려운 것들 중의 하나이다."[21] 예술을 이해하는데 있어서는 근본적으로 다른 가능성들

21) Richard Wolheim. 1980. *Art and Its Objects,* 2nd edn. Cambridge University press. p.1.

이 있다. 최근에 예술은 단순히 어떤 사람들이 예술로 간주하는 것이라 주장된다. 다른 가능성들은 그것을 간접적인 소통의 수단으로 보는 것이다. 보다 전통적인 가능성은 예술을 현실에 대한 재현이나 모방(mimesis)으로 보는 것이다. 이에 반해서 예술은 어떤 이념적인 실재에 대한 표현이나 반성으로 보는 것이다. 헤겔은 예술은 절대적인 것의 모방이라고 주장했다.

이하에서 "예술은 어떤 이상(혹은 이념)의 표현이다"라는 정의를 더 이상의 논변 없이 나의 논의의 출발점으로 삼겠다.[22] 우리의 목적을 두고 볼 때 이런 이상의 정확한 성질은 열려 있다. 그것은 단순히 사고의 가능성일 수도 있고, 어떤 진리일 수도 있다. (그것은 독일관념론에서 논변하다시피, 보다 깊은 형식의 실재 일 수도 있다. 이런 예술의 정의를 강하게 주창했던 쉘링은 "이상은 실재이며, 이른바 실재 그 자체보다 더 실재하는 것이"라고 말했다.[23]) 이상의 표현으로서 예술관은 다음과 같은 세 개의 주목할 만한 주장을 내포한다.

첫째, 만일 예술이 무엇을 표현한다면, 그것은 내용을 가져야 한다. 이런 면에서 예술은 감정 등의 단순한 표현이나 자극 이상이다. 그것은 진정으로 어떤 것에 관한 것이다. 이것은 그 내용이 항상 혹은 충

---

22) 이런 예술 이해에 관한 논증적 방어는 다음 글을 보라. C. Illies. 2005. "Architektur als Kunst" *Zeitschrift für Ästhetik und Allgemeine Kunstwissenschaft* 50/1. S. 57~76.

23) *The Philosophy of Arts*, trans. Douglas W. Scott, Minneapolis: University of Minnesota Press 1989, p. 5. Mark Roche의 저서에서 재인용했다. Mark Roche. 2004. *Why Literature Matters in the 21st Century*. New Haven: Yale University Press. p. 18.

분히 말로 표현될 수 있어야 한다는 것을 의미하는 것은 아니다. 그러나 이상들이 우리의 세계를 위한 적절한 이상들이 위해서는 우리가 그런 이상들을 이해할 수 있는 어떤 방법이 있어야 한다. 우리의 현재의 목적을 위해서 그 것이 중요한데 이런 이상들이 생태 논쟁을 위해서 적절하기 때문이다.

둘째, 만일 예술이 어떤 이상 혹은 이념에 관한 것이라면 그 것은 예술작품의 질을 위해서도 적절성을 가질 것이다. 좋은 예술은 풍부하고, 적절하고, 설득력 있는 형태로 표현된 사소하지 않은 내용을 가져야 한다. 열등한 예술은 사소한 내용이나 적절하지 않은 형식 등을 가질 것이다.

셋째, 이런 이해에 따르면 예술작품은 또한 소통의 수단이다. 좋은 예술작품은 그것을 감상하는 사람들의 사고와 감정을 자극하여 사람들에게 영향을 미치고 그들을 변화시킬 것이다.

만일 우리가 이런 예술이 정의를 받아들인다면, 우리는 예술이 사람들을 보다 좋게 변화시킬 수 있다는 철학자들을 따를 수 있을 것이다. 칸트는 예술과 자연의 미가 도덕적 행동을 위해 중요한 자유의 느낌을 환기시키는 방식에 관한 유명한 분석을 남겼다. 최근에는 일레인 스캐리(Elaine Scarrry)가 그녀의 책 "미와 정의로움Beauty and Being Just"이란 책에서 비슷한 방식으로 "미는 소명calling"이라고 주장했다.[24] 그녀는 미가 정의감을 지지하고 증대시킨다고 주장한다. 예를 들어 미는 양 극단에 대한 합당한 무게배분과 균형 등의 관념을

---

24) Elaine Scarry. 1999. *On Beauty and Being Just*. Princeton University Press. p. 109.

환기시킴으로써, 사람들로 하여금 정의가 무엇인지 느낄 수 있게 한다는 것이다. 스캐리에 의하면 이것은 단순한 유비(analogy)를 넘어선다. 미는 감상자에게 무엇인가를 한다. 그것은 감상자에게 "정신적 행위(mental acts)를 . . 촉발한다."[25] 그것은 "우리의 관심을 부재하는 것으로 향하게 하고, 부재하는 것을 위해서 압박하며 능동적이며 끈질긴 소명이다."[26] 스캐리의 분석은 우리의 탐구를 위해 중요한 두 개의 국면들을 가지고 있다: 미는 내용이 있으며 (그녀는 그것을 진리와 연결시키기까지 한다) 이 내용을 우리에게 전달해서 우리가 다르게 행동하도록 "압박한다." 우리가 이런 예술의 효과를 개연성 있게 만들 수 있는가?

우리가 상상력의 역할을 고려한다면 우리는 그 답에 가까워질 것이다. 상상력이 예술에 들어오는 것은 두 가지 점에서 이다: 첫째, 창조의 행위에서, 예술가들이 무엇을 제작할 때 그는 정신적 이미지, 감각이나 개념을 형성함으로써 그것을 상상한다. 그리고 예술작품은 감상하는 사람들의 상상력을 촉발시킨다. 그것은 사람들로 하여금 그들의 정상적인 생활과 다른 방식으로 생각하고 느끼게 한다. 예술작품은 우리를 그 형식과 내용이 예술작품에 의해 주어진 가상의 세계 (마치 그러한 것 같은 세계as-if world)에 위치시킨다고 할 수 있을 것이다. 이런 방식으로 감상자는 예술작품의 내용에 노출되고 예를 들어 무엇이 가치 있는 지에 관해 새로운 통찰을 얻는다. (메리 워녹(Mary Warnock)에

---

25) Ibid., p. 30.

26) Ibid., p. 109.

의하면 상상력은 문자 그대로 "우리의 세계에 가치를 주는 것이다") 칸트는 (주피터의 독수리에 의해 예시되는) 예술의 가능성을 1790년에 출판된 그의 판단력 비판의 49절에서 아름답게 표현한다.

> 주피터의 독수리는, 논리적 속성과 같이 창조의 숭고함과 장엄함에 관한 우리들의 개념 속에 들어있는 것을 나타내는 것이 아니라, 그 와는 다른 어떤 것, 즉 구상력[상상력]으로 하여금 다수의 유사한 표상들 위로 확장될 수 있도록 하는 계기를 부여하는 어떤 것을 나타내는 것이다. 그리고 이러한 유사한 표상들은 구상력[상상력]으로 하여금 언어에 의하여 규정된 어떤 개념으로 표현될 수 있는 것 이상의 것을 사유하게 하는 것이다. 그리하여 미적 상징은 그러한 이성개념에 있어서 논리적 현시의 대용이 되는 미적 이념을 부여하는데, 이는 본래 이 미적 이념이 심의에 대하여 유사한 표상들의 광대한 분야에의 전망을 열어줌으로써 심의에 생기를 넣어주기 위한 것이다.(이석윤 역, 판단력 비판)

만일 예술이 진정으로 이런 효과를 가진다면, 예술작품들은 감정, 믿음, 가정들로 구성되는 태도들을 형성할 수 있고 영향력을 가질 수 있다. 예술작품들은 사람들로 하여금 새로운 태도들을 상상하게 한다. 이런 상상된 태도들은 감상자가 우연히 가지고 있는 태도들과 비교될 것이다. 실제의 태도가 변하지 않을 수도 있고, 상상된 가능성의 빛에 비추어 변형될 수도 있다. 이것이 미, 그리고 예술작품이 "소명"일 수 있는지에 관한 설명이 될 것이다. 이것이 예술작품이 우리에게 영향을 미치는 방법에 관한 추측(speculation)이라는 것은 명백하다. 그러나 이것은 거의 탐구되지 않은 영역에 관한 개연성 있는 추측이고, 그 정도면 우리의 현재 목적을 위해서 충분하다.

5. “진정한 개혁을 향한 평화로운 길” : 건축적 예들

1898년에 에베네자 하워드(Ebenezar Howard)는 자연에 가까운 곳에 공동체적 생활을 가능하게 하는 정원도시(Garden Cities)라는 이념을 발전시켰다. 그의 책의 제목처럼 그는 진정한 개혁을 위한 평화로운 길에 관해 논의한다.[27] 하워드는 건축과 도시설계가 사람들과 그들의 태도를 변화시키는 최선의 방법이라고 믿었다. 만일 사람들이 자연에 가까운 올바른 건물들에 산다면 그들은 진정으로 개혁될 것이다. 이 이념을 진지하게 받아들여 보자. 건물들은 특별한 인공물이다. 그것들은 예술작품이며 동시에 기능적인 것이다. 즉 건축물은 르코르뷔지에(Le Corbusier)가 말한 것처럼 사람들이 그 안에서 살아가는 기계인 것이다. 건축물들이 우리가 보다 강한 생태적 감수성을 개발하도록 우리의 태도를 변화시킬 수 있을까? 나는 위에서 언급한 세 개의 주된 태도들에 관한 논의를 하고자 하는데, 몇 가지 건축물을 살펴보고 그것이 우리들에게 가질 수 있는 효과를 고려해보겠다.

(a*)자기중심적 관점을 초월하는 능력에 관하여

예술작품이 우리의 관점이 유일한 것이 아니라는 것을 깨닫게 해줄 수 있을까? 영국철학자 아이리스 머독(Iris Murdoch)은 이에 대해

---

27) Ebenezar Howard, Tomorrow－a peaceful path to real reform. 재판부터의 제목은 Garden Cities of Tomorrow로 바뀌었다.

낙관적이다. “우리 주위에서 우리를 자기 자신으로부터 벗어나게 하는 가장 중요하고 명백한 것은 우리가 아름다움이라고 부르는 것이다.”[28] 나는 건축이 이런 효과를 가질 수 있다는 예로서 독일 건축가 한스 횔라인(Hans Hoelein)이 1977년부터 1982년까지 독일의 묀헨글라트바흐(Mönchengladbach)라는 곳에 만든 건축물, 압타이베르크 박물관 (Abteibergmuseum)을 예로 들겠다.

이 건물은 보는 사람으로 하여금 여러 가지 방식으로 자신의 관점을 초월하게 한다. 그는 언제나 그가 여러 사람들 중의 하나이고, 그의 보는 방식이 다른 여러 방식들 중의 하나이며, 그의 관점이 그 건물을 보는 가능한 방법들 중 하나라는 것을 알게 될 것이다. 그 건축물이 그의 상상력을 자극하는 것을 허락한다면, 그는 자기 자신이 심각하게 자기중심적인 관점에서 벗어난다는 것을 알게 될 것이다. 그러나 그 건축물은 또한 이런 다른 관점들이 조화롭게 공존할 수 있다는 것을 보여준다. 그런 관점들은 서로 독립적이지만, 여전히 보다 큰 전체의 부분이다. 이런 공존이 바로 그 박물과의 미적인 호소력, 따라서 아름다움을 창조하는 것이다.

(b*) 물질적 객관성과 동시에 가치있는 존재로서의 자연관에 대하여

예술이 어떤 존재들이 가치 있는 것으로 여겨져야 한다는 것을 표

28) Iris Murdoch. 1967. *The Sovereignty of Good over other Concepts. The Leslie Stephen Lecture.* Cambridge University Press. p. 10.

현하는 여러 가지 방식이 있다. 한 방식은 어떤 것이 쉽게 파손될 수 있다는 것을 보이는 것이다. 이런 방식은 우리로 하여금 그것에 대하여 조심스럽게 반응하게 하는데, 그렇게 반응하는 것은 그 것이 가치를 가지고 있다는 것을 묵시적으로 인정하는 것이다. 프랑스 철학자 시몬느 베이유(Simone Weil)는 "세계의 아름다움을 사랑한다는 것은 … 불운이 파괴할 수 있는 진정으로 가치 있는 것들을 사랑하는 것을 … 포함한다"고 말한다.

건축도 이런 가치를 표현할 수 있는데, 특히 존중될만한 자연의 가치를 표현할 수 있다. 생태적 기준에서 명백히 "녹색" 건물들, 즉 장소와 재료를 자연에 민감하게 선택해서 지어진 건물들은 환경의 가치를 표현할 수 있다. 장소와 재료 뿐만 아리라 형식도 여러 가지 방식으로 자연의 가치를 지시할 수 있다. 나는 이런 식으로 자연의 가치를 환기시키거나 지시하는 하나의 특별한 방식을 논하고자 하는 데, 그것은 아르누보 건축 (art nouveau architecture)에서 중요성을 획득하게 되는 영국 가옥(the English House)의 전형적인 형태이다. 영국가옥의 형태는 거주자들을 주위의 자연에 연결시킬 수 있다. 이런 종류의 집은 계단, 발코니, 테라스, 창문 등 모든 곳에서 자연에 연결되는 방식으로 지어졌다. 그것은 그 건물을 보는 사람이나 그 건물에 들어오는 모든 사람들에게 자연과 자연의 중요성을 지시하는 듯하다. 나는 1903년 경에 지어진 독일의 건축물과 노르웨이 오슬로의 새 오페라하우스를 예로 들겠다.

미국의 건축가 크리스토퍼 알렉산더(Christopher Alexander)는 그의 책 *A Pattern Language*에서 좋은 건축물을 짓기 위해 중요한 규칙들을 구체적으로 적시하고자 하였다. 그는 여러 가지 규칙들을 제시했는데, 규칙 168 "대지와의 연결"은 이 점을 아주 명확하게 한다. "집은 그 바닥이 그 집을 둘러싼 땅과 직접적으로 연결되어 있지 않으면 그것을 둘러싼 자연으로부터 격절되어 있는 것처럼 느껴진다." 그리고 "그 건물의 가장자리를 따라 공간과 테라스와 계단들을 만들어서, 어디에서 건물이 끝나고 땅이 시작되는지 정확히 구별하는 것이 불가능하도록 건물을 그것을 둘러싼 땅과 연결시켜라."[29)]

(c*) 규범적 사용을 포함한 풍부한 이성관에 관하여

의심할 바 없이 이런 태도는 아주 추상적인 것이다. 그리고 철학적인 용어로 이성이 어떻게 규범적인 방식으로 작동하는지를 말하는 것은 더 어렵다. 그러나 예술작품은 때로 우리가 개념적으로 표현하기 어려운 것을 말하거나 선취한다 (anticipate). "상상력과 감각적인 물질화를 통해 예술은 그 외의 방식으로는 접근할 수 없을, 혹은 적어도 아직은 접근할 수 없는 진실을 드러낸다"고 마크 로취(Mark Roche)는 말한다.

풍부한 이성관을 향한 태도가 어떻게 예술에 의해 자극받을 수 있는가? 나는 두 가지 예를 제시하겠다. 첫 번째 예는 간접적인 것으로, 그것은 제한된 이성관의 결점을 보여준다. 근대국제양식(Modern

29) Christopher Aleyander. 1977. *A Pattern Language*. Oxford University. p. 786~787.

International Style)은 독일의 코부르크(Coburg) 전시회의 예에서 보는 것처럼 전체적 통일성(ensemble)의 관념에 적대적이다. 이것은 순전히 기능적인 합리성이 무엇인가 부족하다는 것을 보여준다.

두 번째 예는 긍정적인 대안을 예시하는, 즉 기능적 합리성과 미적인 합리성을 결합하는 것이다. 이것이 보다 풍부한 이성관의 가능성을 향한 감(sense)을 창조할 것이다. 노만 포스터(Norman Foster)가 개축한 독일 드레스덴의 기차역은 기능과 미의 숭고한 균형을 보여준다. 그것은 우리에게 통일성의 이념에 관한 우리의 상상력을 환기한다. 자연에 접근하는 우리의 태도는 기능적 필요가 자연의 가치와 미를 위한 존중과 평화롭게 공존할 수 있다는 그런 태도여야 한다.

건축으로부터의 예들은 예술적 상상력이 생태적 감수성을 향한 길이 될 수 있다는 것을 보여 준다.

(번역: 계명대학교 철학과 교수, 박상혁)

참고문헌

Arnold Gehlen. 1957. *Die Seele im technischen Zeitalter.* Hamburg.

Arnold Toynbee. 1974. "The Religious Background of the Present Environmental Crisis," in *Ecology and Religion in History.* eds. David and Eileen Spring. New York: Harper and Row.

Charles Taylor. 1992. *The Ethics of Authenticity.* Harvard University Press.

Christian Illies. 2003. The *Grounds of Ethical Judgement. New Transcendental Arguments in Moral Philosophy.* Oxford: Oxford University Press.

______. 2005. "Architektur als Kunst". *Zeitschrift für Ästhetik und Allgemeine Kunstwissenschaft* 50/1.

Christopher Alexander. 1977. *A Pattern Language.* Oxford University Press.

David Hume. 2003. *A Treaties of Human Nature.* Oxford University Press

Elaine Scarry. 1999. *On Beauty and Being Just.* Princeton University Press.

Friedrich Schelling. 1989. *The Philosophy of Arts.* translated by. Douglas W. Stott, Minneapolis: University of Minnesota Press.

Iris Murdoch. 1967. *The Sovereignty of Good over other Concepts. The Leslie Stephan Lecture*. Cambridge University Press.

James Nash. 1991. *Loving Nature: Ecological Integrity and Christian Responsibility*. Nashville: Abingdon.

Johann Wolfgang von Goethe. 1887. *Sprüche in Prosa*(*Weimarer Ausgabe* vol.13). Weimar: Böhlau.

Ludwig Feuerbach. 1957(1841). *The Essence of Christianity*. New York: Harper and Row. (*Das Wesen des Christentums*, Leipzig. 1841)

Lynn Townsend White. 1967. "The Historical Roots of Our Ecologic Crisis." *Science*. Vol. 155(3767). pp. 1203~1207.

Mark Roche. 2004. *Why Literature Matters in the 21st Century*. New Haven: Yale University Press.

Martin Heidegger. 1966. "Memorial Address." in *Discourse on Thinking*, translated by John M. Anderson and E. Hans Freund. New York: Harper & Row, Publishers.

______. 1988. "Age of the World Picture." *The Question Concerning Technology and Other Essays*. Translated by William Lovitt. New York: Harper & Row, Publishers.

______. 1988. "The Word of Nietzsche." *The Question Concerning Technology and Other Essays*. Translated by William Lovitt. New York: Harper & Row, Publishers.

Mary Warnock. 1976. *Imagination*. Berkeley: University of California

Press.

Max Weber. 1988. "Der Sinn der 'Wertfreiheit' der soziologischen und ökonomischen Wissenschaften."(*Gesammelt Aufsütze zur Wissenschaftslehre*, Tübingen: Mohr.)

Richard Wollheim. 1980. *Art and its objects*, 2nd edn. Cambridge University Press.

Steven Bouma-Prediger. 2010. "Is Christianity to Blame? The Ecological Complaint Against Christianity." http://www.sebts.edu/low-bandwidth/faithandculture/pdf_docs/bouma_prediger_ is_christianity_to_blame.pdf. 2010. 10. 7.

______. 2001. *For the Beauty of the Earth - A Christian Vision for Creation Care*. Ada, Mi: Baker Academic.

Vittorio Hösle. 1991. *Philosophie der ökologischen Krise*. München: Beck.

William Blake. 1978. "Jerusalem." *Milton*(1804~1810), London.

WordNet, a lexical Database for English by Princeton University. (http://wordnet.princeton.edu/)

조선 중기 향촌 유학자의 생태적 상상력과 자연 읽기

- 풍수지리에 의한 <지수정가> 재조명 -

최미정 (계명대학교 한국어문학과)

조선 중기 향촌 유학자의 생태적 상상력과 자연 읽기

- 풍수지리에 의한 〈지수정가〉 재조명 -

최미정 (계명대학교 한국어문학과)

1. 들어가며

1) 생태사상 · 생태문학

생태문학은 삶의 토대가 되는 인간적 · 사회적 · 역사적 범주로서 인간과 자연의 관계를 성찰하는 정서적 · 미학적 · 언어적 표현이다. 1980년 대 독일에서 시작된 '생태시'(Ökolyrik)의 다양한 작품들의 공통된 관심은 결국 "전망이 보이지 않는 현실을 넘어서 새로운 가능성을 모색하는 것"이며 생태문학교육은 "그 모색을 마련하고자 하는 시도"를 목표로 한다.[1] 이처럼 현대 생태문학의 관심은 환경 문제의

1) 이영석. 2001.「독일의 환경교육과 녹색문학」. 경상대학교 인문학연구소 엮음.『인문학과 생태학』. 백의. 113쪽.

해결이다. 환경위기와 환경파괴의 실상에 대한 고발문학에서 나아가, 자연 속에 원래 존재하는 가치를 찾아내서 인식시켜 주는 문학을 지향하며, 인간과 자연의 바람직한 관계의 정립과 교감, 생태적 삶의 고양과 각성 등 정서적이고 감성적인 성찰로 나아간다. 즉 '위기의식 → 잠재적인 가능성 모색 → 근본적인 성찰' 이 현대 생태문학의 경로이다. 생태문학을 포함해 자연을 읽고 그것을 글로 쓰는 주요텍스트로 활용하는 생태학적 문해력(ecological literacy)[2]을 기르는 것은 창조적인 상상력뿐만 아니라, 자연에 대한 비판적인 사고, 합리적인 판단력이 연계되고 생태학적 소양[3]이 뒷받침 되어야 하는 것이다. 그러므로 예술적 관심뿐만 아니라, 비용–편익 계산에서부터 미래 세대에 대한 고려, 자연미에 대한 동경, 생태계 자체에 대한 윤리적 고려 등 여러 관점과 필요가 공적으로 토론됨으로써 인간중심주의의 사고가 생태계 공존의 사고로 전환되어야 한다.[4]

이런 문제의식을 공유하면서, 1990년 대 이후로 한국 현대문학에서도 생태문학의 논의가 활발해졌다. 서양의 위기의식의 문학화에서 시작한 것은 사실이지만, 우리에게 생태문학이 낯선 것은 아니다. 너무 익숙해서 구태여 집어내기는 도리어 어려운, 고유의 생태 사상이

---

2) 공명수. 2010.『생태학적 상상력과 사회적 선택』. 도서출판 동인. 62쪽.

3) 생태학적 소양은 "생태적 공동체의 조직 원리, 동일한 조직 패턴의 서로 다른 측면을 이해하고, 그 유지 가능성, 또 그러한 인간 공동체를 창조하는 데 그 원리를 사용하는 능력"이다. 이우봉. 2001.「새로운 환경관」. 경상대학교 인문학연구소 엮음. 같은 책. 113쪽.

4) 장춘익. 1999.「생태철학 : 과학과 실천 사이의 지적 상상력」. 송상용 외.『생태문제와 인문학적 상상력』. 나남출판. 103쪽.

있으며, 도교, 불교의 기본 사상에서도, 유학자들의 사상에서도 오늘날과도 통하는 생태적인 지혜를 발견할 수 있기 때문이다.

신라 시대 이래로 전통문화의 핵심 주제인 최치원의 '접화군생(接化群生)'의 정신[5]은 다양성, 관계성, 순환성의 회복을 이룩하는 일, 그것을 함에 있어 자기 자신의 마음을 주체로 해서 주변에 있는 모든 물질들에 대해서 상관하고 조직하는 '자기조직화의 진화론'을 이루겠다는 마음[6]이다. 또한 상반되는 것과의 공생을 기본으로 하는 우리 전통 문화의 사상은 생태계의 기본 속성이기도 하다. 생태계가 '다양성 속의 통일성'을 보이며, 모든 개체는 이 두 극단 사이에서 절묘한 조화와 균형을 찾는 것과 통한다.[7] 거기에 『화엄경』의 정신을 한마디로 "꽃을 피우겠다는 마음"으로 요약하는 사고방식은 인간과 자연의 경로가 다르지 않음을 단적으로 보여 준다. 유학의 대학자들 역시 자연과 인간의 근본적 관계를 질문하고, 인과 물이 다 같은 자연내 존재로서 근원적으로 평등하다는 것을 보여주는 지적 탐구를 오늘날의 우리에게 '생태적 지혜'[8]로 남겨주었다. 이들을 종합하면 '자연 안에서 상반되는 것들의 공존과 이들의 자연스러운 조화 추구'를 강조하는

---

5) "崔致遠鸞郞碑序曰 國有玄妙之道曰風流 設敎之源 備詳仙史 實乃包含三敎 接化群生"(『삼국사기』 권4, 진흥왕조) 인간뿐만 아니라 동식물에까지도 우주적 영성의 앎이 내재되어 있다는 것을 전제로, 우주만물을 가까이 사귀어 감화시키고 해방시키는 것을 가리킨다(홍용희. 2001. 「시적 주체와 우주율」. 최승호 편. 『21세기문학의 동양시학적 모색』. 새미. 239쪽.).

6) 김지하. 2001. 「접화군생 : 인문학과 생태학」. 경상대학교 인문학연구소 엮음. 같은 책. 42~43쪽.

7) 김욱동. 1998. 『문학생태학을 위하여』. 민음사. 139~165쪽.

8) 박희병. 1999. 『한국의 생태사상』. 돌베개. 35~36쪽.

것이라고 생각한다. 문학에 나타난 '제유적 세계관'[9]이나, 현대 시학에서 한시의 '정경교융(情景交融)의 시학'을 새로 조명하고 있는 것[10] 역시 만물의 대등한 생명 감응, 생명의 연대성을 '시적 자미(滋味)'로 하는 생태시학의 지향을 보여 준다.

2) 생태문학과 장소

한국생태문학에 대한 이론적 논의는 앞에서 요약한 것처럼 다양하다. 이들 대부분의 논의 방향은 자연과 문화를 이원론적 대립항으로 보려는 관점들을 시정하고자 하는 것이다. 그러나 거론하고 있는 작품들을 살펴보면, 작품 속에서 구체적으로 자연이 어떻게 다루어졌는가는 깊이 있게 논의하지 않은 채, 자연이 소재로 된 것이면 모두 포함하고 있는 글도 적지 않다. 생태미학에 대한 앞으로의 연구들에서는 "자연의 기운과 더불어 감응하는 예술은 무엇인가?"[11]를 묻고, 자연을 그 자체로 상상하고자 했던 작가들의 노력을 좀 더 발굴해 낼 필요가 있다고 생각한다. 또한 상상력을 통해 자연의 본질, 자연의 존재방식, 자연의 '꿈' 등에 도달한 작품이나 이에 대한 연구를 생태문학의 지향으로 삼아야 할 것이다.

본고는 생태학을 가장 소박하게 "생물이 살고 있는 집을 연구하는

---

9) 최승호. 2001.「제유적 세계인식과 서정적 대응방식」. 최승호 편. 같은 책. 162쪽.

10) 정재서. 2001.「정경교융의 시학과 생태학적 문학론」. 최승호 편. 같은 책. 108~115쪽 참조.

11) 이지훈. 2004.『예술과 연금술』. 창비. 86쪽.

학문"[12)]이라고 정의하며, 그 문제점들을 '집의 논리'로 해석하는 입장을 취한다. 우주만물 일체가 '하나의 커다란 생명체를 이루는 살림집'이라는 뜻이다.[13)] 그러므로 이 '집', 즉 '장소'의 문제가 어떻게 다루어지는가에 관심을 집중하고자 한다. 이것은 장소가 일으키는 상상력에 집중하는 것이고, 이로써 장소가 가진 생태 · 역사 · 문화의 복합체로서의 성격을 들추어내는 문학적 성과에 관심을 갖는 것이다. 이를 '장소의 감각(sense of place)', 또 이의 문학적 성과를 '장소의 문학'이라고 하며 생태비평이 가장 중요한 개념의 하나로서 강조하고 있는 것은, 추상적 공간을 끝없이 이동하며 장소를 상실한 현대문화의 존재 방식을 반성하고자 하기 때문이다.[14)] 그러나 이것이 현대의 문제만은 아니다. 원래 인간은 살 곳을 가려 택하며 그곳에 자신을 의탁한다. 그러나 그곳과 절실한 관계를 유지하는 사람은 많지 않다. 반면, 자신의 정체성을 추상적인 철학적 사고나 가족 등의 인간관계에 우선해, '살고 있는 장소와의 관계 속에서' 수립하는 사람은 '장소의 감각'을 통해 자신이 살고 있는 '장소의 혼'을 찾고자 하는 사람이다. 그럴 때 그는 "시적으로 거주하게" 되는 것이다. 그 구체적인 방법은 "환경을 만드는 사물들을 숨김없이 '읽는 것(read)'"이라고 한다.[15)] 이 '자연 읽기'와 '시적으로 거주하기'를 가능하게 하는 것은 생태적

12) 김욱동. 1998. 같은 책. 97쪽.
13) 공명수. 2010.「문학생태학의 의미와 역할」. 같은 책. 57쪽.
14) 장원철. 2001.「자연, 생태 그리고 문학」. 경상대학교 인문학연구소 엮음. 같은 책. 백의. 155쪽.
15) 노버크 슐츠. 민경호 외 역. 1996.『장소의 혼-건축의 현상학을 위하여』. 태림문화사. 196쪽.

상상력이다.

이상에서 정리한 것처럼, 필자는 문학 본연의 관심인 상상력의 문제와 생태미학적인 관심이 집중되고 있는 장소의 문제를 염두에 두고 본 연구의 주제를 찾고자 하였다. 또한 이번 학술대회가 기획한 세분된 분과의 영역에 충실하여, 우리고전시가에서 그 대상을 찾고자 하였다. 그 결과, 조선시대의 자연시, 그 중에서도 자신이 짓거나 찾아 간 누정을 중심으로 거기에서의 삶을 노래하는 누정문학(樓亭文學) 중 국문시가에서 논의 대상을 찾아 17세기 작품인 김득연의 <지수정가>를 선택하였다. 본고는 그 장소, 그 자연을 자기 인생의 일부로 택한 작가가 자연을 어떻게 읽는가를, 그리고 그로 인해 어떻게 시적인 삶을 사는가를 중심으로 <지수정가>를 분석하고자 한다. 이러한 논의 방향은 생태미학의 관심인 '감응에 의한 자연의 감수성 회복'이라는 요소를 보다 충실히 생각해 보고자 한 것이다. 이를 통해 조선 중기 유학자가 자연과 만나는 방법의 일부를 소개함으로써, 우리에게 남겨진 전통적인 생태적 관심의 하나를 확인하고자 한다. 이로써 오늘날 우리의 생태학적 문해력이 보다 더 다양해 질 수 있기를 기대한다.

2. 자연시 · 산수시와 생태적 상상력

자연시라는 용어에 해당하는, 우리가 원래 써 온 용어는 산수시가(山水詩歌)이다. 조선조 유학자가 창작한 우리말 산수시가는 어부가,

사시가, 구곡가, 누정시가, 전원시가 등으로 다양하다. 이 중 장소와 인간의 관계를 본고의 관점에서 가장 잘 보여줄 수 있는 것은 누정시가이다. 누정에서 자연과 호흡하는 즐거움을 한시, 시조, 가사 등 다양한 장르로 노래한 시가 작품[16)]들이 그것이다.

"건축물은 자연과 구조적인 유사성을 가져야 한다."[17)]는 생각은 서양에서는 자연 속에서의 인간은 자연을 포함한 이런 "사물들(things) 사이의 사물들(things)"이라는 자각이 있은 후에야 널리 퍼졌다. 그러나 우리의 전통적인 건축물들은 예로부터 기본적으로 이런 관심 위에서 세워졌다. 이에 대한 문학적 표현 중 가장 적절한 것이 바로 '누정시가류' 일 것이다. 그 중 특히 가사라는 비교적 자유로운 양식으로 누정에서의 즐거움을 노래한 '누정가사' 는, 누정은 인공적인 건축물이지만 인간이 언어로 자연을 묘사하는 만큼 자연을 묘사하는 존재이며, 이로써 새롭고 복합적인 의미가 인간과 자연 모두에게 형성되는 것임을 잘 보여줄 것으로 기대할 수 있다. 건축물을 포함한 자연이 인간을 '초대' 하며, 그 속에서 인간은 '장소의 혼' 과 소통하고 있음[18)]을 찾을 수 있다면 그 기대는 충족될 것이다.

---

16) 누정은 상층지배계층의 문화가 발현되는 장소로 신라시대부터 경영되었으나, 16세기 이래의 누정은 사화로 인해 귀향한 이들이 현실적 한계에 부딪힌 심정을 토로하는 장이 되기도 하였다. 그러므로 누정한시는 시적 자아와 누정 경관 사이의 관련 양상이 연구의 핵심이었다(김동준. 1994.「16세기 누정한시 연구」. 서울대 대학원 국문과 석사학위논문. 5~11쪽 참조). 한시의 '누정제영(樓亭題詠)' 에 해당할 시조나 가사 작품에도 이런 누정한시의 특성이 존속하고, 여기에 강호가도의 관습 또한 관계되어 있으므로 이에 대한 연구 역시 같은 관점에서 이루어져 왔다.

17) 노버크 슐츠. 1996. 같은 책. 193~196쪽.

18) 노버크 슐츠. 1996. 같은 책. 198쪽.

지금까지의 누정문학에 대한 연구는 누정의 역사성이 주는 유회(遺懷), 감흥(感興) 등을 분석하기는 하였으나 위와 같은 특성에는 주목하지 못했으며, 문학 일반의 서정성에 대한 연구에 집중한 것이 사실이다. 그러나 이처럼 서정적 자아와 주변의 관계를 논하는 것도 이전의 고정적 연구시각에서 벗어나려는 진일보된 연구로 평가해야 할 것이다. 그런 연구 이전에는 우리 전통문학의 자연 연구는 조선조 시인들이 "개개의 사물을 유위변전(有爲變轉)하는 현상계의 실존으로부터 뽑아내어 그것을 추상적인 형태로 환산"하여[19]" "도(道)"로 이념화 한다는 것을 알았기 때문에, 시에 그려진 자연 속에서 상징화된 성리학적 이념을 찾아내는 것이 주류였기 때문이다. 일찍이 조윤제 선생이 우리의 산수시와 전원시를 "강호가도(江湖歌道)"로 이름 지었고, 이를 구체적으로 연구한 최진원 선생에 의해 그 속성이 규정된 이래, 조선조 유학자들의 재도지기(載道之器) 문학관에 의한 작품들은 거의 다가 관념화된 산수에서 자유롭지 못한 것으로 밝혀졌으므로,[20] 누정문학을 포함한 산수문학을 대상으로 한 연구에서도 자연관의 도식화가 거듭 논의되곤 했던 것이다.

한편, 어느 방향의 연구이든, 대상이 되는 작품들에는 '산수'라는 공통점이 있음에도 불구하고 개재된 요소들의 다양성이 사실 너무 커서, 이런 논의들에 앞서 근본적인 정의가 전제될 필요가 있었다. 조동일 교수는 과거의 논리들을 일반화하는 작업을 거쳐, '산수시'는 "경

---

19) 김병국. 2002.「한국시가의 특질」. 권두환 · 김학성 편.『신편 고전시가론』. 새문사. 23쪽.
20) 최진원. 1977.「강호가도연구」.『국문학과 자연』. 성균관대학교 출판부.

치를 그려 흥취를 나타내고 산수의 본질에 관한 어떤 이치를 전한다." 고 정리하였다.[21] 이에 따르면, 산수를 소재로 한 시들은 '서경시', '흥취 위주', '이치 위주'의 세 양상으로, 각각은 다시 흥취와 이치의 비중에 따라 여러 단계로 분류된다. 이 세 범주는 산수시의 시대적 추이, 사상적 근거에 의한 변이, 한시와 국문시가의 차이 등을 판별하는 이론적 근거로 사용될 수 있으며, 산수화에도 적용될 수 있는 등, 중세나 그 후대의 정신세계 해명에 기준이 될 수 있다. 그러나 이들이 실제 작품에 섞여 있는 양상을 나누어 범주화하는 것은 복잡할 뿐 아니라, 산수시에 등장하는 인물의 비중이 커지면 산수시는 전원시로, 혹은 농민시로 유형 자체가 달라지기도 한다.[22]

이렇게 산수시라는 범주 자체가 복잡함을 염두에 두면서, 본고의 직접적인 관심은 "산수의 감수성과 감응한다는 것은 어떤 것인가?" 이다.

우리 자연(산수)시의 세계인식은 '제유적 세계인식'이라는 것은 여러 논자가 확인한 바와 같다. 제유적 세계인식은 인간과 자연은 양자가 동일한 조직 패턴(상호의존성 · 재생 · 협력 · 유연성 · 다양성)의 서로 다른 측면을 가지고 있다는 것을 인정하고 자연을 바라본다

21) 조동일. 1993.「산수시의 경치, 흥취, 이치」.『한국시가의 역사의식』. 문예출판사. 139쪽.

22) 조동일. 1993.「농민시의 세 층위: 한시, 시조, 민요」.『한국시가의 역사의식』. 문예출판사. 158~161쪽 참조. 현대시의 생태시, 자연시는 전통시가와는 무관한 듯하지만, 실은 이런 범주들을 포괄하고 있으며, 이 하위유형들의 생장 소멸과 그를 뒷받침한 사회 · 역사적 변화를 물려받고 있는 것이다. 현대 생태시의 초기에는 농민시의 위기에 대한 의식이 더 많았지만, 최근의 현대시는 산수시에 더 공명하고 있다고 생각한다.

는 생각이다. 즉, 세계를 부분과 전체가 잘 조화된 거대한 유기론적 생명체계로 보며, "만물이 다 기(氣)로 이루어져 있고 이 기의 운동방식에 따라 만물이 생성 소멸해 간다는 기 사상에 근거하여 서정적 동일성을 이루어 내는 이물관물(以物觀物)의 세계인식"[23]이 그것이다. 본고는 이에서 나아가 "어떻게 자연을 읽음으로써 그런 서정적 동일성을 얻는가?"를 고찰하고자 한다.[24] 즉, '어떻게'에 더 중점을 두어, 산수를 이해하고 표현하는 우리 고유의 방법은 어떤 것이 있을까? 하는 점을 알아보고자 한다. 본고가 관심을 가진 '장소'에 대해, 이치로써가 아니라, 혹은 작자의 세계관을 보여줄 단순한 배경으로서가 아니라, 자연을 자연 그 자체로서 읽는 다른 어떤 특별한 눈이 자연과 보다 가까웠을 우리 선조들에게는 분명 있었을 것이라는 생각에서이다.

그 방법이 될 자연의 본질에 대한 상상력, 즉, '자연스러운 상상력'은 '자연스러움'과 '상상력'에 대한 이해를 모두 필요로 한다. 우선, '자연스러움'은 자연의 존재방식을 있는 그대로 파악하는 것이며 그로써 자연을 거짓 없이 표현하게 하는 것이다. 자연에는 상충되는 것들도 천적도 공존하고 있다는 사실, 다양성 속의 통일성의 균형 유지, 자연이 나고 죽으면서도 현상을 유지하는 '자기치유력'이라든지, '먹이사슬', '생명의 순환', '생태의 고리(eco-chain)'를 목적론적 의미체로서가 아니라 그냥 스스로 그러한 것으로 인식할 때만이, 자연은

23) 최승호. 2001. 같은 글. 최승호 편. 같은 책. 144쪽 참조.

24) 그 방법으로서 많이 논해지는 제유법은 여러 논의들에서도 은유법과 구분되는 경계가 모호하여 명확한 설명을 하고 있지 않은 듯하다.

인간 안에서 자연스럽다.[25] 다음, 상상력은 변형의 활동이다. "상상력은 일종의 인력으로, 사물로 하여금 사람 속에 들어와 변형되게 하는 동시에 그 사람으로 하여금 사물을 따라 변형되게 하는 활동"[26]이다. 사물에서 사물의 꿈을 뽑아내는 것이 상상력이다. 그 사물이 자연일 때 자연의 꿈은 운동성으로 파악된다. 결론적으로, 자연의 존재와 그 운동성을 그대로 느껴 변화된 형상으로 나타내는 것이 생태적 상상력, 자연스런 상상력이다.

이에 대한 이론적 추구는 동서양에서 모두 활발하였다.

동양의 '자연스런' 상상력은 자연 현상의 근본적인 운동을 상생·상극으로 감지하고 이를 토대로 자연을 이루는 여덟 요소(天地·山澤·雷風·水火)의 성격을 주역의 팔괘로 형상화하였다. 이들 각각은 그 자체에 대한 상징을 통한 은유이다. 또한 이들은 대립되는 쌍으로 되어 있다. 대립한다는 것은 관계를 형성한다는 것이며, 그로 인해 세상을 변화의 시각에서 이해하게 해 주는 것이다.[27] 그러기에 『주역(周易)』의 괘상(卦象)들은 죽어있는 상징이 아니다. 사물의 형상(상징)에 기대어 어떤 직관에 이르는 길이며 한 이미지 안에 "길을 달리하는 두 개의 생성이 내밀하게 서로 연결되어 있는 것을 느낄 수 있"기에 사물들의 정황을 모두 파악할 수 있는 이상적인 형상이다.[28] 64

25) 김용옥. 1999.『노자와 21세기』. 통나무. 242~248쪽.

26) 이지훈. 2004.『예술과 연금술』. 창비. 70쪽.

27) "천지가 위를 정하며 산과 못이 기운을 통하며 우레와 바람이 서로 부딪치며, 불과 물이 서로 쏘지 아니하여 팔괘가 서로 섞이니...(天地正位 山澤通氣 雷風相薄 水火不相射 八卦相錯...)"(『周易』「說卦傳」3장. 김석진.『대산주역강의』3. 한길사. 329~330쪽.)

괘는 중국의 은말주초(殷末周初)의 역사적인 사실들을 설명하고 있지만,[29] 어떤 것을 대입해도 설명할 수 있으며, 어떤 다른 것과 결합해도 무한히 변주할 수 있는 근원이 될 수 있다. 이 동양의 미학과 바슐라르가 말한 '질료적 상상력'은 같은 것을 보여준다.

바슐라르 역시 자연의 운동을 중시하였다. 그는 "물질의 내부에는 자유를 갈망하는 의식이 거주한다."는 과학자(Robert Fludd)의 말을 인용하며, 그러기에 질료란 자기 운동의 능동적 주체이고, 스스로 운동하여 변화하므로 형상을 가로지른다고 하였다.[30] 바슐라르가 말한 자연의 질료는 물, 불, 공기, 흙인데, 이들의 변화하려는 꿈을 감지하고 운동 중인 변형의 과정에 참여하는 상상력이 '질료적 상상력'이다.[31] 즉, 운동에 의해서 부추겨진 질료에 대한 역동적 고려가 드러나는 것이 질료적 상상력이고, 대상의 질료성에 주목하여 만들어지는 이미지가 질료적 이미지이다. 이들은 인간의 행복한 삶을 구성하는

---

28) 형상과 상상은 대립되는 것만은 아니다. 형상도 "질료의 자기운동에 의해 생생하게 살아나는 것"일 때, 질료와 형상적 상상은 서로 보충하는 것이다. 이지훈. 2004. 같은 책. 70~71쪽.

29) 김상섭. 1995.『내 눈으로 읽은 주역』. 지호출판사. 10~11쪽.

30) 바슐라르에 의하면, 연금술이 물질을 그 형상으로부터 해방하여 스스로 변화하고자 함을 도와주는 과학인 것처럼, 시는 질료적 상상력을 통해 운동하는 대상의 근원적인 것, 숨은 이미지, 실체와 존재의 뿌리에 도달하는 예술이다. 바슐라르의 이론에 관한 설명은 주로 이지훈. 2004. 같은 책. 59~72쪽을 참조하였다.

31) 건조함, 차가움, 축축함, 뜨거움이라는 네 성질 가운데 한 쌍을 받아들임으로써 연금술의 근원물질은 물, 불, 공기, 흙을 이룬다는 생각에서 출발, 연금술사는 이 원소들의 '역전과 순환'을 통해 순수한 물질에 이른다고 본다. 질료적 상상력에서는 네 원소는 운동의 양상으로 설정된다(이지훈. 2004. 같은 책. 32~57쪽 참조). 이 4원소론은 "과학의 입장에서 보면 명백한 인간 정신의 '오류'이며 '인식론적 장애물'이지만, 상상계의 입장에서 보면 세계를 바라보는 인간의 꿈, 즉 인간의 몽상의 틀을 보여준다."(홍명희. 2005.『상상력과 가스통 바슐라르』. 살림출판사. 37쪽.).

원천이다.[32] 왜냐하면, 이것은 가시화된 이미지와 형상을 뚫고 우리로 하여금 '육감을 통한 감응(correspondance)'에 의해 자연의 원소들의 반대로 향하려고 하는 '질료의 운동성'을 깨닫게 하고 "원소들의 힘과 운동, 밀도, 나아가 무게, 어두움, 깊이"를 느끼게 함으로써 '자연의 감수성을 회복하게' 해 주기 때문이다. 이로써 내 안에 있는 것과 바깥에 있는 것이 마주치며 동화함으로써 나도 바뀌고 자연도 바뀌는 변형의 체험이 일어나므로, "상상력에 의한 존재론적 전환"이 일어난다고 하였다.[33] 자연의 물질을 어떤 이미지로 받아들이는가는 동·서양의 문화적 관습에 따라 다를 수밖에 없지만,[34] 자연의 본질을 운동성과 관계 형성으로 파악한 것은 이처럼 동·서양이 공통된다.

이와 같이 동양이든 서양이든 상충적인 것들의 연결을 서슴없이 수행하는 상상력으로 자연을 체험하는 이미지는 오래도록 생명력을 가진다. 그것은 하나[한 방향의 생성]를 다른 하나[반대 방향의 생성]에 의거하지 않고는 그 하나를 (제대로) 묘사할 수 없는 단계의 것이다.[35] 감상자가 여기에 담긴 이러한 이중적, 삼중적 의미를 감응 속에서 교환할 때 "하나의 순수한 문학 이미지 주위로 상상적 삶은 생기를

---

32) 바슐라르. 정영란 역. 1997. 「기계론적 운동론과 역동론적 철학」. 장경렬 등 편역. 『상상력이란 무엇인가』. 살림출판사. 219쪽.

33) 이지훈. 2004. 같은 책. 106쪽 참조.

34) 같은 것을 서로 다르게 받아들이는 문화적 기호 체계의 차이에 대해 바슐라르는 '문화컴플렉스'로 설명한 바 있다. 홍명희. 2005. 같은 책. 40쪽.

35) 연금술의 증류는 상승과 하강의 반복으로 순수한 물질을 얻으므로 증류의 상승과 하강은 서로 결부되어 있다. 이는 생에서는 '간직하려는 역동성'과 '변화하려는 역동성'이며, 이 둘 역시 분리될 수 없다. 바슐라르. 1997. 같은 글. 219~221쪽.

띠고 살아난다."[36] 질료적 상상력은 '사물과 하나 되기'이며 이에 의한 이미지는 '형상의 무의식'에 닿는 정신적인 이미지이기 때문이다.

본고는 이처럼 자연에 대한 질료적 상상력인 생태적 상상력으로 이루어진 작품을 찾고자 하였다. 필자는 우리 현대시에서는 황지우의 <초로와 같이> 등 그러한 성취를 이룬 작품이 다수 있다고 생각한다. 그러나 우리고전시가의 자연 파악에는 관념적 상징이 항상 압도하고 있어 질료적 상상력을 설명해 줄 작품을 찾기가 사실 쉽지 않았다.

이 상충하는 것들이 공존하는 자연, 변화하려는 기운으로 넘치는 자연을 읽는 방법을 고민하는 과정에서 필자는 자연을 존재 그대로, 또 운동성으로 파악하는 이미지를 '풍수지리의 상상력'에서 찾을 수 있었다. 오늘날의 자연, 그 시대의 용어로 하면 '산수'와 근원적인 상상력을 결부시켜, 풍수 즉 바람과 물에 대한 인간의 친화력을 탐구하는 것이 '풍수지리이론'이다. 풍수지리설은 음양론과 오행설을 기반으로 주역의 체계를 주요한 논리구조로 삼는 중국과 우리나라의 전통적인 지리과학으로, 길흉화복(吉凶禍福)을 목적으로 삼는 '상지기술학(相地技術學)'이다. 풍수이론은 구체적으로는 간룡법(看龍法), 장풍법(藏風法), 득수법(得水法), 정혈법(定穴法), 좌향론(坐向論), 형국론(形局論) 등의 형식논리를 가진[37] 인문 과학이면서, 산, 수 방위, 사람 등 넷의 조합으로 성립된, 인간의 자연에 대한 질료적 상상력으로 구성된 이미지 이론이기도 하다. 한편, 풍수지리는 "땅과 인간이

36) 바슐라르. 정영란 역. 1997.「문학이미지」. 장경렬 등 편역. 같은 책. 197쪽.
37) 최창조. 1984.『한국의 풍수사상』. 민음사. 32쪽.

조화롭게 사는 지혜"[38)]인데, "땅의 기를 감지함으로써 그 땅과 그곳에 의지할 대상이 될 사람이 맞느냐 맞지 않느냐를 판단하는 것"이 풍수의 본령이다.[39)] 이 점이 바로 생태적이다. 땅의 기를 인식하는 것은 환경에 올바르지 않은 변경을 가해서는 안 된다는 생각으로 이어지기 때문이다. 만물생성의 순환과정을 따라 일어나는 이식(利息)만을 취하고 그 한도 내에서 경제생활을 설계하는 슬기로움이 여기에서 나온다. 동양 우주관의 대전제인 "유한한 공간 구조, 무궁한 시간 변화", 즉 "우주의 공간적인 구조는 유한하지만, 그 속에서 진행되는 만물의 변화 생성, 즉 시간의 흐름은 무궁하다."[40)]는 생태적 발상들은 "자연과 인간의 조화를 통한 건강성 확보를 중시하면서 에너지의 유동과 순환의 원리를 담고 있는" 풍수이론의 성장과 전개에 영향을 주었다.

본고는 산을 용으로 보는 간산법(看山法), 간룡법(看龍法)[41)]에서 생태적 이미지를 발견한다. 풍수에 내포되어 있는 모든 원리가 가시적 실체로서 표출되는 사상이 산(山)인데, 그것을 풍수용어로는 용(龍)이라 한다. 하늘 중심적인 초기의 산룡관(山龍觀)에서 나온 것이

---

38) 최원석. 1993.「생명의 지리, 풍수를 정초하며」. 최창조 외.『풍수, 그 삶의 지리, 생명의 지리』. 푸른나무. 4쪽(이하에서는 최원석. 같은 글a).

39) 최창조. 2009.『새로운 풍수 이론』. 민음사. 200쪽.

40) 최원석. 1993.「풍수로 보는 우리 민족의 산」. 최창조 외. 같은 책. 123쪽(이하에서는 최원석. 같은 글b).

41) 용맥(龍脈)의 흐름의 좋고 나쁨을 조산(祖山)으로부터 혈장(穴場)까지 살피는 일이 간룡법이다. 용 속에는 감추어진 산의 정기(精氣), 즉 지기(地氣)가 유행(流行)하는 맥(脈)이 있어 간룡에서는 용을 체(體)로, 맥을 용(用)으로 하여 그것을 찾는다(東曲. 1979.『지리학전서』. 역서보급사. 39~40쪽. 최창조. 1984. 같은 책. 33쪽 재인용).

다. 해, 동방, 양기의 기운을 용과 같이 생각했을 것이고, 이와 같은 관념이 산이 지닌 운동태 및 산 형세의 변화무쌍함과 결부되어 '산은 용'이라는 일반명사로 개념의 확대가 이루어졌을 것으로 보고 있다.[42] 지맥(地脈)은 용맥(龍脈)이 된다. 기(氣)는 맥의 정(精)이요, 맥은 기의 흐름이다. 용맥은 기장(氣場)의 지리[地脈]적 표현이다.[43] 여기에 다시 산과 불가분의 관계인 물이 함께하여, "산을 타고 운행하는 기는 용으로 보이며, 용은 물에 임하면 머물러 생기를 베푼다."는 믿음이 형성되었다. 『주역』에도 "산(山)과 못(澤)은 기를 통한다."고 하였다. 산과 못이 기운을 통한 연후에야 능히 변화할 수 있어 만물을 다 이루어 놓는다는 것이 택산(澤山) 함괘(咸卦)의 뜻(卦義)이다. 그러기에 함은 감응(感應)의 괘이다.[44] 즉 산과 못의 감응은 천지가 감응하여 만물이 화생함을 의미한다. 산수가 조화하면 생기가 생기고 생기는 용의 몸에서 맥을 이룬다. 이것이 지맥으로 나타나며 "각 지역

---

42) 천산에서 산룡으로, 산룡에서 용맥으로 연결됨으로써 천산이 용이 되는 과정을 거친 것이다. 곧 동방의 수호성신인 청룡 관념이 혈 주위의 사방 산인 사신사(四神砂)에 빙의되고, 기와 형은 상응한다는 형기(形氣)적 인식으로 발전하였다(최원석. 1993. 같은 글b. 46~48쪽.).

43) '용 → 용의 변형 → 인격화 → 인조물화' 되는 용 관념이 기감론(氣感論) → 형세론(形勢論-) → 유물론(類物論)으로 나타나는 것은 '산의 인간화 과정'이다(최원석. 1993. 같은 글b. 64쪽.). 이를 관통하는 것은 '기'이다. "생기를 느끼고 아는 것이 풍수이론의 모든 것"이다. 땅은 끊임없이 기가 흐르는 곳이며 산과 수는 기가 흐르는 길이지만 기를 정확하게 규정한 사람은 아무도 없다고 한다. 기의 세계관이 정립된 것은 전국 말에서 한 대에 걸치는 시기지만 이후의 숱한 연구에도 불구하고 다만 비유적으로 설명될 뿐이다.

44) '咸'은 '다 함(咸)'이면서 '느낄 감(感)'이어서, 마음뿐 아니라 다 느끼는 것이다. 또한 스스로를 비우는 가운데 상대를 받아들이는 것이다(김석진. 「택산함(澤山咸)」. 『대산주역강의』 2. 한길사. 17쪽.).

의 자연현상간의 상호작용은 기의 상호 작용으로서 파악되기 때문에 지리는 결국 지기(地氣)의 분포를 설명하는 논리체계가 된다. 그리고 이에 인간이 조화됨으로써 자연적 차이뿐만 아니라 인문적 현상의 차이도 나타나게 된다."[45]

본고가 풍수지리의 용을 생태적 이미지, 질료적 이미지로 보는 것은 이런 이유이다. 이 '산=용=인간의 기'는 단순히 산을 활유법으로 표현한 것이 아니다. 멈춤의 속성을 가진 산이 못의 상승고자 하는 기운과 통하여 용으로 운동하는 이 이미지는 바로 질료의 이중성에 대한 상상이다. 하늘의 하강하고자 하는 기운이 이슬이나 비로 내려 된 못은 기의 길이기도 하다. 그러므로 이 용은 또한 '기'가 된다. 생기에 가득 찬 용, 느린 용, 젊은 용, 늙은 용 혹은 거친 용, 부드러운 용 등의 다양한 속성으로 구체화된다. 또한 용은 모양이 변하며 그의 속성도 바꾼다[剝換].[46] 이 기는 이제 단순한 형상이 아니라 주위와 결합함으로써, 또 나와 소통함으로써 다른 지형으로 인식되고, 새로운 공간을 형성한다. 그 공간에는 산수의 꿈과 이것을 알아챈, 즉, 이것에 감응한 인간의 소통이 일으키는 움직임으로 가득하다. 땅에 형국명을 붙여주는 것은 "정붙이는 작업임과 동시에 완전하게 내 삶터임을 확인"하는 작업이다. 이것을 통한 '자기화(personalization)' 행위이다.[47] 그것은 관념화된 상징을 사용하는 것이 아니라 "모호한 무엇을

45) 최원석. 1993. 같은 글b. 131쪽.

46) 조인철. 2008. 『우리시대의 풍수』. 민속원. 140~154쪽.

47) 조인철. 2008. 같은 책. 285쪽. 반면 상징은 비인격적(depersonalized)이다.

가리키는 데 구체적인 상징을 쓰는 것"[48]이다. '머금고(含)', '그치는(止)' 땅의 형상을 '변하고(變)', '달리기(行)'를 꿈꾸는 땅의 꿈과 함께 이미지로 포착한 것이다. 여기에 인간의 감응은 또 다른 변수가 되어 무한히 변화해 나갈 것이기에 자연과 인간의 상호 변화의 작용이 일어나는 것이다. 감응은 자리를 바꾸는 것이다. 즉 상상에 의한 존재론적 변환이 일어나는 것이다.

본고는 이런 방법으로 자연을 읽는 한 예를 <지수정가>를 통해서 보이고자 한다. 이 작품은 1972년에 학계에 소개된 이래, 작자 김득연의 다양한 시조 작품과 함께 적지 않게 논의된 작품이다. 지금까지는 평범한 것으로 여겨져 왔던 <지수정가>의 산수 묘사가 우리 고유의 생태학적 상상력을 찾는 본고의 작업을 통해 풍수지리에 입각해 쓰인 것임을 알게 된 것은 큰 수확이다. 이로써 누정가사 중에는 장편에 속하는 이 작품을 새로운 관점에서 논의할 수 있게 되었기 때문이다.

3. 풍수지리에 의한 <지수정가>의 새로운 해석

1) 김득연과 <지수정가>-연구사를 겸하여

葛峰 金得研(1555~1637)은 그의 나이 68세인 1622년 경북 안동부북(安東府北) 소재 와룡산(臥龍山) 깊은 골짜기에 지당과 정자를

48) 이지훈. 2004. 같은 책. 84쪽.

지어 놓고 지당을 ‘함벽당(涵碧塘)’, 정자를 ‘지수정(止水亭’)이라 이름 짓고 이후 계속 그곳에 거주하며 후학을 양성하였다.[49] 지수정이 있는 와룡산은 경북 안동군 와룡면 소재의 산으로 원래 수다산(水多山)이었는데, 학봉 김성일(鶴峯 金誠一)에 의해 와룡산으로 이름 지어졌다 한다. 지수정은 오늘날 남아있지 않으나, 그는 이에 관련된 시문을 남겨놓았다. 한문으로 된 <지수정기(止水亭記)>와 한시 <지수정(止水亭)> 3수, <지수정 8경시(八景詩)> 8수, 그리고 다수의 관련 시조와 145 행의 가사 <지수정가(止水亭歌)>(1622년)를 지었는데,[50] 기와 가사의 내용은 많은 부분을 공유하고 있다.

---

49) 葛峰 金得硏(1555~1637, 명종 10~인조 15)은 자는 汝精, 본관은 광산(光山). 그는 부친 유일재 김언기로부터 가학을 전수 받았으며, 월천 조목, 서애 류성룡, 백담 구봉령, 한강 정구의 문하를 출입하면서 퇴계학의 본령을 알게 되었다. 1612년(광해군 5)에 생원, 진사시에 응시하여 모두 합격하였으나, 선조(先祖)의 유훈에 따라 과거 시험에 더 이상 뜻 두지 않았다. 1623년(인조 1) 인조반정 이후 나라에서 세 번이나 불러 벼슬을 주려 하였으나 나아가지 않았다. 임진왜란 때 그는 창의하여 집안 살림을 내어 의창(義倉)을 설립하고 군량을 조달하는 한편, 명나라 군대의 종사관들을 접견하는 일을 맡았다. 이때 원군으로 참여했던 명나라 군사들은 그의 충의뿐만 아니라 그의 문장에 크게 감동하여 이를 찬양하는 시와 문을 남겼다. 말년에 그는 부친의 묘 아래에 정자를 짓고 이름을 ‘지수정(止水亭)’이라 하고 그곳에 머물면서 후학을 양성하였다. 지수정을 처음 지은 것은 무자년(선조 21, 1588년)이나 그때는 와룡산 언덕이었고, 이후 60대에 세운 이 지수정은 50대에 터를 마련하였으나 10년이 지나서야 세울 수 있었다. 이후 그는 83세까지 이곳에 살았다(김광, 『유일재선생유고』 권2. 행장 및 李光庭, 『갈봉선생문집』 권4. 「행장」 참조.).

50) 김용직 교수는 <산중잡곡> 49수 외의 시조에 대해서는 내용에 따라 <회작가(會酌歌)> <제회가(齊會歌)> 등으로 잠정적인 이름을 붙였는데, 이후의 연구자들에게는 그 소제목이 통용되고 있다. 김용직 교수는 단권의 필사본 『葛峰遺稿』를 발굴함으로써 이 한글시가들이 빛을 볼 수 있게 하였고, 다작(多作)과 수작(秀作)의 시가 작가로 갈봉을 학계에 소개하였으며, 또한 목판본 3책 6권 『龍山世稿』(1792년 간)를 함께 공개하여 그의 한시문들도 소개하였다(김용직. 1972. 「갈봉 김득연의 작품과 생애」. 『창작과 비평』 1972-봄호. 창작과 비평사.).

『용산세고』는 그의 부친 유일재 김언기와 맏아들인 갈봉, 그리고 둘째 아들인 晩翠軒

<지수정가>가 학계에 알려진 것은 1972년 김용직 교수에 의해서이다. 그는 지수당가의 내용을 "1) 와룡산의 산세와 거기 선영을 모신 일들을 적음. 2) 지수정을 세운 까닭과 그 주변의 자연, 경색(景色)을 말함. 3)지수정에 연관시켜 황지(潢池)에서 낙강(洛江)까지에 이르는 낙동강 상류의 명소 문물을 헤아림. 4) 자연을 벗 삼고 풍월을 읊조리는 스스로의 생활을 그림. 5) 와룡산 주변에 철철이 벌어지는 일들과 그 사이에 노니는 스스로의 정서를 적음. 6) 낙이망우(樂而忘友)하는 생활과 그 사이에도 고개를 드는 사친(思親)의 정(情), 우국(憂國)의 마음을 말함. 7) 안분지족(安分知足)하리라는 도학자적 태도의 천명."이라고 요약하였다.[51] 그 후 여러 논자에 의해 지수정가에 대한 연구가 이루어졌으나,[52] 내용에 대해 다른 해석이 나오지는 않

및 셋째 아들 晴翠軒의 아들인 石塘의 3대에 걸친 문집이다. 용산은 이들이 살던 지역의 지명이다. 여기에 그의 한글시가들은 수록되어 있지 않다. 이후, 『용산세고』 3,4권에 해당하는 『葛峰先祖稿』와 발굴된 『갈봉유고』는 『갈봉선생문집』 건 · 곤 및 별집으로 인간되었다(오성사, 1982). 여기에는 한시 절구와 율시만도 445제 559수가 실려 있다.

<지수정기>와 <지수정 팔경시>는 곤권에, 가사 <지수정가>와 <산중잡곡> 49수 연작시를 포함한 64수(65수이나 한 편이 겹치므로 64수)에 달하는 시조는 『별집』에 수록되어 있다. 지수정에 관한 기, 가사, 한시의 연대는 이구의의 「갈봉 김득연의 <지수정> 시와 <지수정가> 고」(『남명학연구』 12. 경상대학교 남명학연구소. 2002.)에 자세하다. 가사의 연대를 송정헌 교수는 1610년으로 추정한다(송정헌. 1976. 「<지수정가>에 대하여」. 『선청어문』 7. 서울대 사범대 국어교육과. 212쪽.). 송 교수는 필사본인 『葛峰遺稿』의 이본 『葛峰先生遺墨』을 소개하고 『遺墨』이 친필 원본에 더 가깝다고 하였다. 두 작품 간에는 표기법 상 약간의 차이가 있다.

본고의 가사자료는 『갈봉선생문집』에 의한다. 문집의 표기는 도리어 현대의 것에 가까우나, 일관성이 없다. 그러나 인간(印刊) 자료이므로 이를 기본으로 하고, 의미가 통하지 않는 것은 김용직 교수의 논문의 것을 괄호 안에 넣어 참조하였다.

51) 김용직. 1972. 같은 글. 119쪽.

52) 송정헌. 1976. 「갈봉선생의 유묵고」. 『논문집』 10. 충북대학교 ; 송정헌. 1982. 「갈봉시조고」. 한국언어문학회 편. 『조선 전기 언어와 문학』. 한국어문학회 ; 이상원. 1992.

았다. 가사의 내용 해설에 해당하는 기(記)가 같이 전해지므로 가사의 내용이 분명하다고 생각하였기 때문이다. 또한 <지수정가>라는 그 제목에서부터 유학적 교훈을 표명하고 있기 때문에[53] 현대의 감상자들의 관점 역시 유학적 해석의 지배를 우선 받게 되는 것도 지금까지 이 가사를 온전하게 읽어내지 못한 이유 중 하나였으리라고 생각한다. <지수정가>가 속한 '누정문학류'의 많은 작품들의 구성이나 작법이 대개 비슷하여 작품의 개성을 알아보기 어렵다는 것 또한 그 이유의 하나일 것이다. 그러나 생태문학과 장소의 관계를 "생의 의미를 삶이 이루어지는 장소와의 관계 속에서 고찰하는 문학", 또 생태문학을 "자연의 기운과 감응하여 자연스러운 감수성을 회복하는 문학"으로 이해하려고 할 때, <지수정가>는 마치 지층이 드러나듯 그 안에

「16세기말~17세기초 사회 동향과 김득연의 시조」. 『어문논집』 31. 고려대 국문과 ; 이주연. 1996. 「김득연 시조 연구」. 한양대 석사논문 ; 이구의. 2002. 같은 글 ; 육민수. 2004. 「김득연 문학작품의 특성-시조작품을 중심으로-」. 『반교어문연구』 17. 반교어문학회 ; 김상진. 2004. 「김득연의 <산중잡곡> 재조명-연작시조의 가능성을 중심으로-」. 『한국시가연구』 16. 한국시가학회 등의 작품론과 김종석. 2001. 「갈봉 김득연의 학문과 사상」. 『퇴계학과 한국문화』 30. 경북대학교 퇴계학연구소. 등이 있다. 그 외 17세기 시조사와 관련하여 '농암 이현보(1467~1555)-퇴계 이황(1501~1570)-송암 권호문(1532~1587)'으로 이어지는 '영남강호가도'의 맥락 속에서 갈봉의 위치를 파악하고자 하는 논의들이 이상원. 『17세기 시조사의 구도』(월인. 2000), 김광조. 「송암 권호문의 시가 문학 연구」(서울대 박사학위 논문. 2005.) 등을 통해 시조사 속에서 이루어졌다.

53) '지수(止水)' 즉 '물을 그치게 하다'에 대해 갈봉은 "이 정자는 단지 물을 그치게 하기 위한 것만이 아니다. 이른바, 그칠 곳을 알아야 정함이 있고 그 그침에 편안할 수 있음으로써 지선의 경지에 머물며, 또한 이로써 이룰 수 있는 것이다."라고 의미를 명백히 하였다. 이에 대해 앞선 논자들이 부연한 의미는 "명경지수(明鏡止水)"로써 마음을 닦음, 또 이를 주역의 괘사로 설명해 산수의 괘 즉, 간곤(艮坤) 몽괘(蒙卦)의 의미 부연, 또 요산요수(樂山樂水)의 의미를 풀이하여 지혜로운 사람과 어진 사람의 자질을 겸비하고 있다는 것을 암시한 것으로 보는 등의 견해가 있다(이구의. 같은 글. 99~101쪽 참조.).

감춘 내용을 보이며 작자가 자기 삶의 터전을 읽는 방법을 전달하였다. 풍수지리 이론을 빌리지 않으면 그 의미를 제대로 해석할 수 없는 작품임을 알려준 것이다.

<지수정가>와 많은 점이 비슷한 작품인 <면앙정가> 역시 같은 연구 경로를 밟았다. 송순(宋純, 1493~1582)의 유려한 필치로 호남의 가경(佳景)을 그린 작품으로 평가되는 이 작품은 누정가사의 첫 작품이기도 하다. 그런 만큼 많은 관심을 받았지만 연구 내용은 묘사의 대상을 밝히고 묘사의 내용을 요약하는 정도였다. 이런 평면적 설명을 넘어서기 위해, <면앙정가>는 산수화 이론을 그대로 적용시킬 수 있는 작법에 의해 창작된 것이라는 흥미로운 이론이 도입된 연구도 있다.[54] 이후 이 화론(畵論) 적용을 포함한 기존의 논의들과는 전혀 다른 분석방법이 제기되었다. 풍수지리학자의 안목으로 볼 때, 면앙정은 용혈사수(龍穴砂水)를 고루 갖춘 명당이며, 명당은 완전, 균형 조화를 갖춘 곳이며 미학적으로 가장 완전한 미와 균형미를 갖춘 곳이므로, <면앙정가>는 풍수지리를 이해하지 못하면 논의할 수 없다는 것이 김두규 교수에 의해 지적된 것이다.[55] 그는 여기에서 '풍수가

---

54) 이 논문은 고전시론이 '시중화 화중시(詩中花 花中詩)' 를 강조한 것에 착안, <면앙정가>를 한 폭의 산수화로 해석하였다. 동양화의 관점이 부동(不同) 관점 · 부동 시간 · 부동 계절을 동일한 것으로 본다는 송(宋) 곽희(郭熙)의 화론을 빌려, 고원(高遠) · 심원(深遠) · 평원(平遠)의 세 관점에서 화자가 면앙정과 주변 경치를 그린 것으로 분석하였다. 이때 사시(四時)의 경(景)은 면앙정도(圖)의 화찬(畵贊)으로 볼 수 있고, 가(歌)와 화(畵)는 일치하며, "면앙정가는 가사문학에 시화일치의 신기축을 열었다."고 결론지었다. 최진원. 2002. 「<면안정가>의 화중시-산점투시(山点透視)를 중심으로-」. 『고시가연구』 19. 한국고시가문학회. 72쪽.

55) 김두규. 1997. 「면앙정과 풍수지리」. 『우리 땅 우리 풍수』. 동학사. 140~147쪽.

사'라는 용어를 사용하였고, 이에 착안한 국문학자 문영오 교수에 의해 이 작품에 담겨진 풍수지리적 측면이 밝혀진 바 있다.[56] 문 교수는 이후 풍수지리 자체를 가사의 소재로 삼거나 풍수들에 의해 직접 불렸을 몇 작품을 학계에 더 소개하였으나,[57] 학계의 관심을 많이 받지는 못하였으며 풍수지리와 고전문학의 연관성에 대한 논의도 확대되지 않았다. 전통적으로 식자들 간에 교양 이상의 의미로 받아들여졌던 풍수지리에 대한 관심과 지식이 더 이상 지식도, 세계관도, 감수성도 아닌 시대이기 때문이다. 이 연구는 <면앙정가>에 대한 문교수의 연구에서 많은 점을 시사받았음을 밝혀 둔다.

다음에서는 풍수지리적 관점에서 <지수정가>를 분석하기로 한다.

2) 경북 안동 와룡산 지형의 풍수지리와 <지수정가>

<지수정가>의 구성은 총 145행 중 삼분의 일에 해당하는 46행까지가 풍수지리적 내용이며, 47~113행은 승지(勝地)에서의 매일의 삶, 114~145행까지는 삶의 자세에 대한 내용으로 되어 있다. <지수

---

56) 문영오. 2003.「<면앙정가>의 풍수지리학적 접근」.『도교문화연구』19. 한국도교문화학회.

57) 문영오. 2002.「<풍수지리가> 연구 서설」.『한국문학연구』25. 동국대학교 한국문학연구소. ; 문영오. 2004.「일행대사 <논산가>의 해설과 관견」.『한국어문학연구』43. 한국어문학회. 등의 연구 성과가 있고, 작품으로는 <道詵踏山歌>, <玉龍子遊說秘錄>, <옥룡자玉龍子卜墳歌>(최창조. 1990.『좋은 땅이란 어디를 말함인가』. 서해문집. 94~113쪽.), <금낭가(錦囊謌)>(최창조. 1984.『한국의 풍수사상』. 민음사. 29~32쪽.), <道先僧歌>, <답산가>류 8편(임기중 편.『역대가사문학전집』. 아세아문화사.) 등이 소개된 바 있다.

정가>의 앞부분은 ㉗행에서 드디어 짓게 되는 지수정의 풍수지리를 보여주는 부분으로 '형국을 살핌-혈을 찾음-장풍-수구'를 순서대로 말하고 있다. 그 자신이 ⑨행에서 이것이 풍수지리에 의해 지어졌음을 밝히고 있기도 하다.[58)]

> ① 臥龍山(와룡산)이 臥龍形(와룡형)을 지에ᄒᆞ고
> ② 남역크로 머리드러 구의구의 느릿혀 ᄃᆞᆺ다가
> ③ 구ᄌᆞᆨ기 니러안자 九萬里(구만리) 長空(장공)을 울워러 天柱峯(천주봉)이 되야이셔
> ④ ᄒᆞᆫ 활기 버더ᄂᆞ려 中央(공중)애 밋쳣거ᄂᆞᆯ
> ⑤ 저 ᄌᆞᆷ(ᄶᅩᆨ)ᄭᅴ 黃鼠年(황서년)에 先壟(선롱)을 安葬(안장)ᄒᆞ니

①~⑤는 갈봉이 부친의 장지에 대한 풍수지리적 내용을 시적 묘사로 보여준 것이다. 여기서 용은 간룡법(看龍法)에서 산줄기를 가리키는 것이다. 그 산줄기가 내려오다가 갑자기 잘룩해지면서 기를 강하게 뭉치는[結咽] 곳을 혈이라 하며[59)] 이곳에 묫자리나 집터를 잡는다. 이 혈과 주변의 분위기를 논하는 형세 · 형국론이 물형론(物形論)이다.[60)] 이 혈의 모체이며 생명의 근원으로 혈의 뒤쪽에 있는 산을 주

---

58) 이하에서 인용하는 <지수정가>에서는 설명의 편의를 위하여 필자가 임의로 매 행에 ①~⑮까지의 번호를 붙였다. 본문에서 사용한 이 행 번호는 해당 구절의 인용을 대신한다. 또한 작품에서 밑줄 친 부분은 갈봉의 시조작품과 공유된 구절을 보이기 위해서 필자가 부기한 것이나.

59) 김두규. 1998. 같은 책. 190쪽.

60) 산을 포함한 공간의 형세와 형국을 살피는 것이 물형론이다. 형세론은 용론, 혈론, 사론, 수론, 명당론이 있는데 그 중, 용론은 산을 용에 비유, 용의 변화와 움직임을 주로

산(主山, 鎭山)이라 하는데, 여기서의 주산은 와룡산이다. 이 주산에서 직접 연결되는 산줄기를 간룡(幹龍)이라 하는데, 여기서는 느리게 내려오는 와룡의 모습으로 그렸다. 이 형상은 과협(過峽)을 거쳐 힘 있게 변화함으로써 젊고 생기에 찬 용이 된다. 이 변룡(變龍)의 힘 있는 모습은 ③"구ᄌᆞ기 니러 안자 九萬里(구만리) 長空(장공)을 울워러"로 형상화 되었다. 그것이 그가 혈로 잡은 혈장의 주봉인 천주봉이다. 주봉으로부터 혈에 직접 이르는 산줄기는 내룡(來龍)이라 하는데, ④"ᄒᆞᆫ 활기 버더ᄂᆞ려 中央(공중)애 ᄆᆡᆺ쳣거ᄂᆞᆯ"은 내룡이 입수(入首) 즉 머리를 드는 형상을 가리킨다. 그곳이 혈이다. 곧 용이 생기를 뿜어내다 그치는 곳이 혈이다.[61] 갈봉은 이곳을 부친의 묘소로 하였다.[62] 여기까지는 음택(陰宅)을 설명한 것이다. 이어지는 부분은 선영을 포함한 와룡산의 경개와 못을 만들게 된 경위이다.

⑥ 千峯(천봉)은 競秀(경수)ᄒᆞ야 ᄂᆞᄂᆞᆫ 鶴(학)이 날개 편ᄃᆞᆺ
⑦ 萬壑(만학)은 爭流(쟁류)ᄒᆞ야 怒(노)한 龍(용)이 ᄉᆞ리 치ᄃᆞᆺ
⑧ 길고 기픈 고ᄅᆡ 거후러 ᄂᆞ리거ᄂᆞᆯ

살핀다. 주룡은 동작의 세(勢)를 보고, 좌우룡(左右龍)과 전주작(前朱雀)의 경우는 유정 · 무정을 주로 살핀다. 형국론은 산을 주로 별(星)에 비유한다. 산봉우리와 산줄기들이 모여 자아내는 분위기와 상황을 말하는 것이다. 크게 모일 때는 원(垣)이 되고, 상대적으로 작을 경우에는 국(局)이 된다. 별은 오행(五行)에서 비롯된 것으로 목 · 화 · 토 · 금 · 수성의 별 이름과 이들의 성격을 다시 오행으로 풀이한다(조인철. 2008.『우리시대의 풍수』. 126쪽, 219쪽, 286쪽.).

61) "진혈(眞血) 즉 명당이란 산맥이 한창 세력을 펼치는 행룡 중에 있는 것이 아니라 산세가 다하여 그치는 곳에 있다." (최창조. 1984. 같은 책. 85쪽.)

62) 갈봉은 그곳이 명당이므로 부친의 선영을 '先壟(선롱)'이라 하여 '용의 지형'을 암시하였고 부친이 돌아가신 해(1588년)의 간지가 무자이므로 '黃鼠年'이라 칭하였다.

⑨ 山家(산가) 風水說(풍수설)에 洞口(동구)모시 죠타 ᄒᆞᆯ시
⑩ 十年(십년)을 經營(경영) ᄒᆞ야 ᄒᆞᆫ ᄊᆞᄒᆞᆯ 어드니
⑪ 形勢(형세)ᄂᆞᆫ 좁고 굴근 巖石(암석)은 하고 만타
⑫ 녯 길ᄒᆞᆯ 새로 내고 半畝塘(반무당)ᄋᆞᆯ 푸단 마리(1−1)
⑬ 活水(활수)을 혀드러 가ᄂᆞᆫ 거ᄉᆞᆯ 머므로니(2−1)
⑭ 明鏡(명경)이 ᄠᅴ 업서 山影(산영)만 즘겨 잇다(1−2)
⑮ 千古(천고)애 荒廢地(황폐지)을 아모도 모ᄅᆞ더니
⑯ 一朝(일조)애 眞面目(진면목)을 내 호온자 아란노라

⑥~⑧은 묘소로부터 못까지의 거리를 급한 경사로 보여주는 동시에, 간산법의 사(砂), 즉 혈 주변의 기(氣)에 대한 묘사를 나타내고 있다. 내룡의 끝 줄기에 해당하는 이곳은 천봉만학으로 둘러싸인 곳이며 빼어난 경치를 자랑하는 곳이다. 물형론에 의하면, 용은 원래 변신한다. 용산의 변형태는 호랑이(虎山)나 봉황(鳳凰山) 혹은 학(鶴山) 등으로 나타난다. 갈봉의 묘사에 의하면 주변의 산형은 용류봉각(龍樓鳳閣)형에 가까운 것으로 보인다.[63] 형국론의 하나로 하늘에서 본산을 하나의 별(星)로 보고 그 형국(形局)의 성격을 오행(五行)에 적용시키는 오성형국론(五星形局論)으로 이 장소의 분위기를 설명하면, 와룡산의 진산은 수성(水星)이다. 또 새 모양은 금성이기에, 혈 주변의 산은 금성(金星)으로 볼 수 있다. 또한 날카로운 것은 화성(火星)이다. 산 하나에 형세가 섞여 있는 것이 보통인데, 못을 만들 곳의 묘사는 금성이기에 맑은 산이며 화성이기에 높은 산, 귀한 산임을 알

63) 조인철. 2008. 같은 책. 241쪽 참조.

게 한다. 한편, 이를 성격으로 보면, 천봉만학의 뾰족한 봉우리를 자랑하는 산은 오행 상 화산(火山)이다. 화산이므로 당연히 대지는 좁고 돌은 많다.[64] 이 지형을 흠결 없는 명당으로 만들기 위해서는 우리 풍수지리의 특성인 비보법[65]으로 화기를 상쇄할 물(水)을 보충해 주면 된다. 갈봉이 천 길 벼랑 아래의 좁은 터에 만든 지당, '동구못'이 그 역할을 한다.

풍수론을 물과 바람에 대한 이론이라고 할 때, 물 확보[得水]에 관심을 기울이는 것은 필수적이다. 물은 명당에 좋은 기를 가져다주고 나쁜 기를 쓸어가는 역할을 한다.[66] 물이 직선적으로 오고가는 것은 흉하다. 그러나 이 주변은 물이 직류직사(直流直射)[67]하는 곳이므로, 그는 좋은 기를 얻기 위한 방법으로 이 물을 가두어 동구못을 만들었다는 것이다. "活水(활수)을 혀드러" 즉 구불거리게 끌어들여 혈 앞에 모이도록 만든 것이다. 이것을 '명당수(明堂水)'라 한다.[68] 못물을 표현한 '티 없는 명경'은 유자가 자신을 비춰보며 심성을 수양하는 거울로 쉽게 치환되지만, 서정시를 유지하는 이 가사에서 갈봉은 유자의 교훈을 앞세우지 않고 '산 그림자가 잠겨 있는 경치'를 먼저 말한다.

---

64) 최창조. 1884. 같은 책. 92~93쪽.

65) 비보풍수의 기본은 피흉취길(避凶就吉)을 기하고자 하는 것이다. 비보관념은 고려부터 시작된 한국 풍수의 특성이다. 비보압승이 대표적이며 수구막이, 화기 방어, 방위 비보 등이 있다(최원석. 1993. 같은 글b. 최창조 외. 74~80쪽.).

66) 김두규. 1998. 같은 책. 63쪽.

67) 반대는 수구관쇄(水口關鎖), 즉 물이 감싸주는 지형을 말한다.

68) 조인철. 2008. 같은 책. 265~267쪽 참조.

그러나 다른 묘사들에는 유자와 은자의 상징이 두드러진다. “十年(십년)을 經營(경영) ᄒᆞ야 ᄒᆞᆫ ᄯᅡ홀”을 얻을 수 있었다든가, ⑫길도 없는 곳, ⑮‘千古(천고)애 荒廢地(황폐지)’라는 묘사는 자신의 고절(孤節)을 표현하는 한 방법이다. 그러면서도 ⑯“一朝(일조)애 眞面目(진면목)을 내 호온자 아란노라”는 유자로서의 자부심뿐만 아니라, 명승지를 그가 스스로 알아보고 만들었다는 자부심을 동시에 표현하고 있다. 또한 ‘외부에서는 보이지 않으며 자신만 아는 곳’이란 동구(洞口)를 통과해야 비로소 열리는 무릉도원을 비롯한 은자의 처소를 말한다. 동구는 요형(凹形)의 지세로 외부와 내부를 연결해 주는 개방된 한 면이다. 동구 안은 외부에 직접적으로 노출되는 것을 막아주므로 심리적 안정을 얻을 수 있기에 풍수지리에서는 길지의 조건이 된다.[69)]

⑰ 처엄의 이 내 ᄠᅳᆮ든 믈머므을 ᄡᅢᆫ니러니
⑱ 이제ᄂᆞᆫ 도라보니 가지가지 다죠해라
⑲ 白石(백석)은 齒齒(치치) ᄒᆞ야 銀刀(은도)로 사겨잇고
⑳ 碧流(벽류)은 漍漍(괵괵) ᄒᆞ야 玉斗(옥두)을 ᄲᅳ리ᄂᆞᆫᄃᆞᆺ
㉑ 疊疊峯巒(첩첩봉만)은 左右(좌우)에 屛風(병풍)이오
㉒ 森森松檜(삼삼숑회)은 前後(전후)에 울히로다
㉓ 九曲上下碁(구곡상하기)은 層層(층층)이 두러젓고
㉔ 三逕(삼경) 松菊竹(송국죽)은 주주리 버더잇다
㉕ ᄒᆞᄆᆞᆯ며 巖崖(암애) 노푼 우희
㉖ 老松(노송)이 龍(용)이 되여 구푸려 누엇거ᄂᆞᆯ

69) 권선정. 1993.「풍수의 입장에서 본 취락 입지」. 최창조 외. 같은 책. 178쪽.

㉗ 雲根(운근)을 베쳐내고 小亭(소정)을 브쳐세여(3-1)

㉘ 茅茨(모자)을 不剪(부전)ᄒᆞ니 이거시 엇던 집고

㉙ 南陽(남양)애 諸葛廬(제갈려)인가 武夷(무이)예 臥龍庵(와룡암)인가

㉚ 고쳐곰 ᄉᆞᆯ펴보니 畢宏韋偃(필굉위언)의 그림엣 거시로다

㉛ 武陵桃源(무릉도원)을 예 듯고 못밧더니

㉜ 이제야 아래와라(알겠구나) 이 진짓 거긔로다

㉑~㉔는 신선도에 흔히 나오는, 전형적인 은자의 장소이다. ㉑~㉒의 "左右(좌우)에 屛風(병풍)이오"와 "前後(전후)에 울히로다"는 장풍국(藏風局), 즉 바람을 적절하게 다스릴 수 있는 길지의 표현이며, ㉓의 '구곡'은 아홉 바퀴를 돌아가야 닿을 수 있는 깊은 곳으로 주자의 <무이구곡가>를 비롯, 문학작품에 자주 나오는 승지, 무릉도원의 전형이다.[70] 앞의 동구와 함께 이 선경(仙境)의 묘사는 뒤에 나올 제갈려, 와룡암을 염두에 둔 것이고, 그 중에서도 잘 알려진 그림으로 보았던 것들을 그대로 재현한 것이다.

㉗행에서 그는 이 자신만의 명승지에 정자, '지수정'을 짓는다. 와룡면의 주산인 와룡산은 거석지역으로서 오늘날에도 등산명소이기도 하다. 이 부분의 경치 묘사 역시 이곳이 험준한 산세임을 보여준다. 그러나 그의 정자, 지수정은 벼랑 위에 세워졌으면서도 아늑하고 안

70) 주자의 <무이도가>는 도연명이 묘사한 무릉도원을 염두에 두었다. 어떤 어부(漁父)가 배를 타고 시내를 거슬러 올라간다는 공통점이 있다. 여기에서 아홉 바퀴 물줄기를 거슬러 찾아가는 어부는 기를 통해 이상향을 찾는 전형이다. "지자요수(知者樂水) 인자요산(仁者樂山)"의 지자(知者)이다. 즉 지를 통해 이상향을 찾아간다는 의미이다(김두규. 1998. 같은 책. 67쪽.).

전한 무릉도원이다. 안전해야 할 것은 길지(吉地)의 가장 큰 요소이다. 그러므로 장풍(藏風)은 길지를 선택할 때의 중요한 요소이다.[71] 지수정이라는 혈의 주변 산들의 형세를 보여주는 사(砂)의 묘사(⑲~⑳)를 통해 이곳이 빼어난 승지이면서 안전한 곳(㉑~㉒)임을 그는 강조한다. 거기에 용틀임을 한 노송은 그 안에서의 혈처(穴處)이다. 그러므로 그는 그 옆에 소박한 정자를 짓고 '지수정'이라 이름 짓는다. 묘사만으로 부족하여, 그는 읽는 이에게 畢宏韋偃(필굉위언)의 산수화를 떠올리게 함으로써[72] 스스로를 고사(高士), 제갈량, 주자와 같은 처사로 자처한다.

여기까지가 동구 안에서 근경의 사(砂)와 수구(水口)를 풀이한 것이라면, 이어지는 부분은 좀 더 거시적으로 사와 수구를 보여준다. "명당을 보는 것은 근삼원칠(近三遠七)"이라는 원칙이 여기에 그대로 지켜지고 있다.[73]

㉝ 蜿蜒(완연)한 水晶山(수정산) 偃蹇(언건)한 九鳶峯(구연봉)
㉞ 磅礴(방박)한 博山(박산)뫼 穹窿(궁륭)한 龍井峯(용정봉)
㉟ 東西南北(동서남북)에 오거니 가거니
㊱ ᄂᆞ프락 ᄂᆞ자(ᄂᆞ)락 녜ᄂᆞᆫᄃᆞᆺ 머므ᄂᆞᆫᄃᆞᆺ

---

71) "생기는 바람에 실리어 흩어지고 물에 닿으면 머무는 것인 까닭에 바람과 물, 즉 風水라 하는 것이다. 따라서 풍수의 방법은 물을 얻음이 첫째요 바람을 막음이 그 다음이다."(곽박.『地理正宗』. 최창조. 같은 책. 1984. 75쪽 재인용.)

72) 당조의 명화원인 이들의 절파(浙派) 화풍은 강희안의 <고사관수도(高士觀水圖)>에 그대로 나타난다고 전해진다.

73) 명당을 보는 것보다 산 읽기가 힘들므로, 가까이 세 번 보고 멀리서 일곱 번 봐야 한다는 뜻이다(김두규. 1998. 같은 책. 91쪽.).

㊲ 우둑우둑 龍蹲虎踞(용준호거)ᄒᆞ여 여긔을 닷그렷고
㊳ 산밧긔 萬里長江(만리장강)은 潢池(황지)예 發源(발원)ᄒᆞ여
㊴ 淸凉(청량)을 지나 흘너 退溪(퇴계)예 渟滀(정축)ᄒᆞ여
㊵ 月川(월천)로 바로 ᄂᆞ려 栢潭(백담)을 감도라
㊶ 浩浩洋洋(호호양양)ᄒᆞ여 道脉川(도맥천)이 되여이서
㊷ 다시곰 龍飛鳳舞(용비봉무)ᄒᆞ여 廬江(려강)의 五老峯(오로봉)을 쎠듸여
㊸ 芝谷(지곡)어긔 빗기지나 臨川(임천)을 ᄒᆞᆫ딕 모다
㊹ 城山(성산)애 鶴峯(학봉)을 ᄇᆞ라보고
㊺ 屛山(병산)애 玉淵(옥연)을 向(향)ᄒᆞ여 洛東(낙동)이로 가노라
㊻ 屈曲盤回(굴곡반회)ᄒᆞ여 이 안흘 싸(ᄣᅡ)잇ᄂᆞ다

㉝~㊻은 와룡산이 위치한 오늘날 와룡면의 주변 경관을 묘사한 것이다. ㉝~㊲은 주산인 와룡산이 위치한 와룡 지역을 둘러싼 네 방향의 산세를 그린 것이다. 『영가지』(1772)[74]에서 확인되는 지명은 수정산, 용정봉 정도이나, 『와룡지』(1931)에서는 이 명칭들을 모두 확인할 수 있다. 유일재의 묘소와 지수정의 위치는 와룡산 남쪽 기슭로 추측된다. 구와 김굉(龜窩 金宏, 1739~1816)이 지은 유일재의 묘지명을 보면, 그곳을 용계사(龍溪社)라 했으며, '외루(畏壘)'라 하였는데 그 표현이 <지수정가>의 묘사와 비슷하다.[75] 갈봉은 지수정이

74) 1602년에 시작되어 1608년에 완성된 지방지. 한강 정구에 의해 재편집 될 때 갈봉 자신도 참여했다.

75) 본관 光山. 퇴계의 문인. 생원시 합격. "유일재 김언기는 향시에 자주 응했으나 매번 낙방하였고, 48세에 비로소 사마시에 합격했으나 다시는 과거에 응시하지 않았다. 구담(九潭)에서 이계(伊溪)로 거처를 옮겼고, 만년에는 가야(佳野)에 살 곳을 정하여 서재 몇 칸을 짓고 '유일(惟一)'이라고 편액을 달았다(1561년). 학생들을 가르치

속한 와룡 주변 산의 형세를 오성(五星)에 의거하여 표현한 후,[76] 울타리가 되는 좌청룡·우백호에 대해서는 좀 더 확실히 표현하였다. ㊲"우둑우둑 龍蹲虎踞(용준호거)ᄒᆞ여 여긔을 닷그렷고"는 혈장을 보호하기 때문에 호위사(護衛砂), 호맥사(護脈砂)라고도 불리는 용호(龍虎)를 강조한 것이다. 간단하지만, 그곳이 길지임을 표현하기에 충분한 묘사이다. 용은 구불거리며 생기가 있어야 좋은 것이고, 호랑이는 머리를 숙인 듯해야[白虎順頫] 좋은데, '용준호거'가 그것이다.[77] '여긔(餘氣)' 또한 '용이 기운이 성하여 혈을 맺은 뒤에도 작은

니 학생들이 모여들어 날마다 경의 뜻을 강론하였고, 능력에 따라 이끌고 밀어주니 얼마간의 성취가 있었다. 구백담(具柏潭)·권회곡(權晦谷)·권송암(權松巖)·김후조(金後彫) 종형제들과 산사에서 약속을 하여 서로 모여 강학을 하였으니, 그 골짜기의 물과 돌이 일찍이 노닐고 쉰 곳이다. 지금 구선대(九仙臺)라고 불리는 곳이 여강서원(廬江書院)이 처음 만들어진 곳으로 선생이 주인이 되고 동문의 제현들이 참여하여 규약을 맺었던 곳이다. ... (그는) 일찍이 영해부(寧海府)의 교수가 되어 강루(講樓)를 보수하고 법규를 밝혀 장려하였다. 1588년(선조 21) 3월에 침소에서 돌아가셨으니, 향년 69세이다. 와룡산 남쪽 기슭 축좌 언덕에 장사지냈다. ... 선생이 돌아가신 뒤 문인들이 서로 이르러 선생의 묘소에 제사를 지냈고 자손들이 그것을 따라 백여 년 동안 폐하지 않았으며 사림(士林)들이 용계사(龍溪祉)에 제사지내니, 그 남은 가르침이 사람들에게 들어간 것이 깊다는 것을 또한 볼 수 있다."(김굉. 「墓碣銘并序」. 『유일재선생실기(惟一齋先生實記)』 권2. 1999. 안동대학교 영인. 국역은 <유교넷 유교역사관> http://www.ugyo.net) 유일재의 시문 약간 편이 『龍山世稿』의 『유일재선생실기』에 전한다. 문집은 19세기에 발간된 목판본이다(1999년 『유일재선생실기』로 안동대학교에서 영인하였다.). 김득연은 유일재의 삼남 중 장남이며, 유일재와 첫째부인 영양 남씨의 1남 2녀 중 외아들이다. 유일재의 둘째부인은 영천 김씨인데, 유일재는 김씨의 친정집을 유일재 46세 때 이어 받아 이곳에서 거처하며 후진을 양성하다 세상을 떠났다. 안동시 와룡면 주계리(계실)에 위치한 이 집은 그의 고손인 肯構堂 金世煥(1640~1703)에게 물려졌으며, 오늘날 <긍구당 종택>으로 남아 있다.

76) 금성(圓), 목성(直), 수성(曲), 화성(尖), 토성(方, 平)이 그 정체이다(최창조. 1984. 같은 책. 89~94쪽.).

77) 조인철. 1998. 같은 책. 227쪽.

혈을 응결한 것'을 말한다. '여괴'는 대룡보다 소룡의 경우에 많은데,[78] 그가 지룡(支龍)의 움직임 묘사에 이것을 사용한 것도 그 때문이다.

한편, ㊳~㊻에서 이 지역을 둘러싼 강의 모습을 표현하는 데서는 훨씬 시야를 넓게 잡았다. 물길을 따라 와룡 지역의 경관을 묘사하고 다시 이 지역 외부까지로 시선을 이끌었다. 갈봉과 그의 부친 유일재 김언기(惟一齋 金彦璣, 1520~1588)[79]는 오늘날의 와룡면 가구리(佳邱里)[80]에 거주하였으며, 후에는 가야리(佳野里)[81]에 이주하여 여강서원을 세우고 후학을 양성하였다. 이 지역은 백담 구봉령(栢潭 具鳳齡)이 생장한 지내리, 그를 모신 주계서원이 있는 주계리 등, 영남 유학의 명소가 많은데 이를 모두 보여주고자 한 것이다.

㊷~㊸의 "씌듸여", "ᄒᆞᆫ듸 모다", ㊻"屈曲盤回(굴곡반회)ᄒᆞ야 이 안흘 싸(쌔)잇ᄂᆞ다"는 모두 명당 주변을 감싼 물, 즉 수구(水口)이다. 물로 인해 명당의 가장 중요한 조건이 완성됨은 앞서 말했거니와, 물은 직류해서는 안되고, 혈장을 중심으로 한 마을을 에워싸고[山水環抱],

---

78) 최창규. 1984. 같은 책. 86쪽.

79) 유일재의 조부인 담암 김용석(金用石)이 경기도 광주에 거주하다 무오사화 때 구담(안동시 풍천면)에 낙향한 후, 후손들에게 진사 이상 벼슬하지 말라는 유언을 남겼다 한다(유교문화원. <유교문화지도>. 고도서. 『유일재선생실기』 해설(http://www.ugyo.net/tu/rin/ruins.jsp?sSiteCode=anwy001) 참조).

80) 가구리의 옛 지명인 와룡면 밤실 마을[栗里]에 광산김씨 '유일재종택이' 있어 일반에게 개방되어 있으며, <유교문화지도>에서도 쉽게 볼 수 있으나 8대손 도상이 구입하여 지은 뒤, 19세기에 다시 지어진 것이다(유교문화원. <유교문화지도>. 유적인물지도 참조). 갈봉은 가야리에 살았으므로 이 집은 갈봉과 직접적인 연관은 없다.

81) 가야리는 구한말 안동군 동선면의 지역으로서 개실, 계실, 가야촌이라 하였다.

명당 앞에서 열려 자신이 속한 곳을 길지로 열어주는 것[水口關鎖]이어야 한다.

갈봉은 태백산맥 황지(潢池)에서 발원하여 그가 살고 있는 이 와룡(현재의 명칭)을 감싸고 흘러 하회의 옥연(玉淵)에서 합수하여 낙동으로 가는 낙동강의 흐름을 그리면서, 그 지명(山水名)들을 영남 유학자의 호를 사용하였다. 강과 도맥(道脈)[82]을 같이 중의적(重義的)으로 표현한 것이다.[83] 즉, '淸凉 → 退溪 → 月川 → 栢潭 → 廬江 → 臨川 → 屛山 · 玉淵'은 모두 '陶山書院(退溪 李滉, 1501~1570, 안동군 도산면) → 月川書院(月川 趙穆, 1524~1606, 도산면) → 周溪書院(栢潭 具鳳齡, 1526~1586, 와룡면) → 芝山書堂(의성김씨 양동댁 포함한 지레마을[84]) → 廬江서원[85] → 臨川書院(鶴峯 金誠一,

82) "도맥천은 임하현 북쪽 황지 하류에 있다. 백담 구봉령이 도맥이라 이름하고, 시에 '활수가 양양한 도맥천이요, 근원을 찾아들면 응당 퇴계로 들어간다.'라고 했다. 배삼익은 '도맥'이라 이름하기 미안해서 '도목(桃木)'이라 고쳤다."(『국역영가지』. 권2. 산천)

83) "합강은 포항진과 와부탄의 이수가 합류하는 곳에 있다. 포항(浦項)의 근원은 황지에서 발원하여 소천, 재산을 거쳐 흘러서 청량산 아래 가라연이 되고, 고산의 월명담이 되어 도산에 이르러서는 또 탁영담이 된다. 이것이 또 달려서 여강이 되어 포항진에 도달한다."(『국역영가지』. 권2. 산천.)

84) 의성김씨의 학맥으로 추측한다. 오늘날 양동댁으로 불리는 지촌 김방걸(芝村 金邦杰,1623~1695)의 형 김방형(金邦衡 1618~1699)의 자택인 수산재(秀山齋)는 1663년 건축, 이 작품 당시에는 아직 지어지지 않았고 지촌 김방걸의 연배는 다른 이들에 비하면 아래이기 때문이다.

85) 여강서원(廬江書院)은 호계서원의 옛 이름이다. 1575년(선조 8) 주로 안동 출신 사림들이 힘을 모아 여산촌 오로봉 아래 백련사 절터에다 여강서원을 건립하여 퇴계 선생의 위패를 봉안하고 도학을 강론한 것에서 비롯하였다. 당시의 여강서원은 안동에서 가장 큰 규모의 서원으로 총 97여 칸에 달하였다. 그러나 여강서원은 1605년(선조 38) 대홍수로 유실되었고, 다음 해 북쪽 백 보 쯤 되는 곳에 같은 규모로 중창되었다. 1620년(광해군 12) 퇴계 선생의 큰 제자인 서애 류성룡, 학봉 김성일 양 선

1538~1593, 서후면) → 屛山書院과 玉淵精舍(西厓 柳成龍, 1542~1607, 풍산면, 풍천면)'를 표방한다.[86]

그런데 ㊷ "다시곰 龍飛鳳舞(용비봉무)"한 '오로봉'은 수구에서 말하는 화표(華表)임을 주목해야 한다. 화표란 수구로 둘러싸인 명당 안의 혈이 있는 자리를 말하는 것인데,[87] 갈봉이 화표로 지적한 오로봉[88]은 바로 그의 부친인 유일재(惟一齋) 등이 처음 만든 여강서원이 있는 곳이다. 유일재는 안동의 학문을 창도한 인물이라고 평가되는데, 갈봉은 화표에 자신의 가계를 위치 지움으로써, 풍수적 설명으로는 명당지의 혈의 복이 모두 자신에게 있다는 자부심을, 학문적으로는 영남유학의 핵심이 그의 가계에 있다는 자부심을 함께 표현하였다. '도맥천'은 실제 있는 강 이름이기는 하지만, 동시에 '학맥'에 대한 은유적인 표현이다.

그러나 이 부분은 전체적으로 볼 때 불균형을 드러내고 있다. 풍수로 볼 때, 수구가 지나치게 넓은 범위로 묘사된 것은 따로 두른 범위

생을 추향했다. 1676년(숙종 2) 사액되면서 호계(虎溪)로 개칭하였다. 그 후 이황은 도산서원에서, 김성일은 임천서원, 또 류성룡은 병산서원에서 주향하게 되므로 이곳 호계서원은 강당만 남게 되었다. 1973년 12월 안동댐 수몰로 월곡면 도곡동에서 현 위치로 이건하였다.

86) 이 흐름을 가장 잘 보여주는 것은 <유교문화지도>의 <유적인물지도>이다. 경상북도 북부권 7개 권역 중 안동지역을 보면, '도산권, 와룡예안권, 서후북부권, 풍산권, 남부권, 시내권, 임하임동권'의 7개 지역으로 나누고 있는데. 낙동강의 흐름 역시 간략하게 보여준다. 그 중 와룡예안권은 안동의 동북쪽이며, 유일재고택은 이 지역의 남서쪽이다. 도산권에서 내려온 물이 와룡예안권 중간지역을 내려와 이 지역 동남쪽에서 합쳐지는 것을 볼 수 있다(http://www.ugyo.net/cf/frm/tuFrm.jsp?CODE1=02&CODE2=00&CODE3=an).

87) 김두규. 1998. 같은 책. 194쪽.

88) "오로봉은 안동부의 동쪽 20리 여강서원의 서쪽에 있다." (『국역영가지』, 권2, 산천.)

가 넓을수록 기의 응축이 약해질 수밖에 없기 때문에 혈의 기가 감해지는 것이어서, 갈봉의 길지에 대한 설명은 설득력이 약해진다. ㊹~㊺에서 'ᄇᆞ라보고' '向(향)ᄒᆞ여'를 사용하여, 이를 합수(合水) 다음까지로 확대한 것은 유교 학맥을 강조하려 한 무리한 설정 때문이다.[89] 이러한 무리한 설정은 여기까지 비교적 잘 다스려졌던, 유자인 갈봉의 자의식이 불거져 나온 부분이다. 이 의도 때문에 묘사 범위가 혈장 주변에서 갑자기 확대되어 혈장을 감싸고 묘사하던 시각의 불균형을 초래하기도 하였다.[90]

이렇게 한 자리에 표현된 유자와 도가로서의 두 의식은 다음에서

---

89) 경상북도 북부권 지도에서도 와룡예안권과 풍산권은 나눠져 있다.

90) 이러한 불균형의 이유를 이 시기 영남유학의 분파형성과 관련지어 볼 때 새로운 의미가 발견되기도 한다. 남인의 거두인 퇴계의 문집 초간본 경자본(1600) 발간을 두고 조목과 유성룡은 퇴계의 출처관(出處觀)을 다루는 입장이 상이하여 서로 갈등하였다. 향촌 사림의 입장인 조목은 중앙관료의 입장인 유성룡에 대한 비판운동을 벌여 문도간의 분기와 대립이 촉진되었다. 이 과정에서 조목 등의 '월천문파(月川門派)'가 성립되었고 류성룡 중심의 '서애문파(西崖門派)' 또한 형성되었다. 1598년부터 계속되어오던 북인의 탄압에 서애는 실각하기에 이르렀다. 이런 상황에서 1612년 월천 조목의 도산서원 종향(從享)이 문제되고 그의 고제인 김택룡은 이를 도산에서 의논하는 한편, 려강(廬江)과 이산(伊山)서원에서 통문을 보냈다. 결과는 월천은 향촌사림이면서도 중앙의 북인, 또 강우(江右) 향촌의 한강문파(寒岡門派)의 도움을 받아 도산서원에 배향되었다(서정문.「조선 중기의 문집편찬과 문파형성」. 2007. 국민대학교 대학원 국사학과. 박사학위 논문. 48~65쪽 참조.). 1608년에만 해도 권기를 중심으로 유성룡과 김득연을 포함한 안동지역 유지들은 정구의 도움으로 힘을 합쳐 안동지방 최초의 읍지를 편찬한 바 있으나, 1607년 유성룡은 하회 유씨 가문의 서당을 병산으로 옮겼으며, 1607년 그의 사후 서애는 병산서원에 배향되었다(후지야 카와시마 川島藤也. 2002.「안동의 대가세족 : 문화귀족의 정립을 중심으로」.『안동학연구』 1. 안동대학교 안동문화연구소. 174쪽.). <지수정가>가 지어진 1622년은 양 문파의 이런 협동이 와해된 후이다. 이 시기 향촌사림의 입장에 선 갈봉은 문파적으로는 월천문파일 것이며, 그의 부친의 터전인 여강의 역할을 보거나 개인적인 친분을 보더라도 월천의 입장일 것이나, 여기에서 옥천을 함께 아우르는 심사는 이들의 분파를 안타까워하며 통합을 바라는 마음으로 해석될 수도 있을 것이다.

더욱 부딪친다. 그리고 이어지는 매일의 삶, 일년의 삶에서는 유가적 처사의 삶이 정서적 표현을 압도한다.

㊼ 松風蘿月(송풍라월)은 불거니 ᄇᆞᆯ거니 사지도 금치도 안니ᄒᆞ여
㊽ 一般雙淸(일반쌍청)이 다 내게 모다 오고
㊾ 朝雲暮霞(조운모하)은 부ᄂᆞᆫᄃᆞᆺ 희ᄂᆞᆫᄃᆞᆺ 모ᄃᆞ락 흐터지락
㊿ 千態萬狀(천태만상)이 저근던에 달나간다
51 소리소리 듯ᄂᆞᆫ 거ᄉᆞᆫ 處處(처처)의 우ᄂᆞᆫ새오
52 빗비치 보ᄂᆞᆫ거ᄉᆞᆫ 節節(절절)이 픠ᄂᆞᆫ 고치
53 아마도 이몸이 늘거사 閒暇(한가) ᄒᆞ여
54 世事(세사)을 다 더지고 林下(임하)애 도라와셔(10-1)
55 琴書(금서)로 버들삼고 猿鶴(원학)으로 (동)무ᄅᆞᆯ 삼아(10-2)
56 泉石膏肓(천석고황)이 나죵내 병이 되여(19-1)
57 노라도 여긔놀고 안자도 여긔안자
58 死生貧賤(사생빈천)을 하ᄂᆞᆯᄭᅴ 브텨두니(19-2)
59 走兎功名(주토공명)을 내 엇디 잘 ᄯᆞ로며
60 浮雲富貴(부운부귀)을 내 므스일 브러보리(6-3)
61 주으리어ᄃᆞᆫ 버구리렛밥 먹고(6-1)
62 목ᄆᆞᄅᆞ거든 박개믈 마시니(6-1)
63 이리ᄒᆞ논 가온대 즐거오미 ᄯᅩ 인ᄂᆞ다(6-2)
64 藥爐茶鐘(약로다종)과 土盆瓦樽(토분와준)은 홋더져 노혀잇고
65 水樂淸響(수약청향)과 松籟瑤瑟(송뢰요슬)은 自然(자연)이 제나ᄂᆞ다
66 一斗酒(일두주) 부어 먹고 百篇詩(백편시) 지어 쓰니
67 이 내의 生涯(생애)ᄂᆞᆫ 가스면ᄃᆞᆺ ᄒᆞ다마ᄂᆞᆫ
68 이 내의 事業(사업)은 이외예 ᄯᅩ 업ᄂᆞ다(1-3)

이 부분은 다시 근경으로 돌아와 지수정에서의 매일의 삶을 보여준

다. '松風蘿月', '一般雙淸', '朝雲暮霞의 千態萬狀' 으로 표현되는 ㊼~㊾의 자연 속에서의 생활은 ㊿행을 계기로 유자의 관념적인 귀거래를 노래하는 것으로 전환한다. 특히 주목되는 것은 ㊿"아마도 이몸이 늘거사 閒暇(한가)ᄒᆞ여" 부분이다. 이 표현은 '어부가' 류에 근원을 둔 것으로 "아마도 ~ 역군은이샷다"의 구문이 보통이다. 즉 "아마도 이몸이 늘거서 한가함도 역군은이샷다"의 관용구가 활용된다. 그러나 갈봉은 이 관용구를 피함으로써 ㊾행은 '아마도'가 아무 기능도 하지 않는, 구문 상 이해가 안 되는 시구가 되었다. 필사 시 와전의 실수를 간과할 수는 없을 것이나, 앞부분과 연결해 볼 때 이 부분을 갈봉의 주저함을 보여주는 중요한 단서로 볼 수 있는 가능성 역시 배제할 수 없다. ㊼~68부분은 69이하에서 사시가로 전혀 다른 정서로 바뀌기 전까지 유자적 태도와 도가적 삶이 대치하는 갈등을 그대로 드러내기 때문이다. 유학의 사자성어와 은자의 삶을 대표하는 도가의 용어가 병행하는 것은 그가 원하는 두 삶이 섞여있음을 보여준다. 그러다가 그는 다시 66~67에서 그의 사업(유자에게는 세상을 경영하는 일)은 세상에 나가는 것이 아니라 술 마시고 시 짓는 것임을 천명한다. '가스면한(부유한)' 그의 생애를 만드는 유일한 사업은 시 짓는 일이다.

지금까지가 하루하루의 삶을 그린 것이라면, 다음은 일 년의 삶을 계절 따라 그린 것이다. 사시가의 의미는 이런 생활이 년년히 계속되기를 바라는 희망에서 그 의미를 각인시키는 것이다.

69 年年(년년)이 點檢(점검) ᄒᆞ야 萬物(만물)을 靜觀(정관)하니

⑦⓪ 四時佳興(사시가흥)이 볼소록 각각 죠타
⑦① 東風(동풍)이 건ᄃᆞᆺ 부러 洞房(동방)애 드러오니
⑦② 窓(창)밧ᄭᅴ 촌 梅花(매화)이 消息(소식)을 몬져안다
⑦③ 乾坤(건곤)이 和煦(화후)ᄒᆞ여 花柳(화류) 爭榮(쟁영)하니
⑦④ 風咏壇(풍영단) 傍隨壇(방수단)애 미친 興(흥)이 ᄀᆞ이 업다
⑦⑤ 龍山(용산)애 비갠 후에(11-1)
⑦⑥ 고사리 손소 것거 ᄭᆡᄆᆞᄂᆞ(르) 달히니(5-2)
⑦⑦ 朝夕(조석)게 風味(풍미)이 足(족)ᄒᆞᆷ도 이 내의 分(분)이로다(5-3)
⑦⑧ 千山(천산)애 곳 다 디고 萬木(만목)애 새닙나니
⑦⑨ 綠陰(녹음)이 滿地(만지)ᄒᆞ야 夏日(하일)이 채 긴저긔
⑧⓪ 石枕(석침)애 낫ᄌᆞᆷ ᄭᆡ여 涵碧塘(함벽당)을 구어보니(11-2)
⑧① 거으네 노ᄂᆞᆫ 고기 낫낫치 다 혤로다
⑧② 竹間(죽간)애 凉氣(양기)이 나 荷葉珠(하엽주)을 홋티니
⑧③ 君子(군자)의 淡若水(담약수)을 이어긔 알리로다
⑧④ 기러기 ᄒᆞᆫ 소리예 淸霜(청상)이 ᄆᆞ드리니
⑧⑤ 山容(산용)이 다 여외여 錦繡(금수)로 ᄭᅮ며시니
⑧⑥ 谷口巖(곡구암) 盤陀巖(반타암)이 그리미 도외여 洞門(동문)을 ᄌᆞᆷ가 잇다
⑧⑦ 桂花(계화) 飛影(비영)ᄒᆞ야 松簷(송첨)에 빈죄거든
⑧⑧ 一張琴(일장금) ᄀᆞᄅᆞ아나 玉闌干(옥난간)을 비겨시니
⑧⑨ 짓옷 니분 손네ᄂᆞᆫ 다 나를 ᄎᆞ자와 눈에 어득 뵈ᄂᆞ왜라
⑨⓪ 歲暮天寒(세모천한)애 雪滿羣山(설만군산)ᄒᆞ니
⑨① 人蹤(인종)은 아조 업고 우ᄂᆞᆫ 새도 긋처진제
⑨② 遠近陵谷(원근릉곡)은 白玉京(백옥경) 瓊瑤窟(경요굴)이 되엿거ᄂᆞᆯ
⑨③ 鬱鬱(울울)ᄒᆞᆫ 蒼髯叟(창염수)은 호온자 빼야나(9-1) 萬丈氣(만장기)을 가져시니
⑨④ 내 ᄆᆞᄋᆞᆷ도 그런 줄을 서로 아라
⑨⑤ 蕪孤巖(무고암)애 盤桓(반환)ᄒᆞ니 後凋(후조)ᄆᆡᆼ셰사 改(개)ᄒᆞᆯ주리 이스랴

⑪~⑰은 춘사(春詞), ⑱~㉓는 하사(夏詞), ㉔~㉙은 추사(秋詞), ㉚~㉟는 동사(冬詞)로 구분된다. 단락 구분에 약간의 출입이 있을 수 있겠으나 대체로 한 계절에 6~7행을 할애하였으며, 風咏壇(풍영단), 傍隨壇(방수단), 龍山(용산), 涵碧塘(함벽당), 谷口巖(곡구암), 盤陀巖(반타암), 蕪孤巖(무고암) 등 지수정 부근의 여러 바위와 편편한 대들에 붙인 이름들을 소개하였다. 추사에서 단풍으로 동문(洞門)이 보이지 않는다고 했으나, '짓옷(羽衣) 입은 손님들이 다 나를 찾아와 눈에 보인다' 고 한 것은 선경의 즐거움을 일반 속세에는 감추고 신선들과만 나누고자 한다는 뜻이다. 이로써 그는 지수정의 겨울을 백옥경, 경요굴, 즉 신선의 장소로 명명하였다. 정자 옆의 노송[蒼髯叟]과 자신을 동일시하여 겨울에도 '만장기'를 내뿜고 있다고 한 것은 지수정의 지기와 자연의 생기, 인간의 기를 일치 시킨 부분이다. 더구나 "내 ᄆᆞᄋᆞᆷ도 그런 주를 '서로 아라'" 그 자리를 떠나지 않으며, 겨울의 어려움을 견딜 것이라고 노송과 노인이 약속하는 장면은 자연과의 따뜻한 교감을 보여주는 것이다.

다음은 은자로서의 삶을 사는 그가 때로 하산하여 세상과 교섭하는 장면이다.

⑯ 아마도 이 뎡ᄌᆡ 적고도 ᄀᆞ졸세가(라)
⑰ 春夏秋冬(춘하추동)애 雪月風花(설월풍화)을 다 가져(9-2)
⑱ 니ᄆᆞ 서ᄋᆞᆯ 아니 보먀 어늬을 ᄇᆞ리리오
⑲ 歲月(세월) 가믈 모ᄂᆞ(ᄅᆞ)거니 늘ᄂᆞᆫ 주을 잇지 알리(3-3)
⑳ 物表(물표)애 쉬여나 橘裏(귤리)에 逍遙(소요) ᄒᆞ야
㉑ 神仙(신선)이 다 되여 榮辱(영욕)을 다 니ᄌᆞ니

⑩② 白居士(백거사) 香山社(향산사)와 陶弘景(도홍경)의 松風榭(송풍사)도

⑩③ 이런턴동 마던동 잇다감 ᄒᆞᆯ 일 업서

⑩④ 鶴氅衣(학창의) 니믈츠고 烏角巾(오각건) 빗기스고

⑩⑤ 黃庭經(황정경) 녑 ᄢᅵ기고 春藜杖(춘려장) 고초 집퍼(4-1)

⑩⑥ 솔 아래 훗거려 못 우희 잠간 수여(4-2)

⑩⑦ 南臺(남기)예 朗吟(낭음)ᄒᆞ고 東皐(동고)애 舒嘯(서소)ᄒᆞ야

⑩⑧ 戞玉澗(알옥간)건너 流紅洞(유홍동) ᄂᆞ려가 믈ᄀᆞᆺ 조차 고기 낫고

⑩⑨ 芝谷(지곡) 구의(위)도라 商山洞(상산동) 드러가 구ᄅᆞᆷ ᄌᆞ자 ᄂᆞ몰셰야(15-1, 16-1)

⑪⓪ 靑山影裏(청산영리)과 紅蓼花邊(홍로화변)으로 허롱도이 오락가락 ᄒᆡ올 저긔(7-1)

⑪① 野人山僧(야인산승)과 遊客詩朋(유객시붕)을

⑪② 凌波橋(능파교) 步虛橋(보허교)애 만나ᄂᆞᆫ ᄃᆞᆺ 반기ᄂᆞᆫ ᄃᆞᆺ

⑪③ 樽酒談笑(준주담소)로 ᄆᆡ일에 지내노라

그는 작지만 다 갖추고 있는 이 정자로 인해 '物表(물표)를 뛰어 넘는' 신선이 되었다고 한다. 그러므로 세상과 섞인다 하더라도 전혀 방해받지 않는다고 확신한다. 그가 세상에 나서는 것은, 산 속에만 진미(眞味)가 있다는 다른 은자들과는 반대로, 이따금은 산 속에서 할 일이 없기도 하기 때문이다(⑩③행). 戞玉澗(알옥간), 流紅洞(유홍동), 芝谷(지곡), 商山洞(상산동), 凌波橋(능파교), 步虛橋(보허교)는 선계의 장소들이기도 하고, 이를 본 따서 붙인 주변의 실제 지명이기도 할 터이다. 물표를 뛰어넘은 그이기에 '야인 산승'을 만날 수도 있고 '유객 시붕'을 만날 수도 있다. 세상의 구분은 그에게 아무런 문제가 되지 않는, 외형적 구분[物表]을 뛰어 넘은 자신을 보여 준다.

그러나 이어지는 구절에서는 유자로서의 본령과의 갈등으로 인해 그의 심사가 편안하지만은 않음을 토로한다.

⑭ 一區樂土(일구락토)을 하ᄂᆞᆯ히 날주시니 考槃在阿(고반재아)ᄒᆞ야
　永矢弗諼(영시불훤)이라
⑮ 주근 후도 예 놀리라
⑯ 다몬당 士君子(사군자) 一身(일신)이 이 세예 나이셔셔
⑰ 致君(치군)인ᄃᆞᆯ 아니ᄒᆞ랴 澤民(택민)인ᄃᆞᆯ 아니ᄒᆞ랴
⑱ 出處進退(출처진퇴)예 시ᄅᆞᆷ이 다 이스니
⑲ <u>得志(득지)옷 못ᄒᆞ면 山林(산림)에 오려니와</u>
⑳ <u>그리타 景物(경물)만 일삼고 實地(실지)을 아니 혜랴</u>
㉑ 平生(반생)애 ᄇᆡ혼거시 忠孝(충효)을 願(원)ᄒᆞ더니
㉒ 비록 窮達(궁달)이 有時(유시)ᄒᆞᆫᄃᆞᆯ ᄆᆞᄋᆞᆷ 잇ᄃᆞᆫ 또 다ᄅᆞ랴
㉓ 북녁 臺(기)예 올라가
㉔ 隴雲(농운)을 ᄇᆞ라보니 思親淚(사친루) 절로 나고
㉕ 斗星(두성)을 瞻仰(첨앙)하니 戀闕情(연궐정) 못 ᄎᆞᆷ을다
㉖ ᄒᆞ물며 樂山樂水(요산요수)ᄂᆞᆫ 仁智(인지)의 일이오
㉗ 登高自卑(등고자비)은 聖賢(성현)의 訓(훈)이라
㉘ 臺(기)일홈 도라보고 階梯(계제)을 ᄎᆞ자가니
㉙ 臨鏡小心(임경소심)ᄒᆞ야 養性樂天(양성낙천)이 이 내의 功業(공
　업)이로다

이 장소를 그가 얼마나 마땅해 하는가는 죽은 후에도 이곳에서 놀겠다고 하는 구절에 절절하다. 그러나 그는 유자이기에 출처(出處)에 따르는 명분을 필요로 한다. 이 때 그의 마음은 확고하다. ㉖행 이하에서 그가 스스로 자신의 공업으로 삼는 것은 '樂山樂水(요산요수)' '登高自卑(등고자비)' '臨鏡小心(임경소심)' '養性樂天(양성낙천)'

이다. 그것이 그에게는 자연(경물)에서 얻는 교훈('實地')이다. ⑫⑧ "臺(기)일홈 도라보고 階梯(계제)을 ᄎᆞ자가니" 즉 자연에 붙인 이름들이 그에게는 매일의 교훈을 되새기는 일이다. 이 점은 본고에서는 중요한 의미를 가진다. 갈봉이 주변 경관에 붙인 이름들은 위에서 보인 것처럼, 다른 유학자들이 'OO八景', 'OO九曲' 등에 붙인 유학의 행동지침을 요약한 명사들과는 비교적 거리가 멀다. '지수(止水)'가 그 중 가장 유학적인 명명이다. 그랬던 전반부와는 달리, 여기에서는 그 역시 유교적 목표를 상징으로 삼고자 한다고 하였다. 즉, '요산(樂山)'과 '요수(樂水)'를 '인(仁)'과 '지(知)'로 환원하는 것이다.[91]

이처럼 자연의 한 속성을 상징으로 굳혀 통용하는 것은 사실 자연과의 교감과는 거리가 멀다. 풍수지리의 '산=용'의 설정이 형상에서 시작한 것은 마찬가지지만, 운동성으로 파악된 이것은 무한히 변형되고 변주되며 기의 교감을 통해 자연의 감수성과 인간의 감수성이 소통하는 것이다. 반면, 이 부분은 생태문학의 관점에서 보면 상당히 실망스럽다. 그가 여기서 강조하는 것도 '지수'라는 이 정자의 '효용'이다. 이러한 갈등을 그는 이미 ㊺"아마도 이몸이-"에서 살짝 내보였고, 그 전환은 "⑨⑧ 니므 서ᄉᆞᆯ 아니 보먀 어늬를 ᄇᆞ리리오"에서 마련하고 있다. 현대화된 자료들에서는 이 빈 칸이 지워졌지만, 목판본에는 이렇게 비워져 있다.[92] " 니므 서ᄉᆞᆯ"은 '임금님의 서찰을'이라

91) "지혜로운 사람은 물을 좋아하고 어진 사람은 산을 좋아한다(知者樂水 仁者樂山)"의 산과 물은 자연의 산과 물이 아니라, "사리에 통달하고" "두루 흘러 막히지 않는" 물의 '속성' 때문에, 산은 "두텁고 무거워 옮기지 않으면서 만물을 낳는" 산의 '덕성' 때문에 선택된 것이다(김병국. 2002. 같은 글. 23쪽.).

는 뜻이다. 왕의 명령만이 이곳을 버리게 할 수 있다는 말인데, 임금을 언급한 것은 그가 조정에서의 부름을 잊지 않고 있었다는 뜻으로 볼 수 있다. 선조(先祖)의 유훈으로 벼슬에 나가지 않았다는 그이지만, 유자로서 출사(出仕) 그 자체를 뇌리에서 지울 수는 없었음을 보여준다.

⑬⓪ <u>진실로 이 정ᄌᆞ 가지고 이 功業(공업) 다ᄒᆞ면</u>
⑬① 浩然天地(호연천지)예 于于得得(우우득득)ᄒᆞ야 萬事(만사)이 無心(무심)ᄒᆞ니
⑬② 三公(삼공)괜ᄃᆞᆯ 밧골소냐
⑬③ 이 내의 이 ᄀᆞᆺᄐᆞᆫ ᄆᆞᄋᆞᆷ으로
⑬④ 옛 사ᄅᆞᆷ의 지낸 일을 혜여보니
⑬⑤ 謝安石(사안석) 東山(동산)ᄂᆞᆫ 携妓(휴기)을 즐겨ᄒᆞ고
⑬⑥ 林和靖(임화정) 西湖(서호)애도 梅鶴(매학)만 뒷돗더라
⑬⑦ 竹林醉狂(죽림취광)은 名敎(명교)을 다 ᄇᆞ리고
⑬⑧ 習池歌舞(습지가무)는 놀고 갈 ᄲᅮᆫ이로다
⑬⑨ ᄒᆞ몰며 虛誕(허탄)ᄒᆞᆫ 瑤池宴(요지연)과 流蕩(유탕)ᄒᆞᆫ 琴臺客(금기객)은
⑭⓪ 彼哉彼哉(피재피재)라 牙齒間(아치간)애 거ᄂᆞᆯ것가
⑭① 아마도 陶靖節(도정절) 北牕(북창) 淸風(청풍)과
⑭② 周濂溪(주렴계) 愛蓮(애연) 眞樂(진락)과
⑭③ 程明道(정명도) 盆池(분지) 養魚(양어)외
⑭④ 朱晦庵(주회암) 雲谷(운곡) 巖栖(암서)사
⑭⑤ 이 내 스승인가 ᄒᆞ노라

그는 ⑬⓪~⑭⑤의 마지막 부분에서 자신의 자연생활이 오락적 풍류와

92) 김득연. 1982.『갈봉선생문집』. 별집 권1. 오성사. 4쪽.

는 거리가 먼 것임을 강조하고, 도연명의 淸風(청풍), 주렴계의 眞樂(진락), 정명도의 盆池(분지), 주회암의 雲谷(운곡), 巖栖(암서)만을 본받을 것임을 강조한다. 이에 앞서 그는 이 지수정에서 닦을 공업의 목표를 ⑬①"浩然天地(호연천지)예 于于得得(우우득득)ᄒᆞ야 萬事(만사)이 無心(무심)ᄒᆞ니"로 세워놓았다. 즉 물(명경지수)의 격물치지(格物致知)를 통하여 '호연지기'와 '무심'을 배우고자 한다는 것이다.

이런 끝맺음은 유학자들의 세계관을 그대로 반영한다. 그는 <지수정가>에서 ⑪③행까지의 풍류와 ⑪④행 이후의 격물치지를 구분하였다. 그리고 그가 나아갈 길을 처사로서의 유자의 길로 못 박았다. 그러나 ⑬⓪"진실로 이 정ᄌᆞ 가지고 이 功業(공업) 다ᄒᆞ면"의 구절을 해석하기 위해 상기할 것은 이 '공업'에 대해 이미 그가 ⑥⑧"이 내의 事業(사업)은 이('시백편쓰는 일')밖에는 없다"고 공언한 사실이다. 그러므로 여기에서 그가 도달하고자 하는 생의 목표는 시를 통한 인격수양이다.

이를 전체적으로 정리하면, <지수정가>는 1) ①~⑯ 음택풍수, 2) ⑰~㉜ 양택풍수, 3) ㉝~㊻ 지맥(地脈)과 일치하는 자부심, 4) ㊼~⑥⑧ 자연의 삶, 5) ⑥⑨~⑨⑤ 신선의 삶, 6) ⑨⑥~⑪③ 경계 없는 삶, 7) ⑪④~⑭⑤ 유자로서의 다짐으로 구성되었다고 볼 수 있다. 즉 전반적으로는 자연과 교감하는 삶을 지향하지만, 유자로서의 한계 혹은 본분은 항상 잊지 않고 있다는 점에서 <지수정가>는 조선시대의 다른 산수시가들의 특성을 공유한다.

또 하나 특기할 것은 그가 자신의 주장을 드러내는 방식에 있어 상투어의 사용을 되도록 절제하고 있다는 것이다. 유자로서의 자신을 드러내는 부분에서는 관용구가 많이 사용되었지만, 자연과의 교감 부분에서는 상투화된 용어는 덜 사용하였다. 그렇다고 독창적 표현이 많은 것은 아니다. 이 부분에서는 사시가의 전통, 도가 모티프의 전통이 많이 쓰였다. 결과적으로 그의 독창적인 표현은 ①~㊻까지 풍수지리로 자연을 표현한 부분이다. 이 또한 누정가사의 전형적인 외부 묘사에 불과한 것이라고 생각되어 왔으나, 그 내용이 풍수지리의 표현임을 알았을 때 전혀 다르게 읽힘은 앞에서 보인 바와 같다. 이것은 그의 눈에는 맑은 물속처럼 환하게 들여다 땅의 기운의 표현인 것이다. 이 특성이 오늘날의 생태문학의 관점에서는 어떤 의미를 가지는가를 살펴보고자 한다.

4. 풍수지리와 예술풍수, 그리고 윤리적 상상력

위의 <지수정가> 작품 인용에서 줄 친 부분은 갈봉의 시조 49수, 그 중 자연에 관한 시조 19수와 겹쳐진 구절을 표시한 것이다. 이로 볼 때, 그는 풍수에 관한 부분은 시조와 전혀 연결시키지 않았음을 쉽게 발견 할 수 있다. 그가 산수 소재 시조와 가사를 전혀 다른 것으로 보고 있음을 알 수 있는 부분이다. 풍수지리를 전혀 개입하지 않고 보았을 때에는 주변 경치에 대한 묘사로 볼 수 있는 ①~㉜행 부분은 본고처럼 풍수지리에 대한 지식을 공유한 입장에서 보면, 사실 '이론'의 표현이므로 갈봉은 따로 시조화하지 않은 것이다. ㊳~㊻행의 도맥을 설명한 부분 역시 시조화와 전혀 무관하게 남아 있는 것도 이것이 도에 대한 설명이기 때문이다. 앞의 조동일 교수의 산수시의 분류를 염두에 둘 때, 풍수지리를 바탕으로 한 부분은 흥취라기보다는 이치로 분류될 것이며 나머지 부분은 흥취에 해당하는데, 그는 이 흥취를 시조로 완성한 것이다.

이런 점은 그가 지수정이라는 동일한 소재로 기, 가사, 시조 그리고 한시를 남겼지만 각각의 성격을 구분한 창작 의도를 가지고 있음을 보여준다. 그는 시조를 많이 지었으며, 시조 짓는 어려움을 시조로 짓는, 당시로서는 드물게 시조 창작의 괴로움까지도 시조로 표현한 사람이다.[93] 그러므로 그가 시조라는 장르에 익숙하고, 시조에 가장 알맞은 내용과 형식을 활용하고자 애썼으리라고 짐작할 수 있다. 같은 구문을 시조와 가사로 지으면서 각기를 다른 주제로 만들어 낸 실제 경우들에서[94] 장르에 대한 그의 섬세한 의식을 볼 수 있다. 그러나 그의 산수 소재 시조들에서 우리가 느낄 수 있는 것은 생생한 자연이라기보다는 하나의 세계관이다. 즉 제유적 세계관이다.

한편, 우리 입장에서 보면, 풍수지리 부분은 모르고 읽었을 때와 알

93) "世間애 민망ᄒᆞᆫ 일이 詩艱難 설웨이다 /雲月風花 만나거든 ᄃᆡ졉ᄒᆞ기 어려웨라 / 許多한 錦章繡句을 의몸 題給ᄒᆞ쇼셔"(시조 31). *참고로 이하의 '(시조 6)' 등의 표현에서 숫자는 갈봉의 시조의 번호를 지칭한다. 김용직 교수의 논문에 정리된 시조들은, <산중잡곡> 49수, <회작국주가> 3수, <계우세회가> 3수, <희영적벽가> 36수, <영회잡곡> 7수, <산정독영곡> 6수로 알려졌다. 본고는 이에 일련번호를 부쳤다.

94) "용산애 봄비 개니 고사리 채 ᄉᆞᆯ뎟다 / 석침애 송풍이 부니 ᄌᆞᆷ이 절로 씐다 / 아희야 ᄀᆡᆼ므로 달혀라 번못기다려 ᄒᆞ노라(시조 11)" 이 부분은 <지수정가>의 (75)(76)행이 초장으로, (80)행이 중장으로 이용되었다. 초 · 중장도 구문을 그대로 이용한 것은 아니지만, 특히 달라진 것은 (76)"고사리 손소 것거 ᄀᆡᆼ므ᄂᆞ(르) 달히니"의 '손소'가 '아희야'의 호격으로 바뀐 점이다. 시조 종장 초구의 '아희야'는 관용구이면서 시조의 기본 미학인 '불러들이기' 수법이기도 하다. 이것을 익숙하게 사용하는 갈봉은 같은 시상임에도 불구하고 가사의 구절을 가지고 시조를 창작 할 때 단어 하나를 바꿈으로써 전혀 다른 시적 설정이 되게 한 것이다.

고 읽었을 때의 느낌이 다르다. 알고 읽었을 때에는 용의 숨을 느낄 수 있다. 그것은 마치 동양화를 감상할 때, 기의 흐름을 알고 보는가, 모르고 보는가 하는 것과 같다. 물론 산수화의 기는 문학에서 느끼는 것과 다르기는 하다. '예술풍수'에서 말하는 미술작품의 기는 "그림을 펼치는 순간 남김없이 뿜어져 나오는 것", "보는 순간 바로 느낌이 오는 것"이라고 하였다.[95] 지식이 있는가 없는가의 문제를 떠나서 기가 사람을 압도하며, 그 그림을 가지고 있으면 필묵이 만들어 낸 구도 안에 존재하는 기가 유동하며 이 풍수의 기운이 소장자의 인생에 영향을 끼친다는 것이다.

그러나 문학작품의 그것은 한 눈에 들어오는 것은 아니기 때문에 그렇게 말할 수는 없다. 문학작품의 기를 논하는 이론인 풍격(風格)의 관점에서 보면, <지수정가>의 풍격은 앞부분과 뒷부분이 다르다. 앞부분에서는 당당한 기세인가 하면, 사시가에서는 유유자적하고, 생의 자세를 말할 때에는 앞보다는 경직되어 있다. 그러므로 감상자는 달라 전체를 감상한 후에 처음의 감상을 다시 조정해야만 한다. <면앙정가>의 기는 이와는 다르다. <면앙정가>에서는 처음의 기가 계속 지속된다. 39행에서 비로소 사람(주인공)이 원경으로 나타나며 그런 인물(자신)조차 클로즈업 되지 않고 산수 속에 일체가 되어 있으며, 그가 돌아다니는 공간은 처음의 기로 가득 채워져 있음을 느끼게 하는 차이가 있다.

---

95) 딩시위안. 이화진 역. 2006.『예술풍수』. 일빛. 315쪽. 작가가 작품에 담은 자연의 기는 그것을 감상하는 사람에게도 그대로 전달된다고 믿는 것이 예술풍수이다.

그런 차이가 있다 하더라도 <지수정가> 역시 다른 산수시에서는 느낄 수 없는 기를 전해 준다. 겉으로 보이는 잔잔한 산수의 외면이 아니라, 자신의 육감으로 포착한 산수, 숨을 쉬며, 기어가며, 솟구쳐 일어나는 산수를 그렸고, 그 기를 받는다고 믿으며 그 안에 깃들어 사는 자신을 그렸기 때문에 거기에서 우리는 '자연스러운' 상상력을 느낀다. 즉 그것은 '자연스럽다.' 그러므로 갈봉 자신의 개념과는 달리 <지수정가>에서의 흥취는 이치에 속하는 풍수지리 부분에서 더욱 느껴진다.

한편, <지수정가>는 뒷부분으로 갈수록 내용이 장소와는 멀어지고 그 안에 있는 사람의 마음가짐에 집중된다. 그러므로 읽는 이는 이 가사가 앞서 지수정과 그 주변 공간을 노래하고 있었던 것을 잊어버리게 되는 것이 사실이다. 그러나 우리는 그가 왜 이런 기쁨과 각오를 노래하고 있는지를 돌이켜 볼 때, 그것은 '<지수정>이 있음으로써'라는 것을 기억하게 된다. 그 안에서 만족해하는, 유유자적한 삶을 살고 있는 그를 볼 수 있는 것이다. 그럼으로써 우리는 그의 기쁨을 그의 공간 안에서 함께 느낄 수 있다. 명당에 살고 있다는 자부심, 모든 것을 편안하게 받아들이겠다는 열린 마음, 여기에서 올바른 삶을 살고 싶다는 각오. 이 모든 것은 그가 다른 사람이 못 본 것을 보게 됨으로써 비롯된 것이다. 이렇게 느끼면 유교이념을 말하는 뒷부분까지도 그 기가 이어지고 있음을 결과적으로 확인하게 된다.

명당을 바라는 마음은 발복을 바라는 것이기도 하지만, 근원적으로는 천지의 기와 생명을 나눠 갖고자 하는 것이다. "진정한 혈장에는 비술(秘術)적인 빛의 감촉이 있다."[96]고 한다. 명당의 기는 직관으로

만, 육감으로만 알아볼 수 있는 것이다. 이 천지의 기를 나눠받은 이가 다른 사람들과 그것을 나누려는 시도의 하나가 바로 누정의 건축이며, 누정가사는 그것의 언어적 표현이다. 자신만이 감지한 가장 소중한 것, 만질 수도 건넬 수도 없으나, 분명히 존재하는 그 '무엇'을 표현하려는 마음은 바로 시를 쓰는 모든 이의 마음이기도 하다.

제유적 세계관을 보여주는 산수시조들에서도 그것이 이념과 정감이 잘 어우러진 형상을 보여줄 때에는 우리가 세계관 이전에 강한 기를 느끼는 것이 사실이다.

> 秋江에 밤이 드니 물결이 ᄎᆞ노ᄆᆡ라
> 낙시 드리치니 고기 아니 무노ᄆᆡ라
> 무심한 돌빗만 싯고 뷘 ᄇᆡ 저어 오노ᄆᆡ라 (『역대시조전서』 2966)

> 십년을 經營ᄒᆞ야 草廬 한 간 지어내니
> 半間은 淸風이요 半間은 明月이라
> 江山은 드릴ᄃᆡ 업ᄉᆞ니 둘너 두고 보리라 (『역대시조전서』 1803)

<추강에->에서 느끼는 것은 강을 가득 채우는 달빛이다. <십년을->에서도 산을 가득 채우는 달빛, 초가삼간을 둘러싼 청풍과 명월을 느낀다. 이 생생한 자연을 삼행시에서 느낀다는 것은 기적과 같은 일이다. 이 시조들의 기운은 문면에 갇혀 있지 않고 밖으로 터져 나오는 생기이다. 여기에 그려진 것은 흑백의 세계지만, 이때 볼 수 있는

96) 최창조. 2009. 「기와 직관」. 같은 책. 214쪽.

기는 서화를 열면 쏟아져 나온다는 그 기와 같은 것이다. 강과 산을 가득 채운 에너지에 휩싸여 화자와 달빛과 함께 우리도 출렁거릴 수 있을 것이다.

한편, 풍수를 보이는 가사에서 보여주고자 하는 것은 광경이 아니라 그 충만한 기를 가능하게 하는 '핵심', 그 원천 자체이다. 인간과 자연의 조화를 표현하고자 하는 마음이 생태미학인데, 작게는 내 생활에서 자연을 가까이 하는 것으로 나타난다. "의향에 따라 꽃과 대를 심고 적성에 맞추어 새와 물고기를 기르는 것"[97] 등이다. 그런데 여기서 더 나아가 내가 온 몸으로 느끼는 자연의 생기와 기운, 즉 자연과 나의 완전한 조화를 말로 표현하고자 할 때는 어떤 식을 택할 것인가?를 질문해 본다면, 그 구체적인 방식은 여러 가지가 있겠지만, 궁극적이고 공통적인 점은 누구나 그것의 핵심을 표현하고자 하는 의지를 가질 것이라는 사실이다. 자신이 본 이 에너지의 근원을 표현하고자 시도하는 것은 시인으로서는 당연한 것이다. 그러나 그 '자연과 통하는 기'의 표현은 간단하지 않은 과제다.

혈장에 들어서서 느끼게 되는 기는 다음과 같다고 한다. "중앙에 빛이 비추고 비술(秘術)의 기운이 산지사방으로 뻗쳐 나간다. 그 위나 아래 또는 오른쪽이나 왼쪽은 그렇지 않다. 손가락보다 굵지 않고, 한 순가락 분량 이상도 아니며, 이슬방울같이. 진주알같이, 갈라진 틈 사이로 스며드는 달빛 같고, 거울에 반사되는 영상과도 같다. 그것과 함께

97) 유암 홍만선(洪萬選 1643~1715)의 『산림경제』의 생활 지혜는 우리의 생태사상이다(최창조. 2009. 같은 책. 117~123 쪽 참조.).

놀려고 해도 붙잡을 수가 없을 것 같다. 없애려고 해도 다 함이 없는" 것이다. 그러나 이것이야 말로 "진정한 자리의 존재함"이라 하였다.[98)]

이 애매하게밖에 표현할 수 없는 것을 질료적 상상력은 구체적으로 표현할 수 있다. 이 말로 할 수 없는 것을 언어로 보여주고 그럼으로써 그 원천을 공유하고자 하는 마음이, 존재가 땅과 하나 되어 땅의 기를 감응하는 방식인 풍수론을 글 속에 넣게 하는 것이다.

갈봉의 생기의 원천은 바로 '지수정'이다. 누정이 있는 곳의 혈이 그 땅, 그 산 전체를 빛나게 하고 충만하게 하고, 그 안에 있는 사람을 행복하게 하고 편안하게 한다는 것을 표현해, 그 자장 안에 다른 이를 함께 초대하고 싶은 마음이 풍수지리를 작품에 넣는 이유이다. 그렇다면, 사실 모든 누정은 명당이므로, 누정시가나 제영(題詠) 시가의 저자는 장소의 존재감을 더 많이 표현했어야 할 것이지만, 또 그렇게 표현했을지도 모르지만, 과연 그랬는지는 아직까지 주목해 보지 못하였다. 우리가 풍수지리의 전통으로부터 너무 멀어졌기 때문이다.

표현방법으로 보면, 시조와 같은 단형의 시가는 압축된 에너지의 핵심을 보여주기에 더 알맞은 것으로 생각할 수 있다. 그러나 시인은 오히려 단형의 시조에 거대한 산야와 청풍명월을 다 집어넣고자 한다. 그것이 예술이다. 반면 장황한 가사를 통해서도 이 행복의 근원은 그 작은 혈, 장소의 혼에 있다고 설파하는 것, 또한 묘미이다.

풍수지리를 단형의 시가에 도입하는 것은 애초에 불가능하다. 자신이 본 땅의 꿈을 그대로 그리려면 어느 정도는 긴 시가여야 한다. 그

---

98) 최창조. 2009. 같은 책. 214쪽.

런 점에서 풍수지리는 가사가 자기 안에 장소를 생성하는 고유한 방법이라고 보아도 될 것이다. 가사는 풍수지리를 통해 기로 가득 찬 한 장소를 만들어, 기로써 작품 전편을 관통하게 할 수 있으며, 작품의 안은 물론 밖에까지 '자연스럽게' 기가 통하게 할 수 있다. 그러므로 이것은 가사에만 용납되는 공간화 방법이라고 특기해도 될 것이다. 모든 동양화가 비슷해 보이지만, 볼 줄 아는 사람은 그 안에서 물과 바람의 길, 그리고 이것들이 소통하기 위해 꼭 필요한 기구(氣口)[99]를 발견하고, 그 바람의 길과 같은 숨을 쉬며 그 산수를 걸어다닌다. 그런 것처럼 앞으로 국문학 연구자들이 풍수지리이론에 해박하게 된다면 많은 가사작품들에서 에너지의 원천과 그것으로부터 퍼져나가는 에너지의 길, 또 기로 가득 찬 장소를 찾을 수 있을지도 모르겠다.

생태철학은 사람들이 자연이 가진 자기치유력을 감수성으로 깨닫고 이에 대한 지적 판단의 일관성을 높여, 생명의 다양성을 존중하는 자연관을 가지는 데 그치지 않고, 생명체의 이익을 자신의 이익과 마찬가지로 존중받을 만하다고 여기게 하는 태도변환적 경험을 가져 오게 하는 '윤리적 상상력'[100]을 가지도록 하는 것을 궁극적인 지향점으로 한다. 풍수지리 또한 윤리적인 철학이다. "덕을 닦아서 하늘을 기

---

99) 그림의 네 귀퉁이는 기가 출입하는 곳이다. 두세 군데는 기가 빠져나가지 못하도록 반드시 막아야 하며, 한 군데는 기가 소통할 수 있도록 남겨 두어야, 그림은 호흡하며 기운생동이 넘친다 하였다. 대체로 오른쪽 아래 귀퉁이 해위(亥位)는 기의 흐름이 모아지는 곳으로서 그림의 기세가 집결되는 곳으로 중요하게 여겼다. 딩시위안. 이화진 역. 2006. 같은 책. 58~61쪽 참조.

100) 장춘익. 1999. 같은 글. 101쪽.

101) 최창조. 1992.『땅의 논리 인간의 논리』. 민음사. 30쪽.

다리고 땅을 살펴서 사람의 도리를 병행하는 것이 풍수의 바른 길"[101] 이라는 말은 인간의 실천을 강조하고 있다. 풍수지리설은 자연의 생기를 믿지만, 자연중심주의에 빠져 있지 않고 인간답게 사는 삶의 가치가 땅의 선택이나 지리의 이치에 우선한다고 보는 가치 지향적인 인문 학문 체계이다.[102] 두 관점 모두가 무조건한 '생명중심주의'나 '근본적 자연주의'를 경계하며 윤리적 실천을 강조한다. 특별한 땅이 어떤 느낌을 주는지를 설명하기 위해 최창조 선생은 다음의 말을 인용하였다.

> 크리슈나무르티같은 특별한 사람들은 다만 그가 그곳에 있다는 사실만으로도 밝음과 예지, 질서 그리고 사랑을 주위에 발산한다. 그는 그가 지니고 있는 기풍에 의해서 우리들의 혼탁한 인간 세계를 윤리적인 영역으로 변질시키며, 또한 그 기풍은 우리들이 이름도 개념도 가지고 있지 않은 그 어떤 에너지로 가득 차 있는지도 모를 일이다. 우리들은 다만 그 기풍의 존재나 힘에 관해서 비유적이고 근사적인 말로써 막연하게 파악할 수 있을 뿐이다.[103]

좋은 정신과 좋은 땅의 기풍(atmosphere)은 똑같이 사람을 좀 더 윤리적인 세계로 이끈다는 말이다. 이렇게 보면, 〈지수징가〉 뒷부분의, 유학사들에게는 일반적인, 우리에게는 다소 식상한 유학 이념의

---

102) 임재해. 1998.「풍수지리설의 생태학적 이해와 한국인의 자연관」.『한국민속학보』 9-1. 한국민속학회. 90쪽.

103) 르네 웨버. 김용준 옮김. 1986.「場의 의식과 場의 윤리」. 신과학연구회 편.『신과학운동』. 범양사. 최창조. 2009. 같은 책. 211쪽 재인용.

토로도 갈봉이 명당이 발산하는 에너지를 느낌으로써, 또 그 안에서 자신이 그에 조화를 이룬다고 믿음으로써, 이 세계는 더 윤리적으로 되어야 한다는 충만한 기쁨의 표현과 공유의 의지로 보는 게 더 옳을 것이다. 이런 생각에 도달하면, 앞에서 이치와 흥취를 비교하고, 유학의 이념과 풍수지리를 대치시킨 것은 더 이상 의미가 없어진다. 그는 좋은 곳에 있기 때문에 더 윤리적으로 살아야 한다는 생각으로 <지수정가>의 뒷부분을 쓴 것으로 보아도 된다. 다만 그 시대의 윤리가 성리학이었기 때문에 그렇게 쓴 것이다. 여기에 쓰인 유학이념은 진부한, 굳어버린 관념이 아니다. 감응으로 변화에 이르는 자연스러운 것이다.

갈봉은 이곳을 혼자만의 선경으로 말했으나 신선들의 방문을 마다하지 않는다고 했다. 시조에서 그는 이곳을 찾는 이들에게 따뜻한 환대를 드러낸다.[104] 물론 그 방문은 <지수정가>에서처럼 풍월(風月)과 시(詩)를 위한 것이어야 한다. 좋은 기를 가진 깨끗한 장소에 그는 세상의 혼란을 가져오고 싶지 않은 것이다. 그렇다고 해도 여기에 오는 사람은 제한될 수밖에 없다. 반면, 그가 읽은 자연을 보여줄 수 있

104) "내 뜻 아는 벗님네ᄂᆞᆫ 모다 오소 ᄒᆞᆫᄃᆡ 노새 / 모다와 ᄒᆞᆫᄃᆡ 놀미 긔 아니 즐가오랴 / ᄒᆞ믈며 風月이 無盡藏ᄒᆞ니 글노 노쟈ᄒᆞ노라"(시조 47), "어와 이 山中에 모다모다 죄 오시니 / 風松寒竹도 조차 즐겨 ᄒᆞᄂᆞ괴야 / 이 후에 이 모ᄃᆞᆷ을 ᄒᆡᄒᆡ마다 ᄒᆞ쇼셔"(시조 50) 김용직 교수는 이 시조에 '회작가(會酌歌)'라 이름 붙였다. 이는 유일재의 제자들이 그의 스승을 기리기 위해 '용계보덕사'를 세웠고 또 후에 몇 사람이 청담·풍류의 모임으로 만든 '낙계회'를 결성하여 해마다 두 번씩 풍류의 모임을 가졌는데, 이에 갈봉이 감사의 뜻으로 지은 시조로 분류되는 세 수의 시조들이다. 외에 '제회가(齊會歌)'라 분류한 세 수의 시조도 찾아온 손님에 대한 즐거움을 나타내고 있다(김용직. 1972. 같은 글. 121쪽.).

는 문학 양식인 가사, 그 중에서도 자연의 핵심인 기의 원천을 전달하는 문학은 그것을 공유하는 데 어떤 제한도 두지 않으므로 그는 이 <지수정가>를 쓴 것이다. 산수화의 여백에서 뿜어져 나오는 강한 기를 공유할 수 있는 것처럼, 작중 화자가 느끼는 기쁨의 연원이 되는 장소의 진정한 존재감을 이 가사를 통해 맛 볼 수 있을 때, 우리 또한 그런 삶을 공유할 수 있다.

5. 나가며

본고는 우리의 생태미학을 소개하기 위해 인간이 자연의 기운과 감응하는 질료적 상상력이라는 관심에서 풍수지리이론을 주목하였고, 의미 있는 삶의 원천이 되는 장소의 문학으로서 누정가사를 주목하였다. 이런 관심과 풍수지리론에 입각한 앞선 국문학 논의들에 힘입어 <지수정가>를 새로운 관점에서 보게 되었고, 그 결과 지금까지와는 상당히 다른 논의를 이끌어낼 수 있었다. 앞에서 보인 것처럼, <지수정가>는 갈봉이 감지한 지수정의 기와 생명력을 표현하고, 모두에게 그 원천을 전달하며 더 좋은 삶을 살고자 하는 희망을 표현한 시가이다.

그러나 이상하게도 오늘날 안동 지역을 홍보하려는 취지로 지자체가 많은 노력을 기울이고 있는 <문화지리정보> 자료의 '와룡면의 인물', 혹은 '안동의 인물'에 갈봉은 눈에 띄지 않는다. 아마도 관직에 나아가지 않았기 때문이 아닐까 짐작되지만, 그것만으로 다 설명되는 것은 아니다. 지수정 역시 자취를 찾을 수 없다. 1931년에 편찬된 사찬읍지인 『와룡지(臥龍誌)』[105]에는 지수정이 와룡면의 정자로 기록되어 있다. 그러나 현재의 자료에는 어떤 언급도 찾을 수 없다. 현존하는 많은 문화재 중에는 최근에 복원된 것도 많다. <지수정가>가 학계에 소개된 것은 1972년이고, 여러 연구자의 주목을 받은 지도 이미 30년이 가까이 된다. 그럼에도 그가 아직 자신의 고장에서 현대에 부각되지 않은 것은 <지수정가>에 나타난 것과 같은 지나친 외학의 분위기에도 원인이 있지 않을까 추측해 본다. 풍수지리는 유자 모두가 관심을 가진 분야였고, 안동은 특히 풍수전설과 비보(裨補) 풍수, 조산(造山) 등이 많이 남아있는 지역이다. 그럼에도 불구하고 경학에 힘쓰기보다는 시를 자신의 공업으로 삼은 그의 선택은 그의 이름이 남겨지는 데 누가 되었던 것은 아니었을까?

<면앙정가>에도 같은 관점이 노정되어 있으나 송순의 <면앙정가>에 넘쳐흐르는 기는 풍류로 통용되고, 그것은 호남가단에 누정문학이 꽃 피는 데 큰 영향을 주었다. 그러나 당대의 아무도 <면앙정가>의 풍수지리적 속성을 논하거나 입에 올리지 않은 것 또한 사실이다. 우리 선조들이 <면앙정가>에 녹아 있는 풍수지리를 모르지 않았을 것

---

105) 『와룡지』는 1931년 경 편찬된 것으로 추정되는 안동읍에 속한 면인 와룡면의 사찬(私撰) 지방지이다. 와룡면은 조선조의 행정구역에는 없던 것으로 현재 와룡면에 속한 마을들은 『영가지』(주 74, 90 참조)에는 대부분 안동부의 府北條에 포함되어 있다. 1906년 행정구역 개편이 이루어지면서 이곳은 동광면과 북광면으로 나눠졌으며 다시 1913년에는 두 면을 합쳐 와룡면이라 개칭되었다. 발문에 의하면, 약 4년에 걸쳐 전 면(面)의 고사를 수집하고 『영가지』의 내용을 보충하여 『와룡지』 전 4권 상 · 하 두 책을 완성하였다(「와룡면지 해설」, 김영규, 1974. 『와룡지』. 진진당 참조.). 『와룡지』는 '지수정'을 소개하고 갈봉의 <지수정기>를 그대로 인용하고 있다. 뿐만 아니라, 암자, 산, 바위 등에는 <지수정가>에 나오는 지명 이름이 거의 그대로 들어있어, 『와룡지』는 갈봉의 기록을 많이 참조하여 편찬했음을 알 수 있다.

이나, 구태여 집어내어 드러내지는 않았던 것이다. 이 점은 두 노래의 공통적인 수용 환경이다. 그러나 두 작품은 평가에서는 큰 차이가 있었다. 면앙정처럼 문명을 떨친 현관(顯官)의 귀거래도 아닌 처사의 삶, 호남과 안동, 예(藝)와 학문의 고장의 차이가 두 작품을 다른 눈으로 보게 했을 수도 있었으리라는 짐작도 가능할 것이다. 본고가 시도한 <지수정가>의 새로운 해석은 많은 부분을 밝혀내었으나, 앞으로 묻혀 있을지도 모르는 지수정에 대한 더 많은 자료들을 발굴해 <지수정가>의 의의를 보완한다면, 더욱 정확하게 그 이유를 알 수 있게 될 것이다.

고전시가에 대한 생태미학적 관심의 앞으로의 과제는 누정문학의 풍수지리를 더 많이 밝혀내는 것이다. 상당히 많은 작품에서 새로운 의미가 밝혀질 것으로 기대한다. 또한 풍수지리는 작품 안에 장소를 만드는 가사만의 독특한 방식이 될 수 있으므로, 그 방식의 논리가 앞으로 더욱 국문학연구에서 진전되어야 할 것이다. 그리고 장소와의 관계에서 발생한 누정문학, 제영(題詠)문학의 연구에서는 무엇보다 작품의 전체 구조와 장소가 상호 작용하는 방식을 고찰함으로써 장소의 존재감을 파악하는 데 관심을 더욱 기울여야 할 것으로 생각한다.

참고문헌

『국역영가지』. 1991. 경상북도 안동군.

김영규. 1974. 『와룡지』. 진진당.

김득연. 1982. 『갈봉선생문집』. 오성사.

김언기. 1999. 『유일재선생실기』. 안동대학교.

공명수. 2010. 『생태학적 상상력과 사회적 선택』. 도서출판 동인.

권선정. 1993. 「풍수의 입장에서 본 취락 입지」. 최창조 외. 『풍수, 그 삶의 지리, 생명의 지리』. 푸른나무.

김광조. 2005. 「송암 권호문의 시가 문학 연구」. 서울대 박사학위 논문.

김두규. 1997. 『우리 땅 우리 풍수』. 동학사.

김병국. 2002. 「한국시가의 특질」. 권두환 · 김학성 편. 『신편 고전시가론』. 새문사.

김상섭. 1995. 『내 눈으로 읽은 주역』. 지호출판사.

김석진. 2000. 『대산주역강의』 1. 2. 3. 한길사.

김용옥. 1999. 『노자와 21세기』. 통나무.

김용직. 1972. 「갈봉 김득연의 작품과 생애」. 『창작과 비평』 1972~봄호. 창작과 비평사.

김욱동. 1998. 『문학생태학을 위하여』. 민음사.

김종석. 2001. 「갈봉 김득연의 학문과 사상」. 『퇴계학과 한국문화』 30. 2001. 경북대학교 퇴계학연구소.

김지하. 2001. 「접화군생 : 인문학과 생태학」. 경상대학교 인문학연구소 엮음.『인문학과 생태학』. 백의.

공명수. 2010.『생태학적 상상력과 사회적 선택』. 도서출판 동인.

문영오. 2002.「<풍수지리가> 연구 서설」.『한국문학연구』25. 동국대학교 한국문학연구소.

______. 2003.「<면앙정가>의 풍수지리학적 접근」.『도교문화연구』19. 한국도교문화학회.

박희병. 1999.『한국의 생태사상』. 돌베개.

서정문. 2007.「조선 중기의 문집편찬과 문파형성」. 국민대학교 대학원 국사학과. 박사학위 논문.

송정헌. 1976.「갈봉선생의 유묵고」.『논문집』10. 충북대학교.

______. 1976.「<지수정가>에 대하여」.『선청어문』7. 서울대 사범대 국어교육과.

______. 1982.「갈봉 시조고」. 한국언어문학회 편.『조선 전기 언어와 문학』. 한국어문학회.

육민수. 2004.「김득연 문학작품의 특성-시조작품을 중심으로-」.『반교어문연구』17. 반교어문학회.

이구의. 2002.「갈봉 김득연의 <지수정> 시와 <지수정가> 고」.『남명학연구』12. 경상대학교 남명학연구소.

이상원. 1992.「16세기말~17세기초 사회 동향과 김득연의 시조」.『어문논집』31. 고려대 국문과.

______. 2000.『17세기 시조사의 구도』. 월인.

이영석. 2001.「독일의 환경교육과 녹색문학」. 경상대학교 인문학연구소 엮음.『인문학과 생태학』. 백의.

이주연. 1996.「김득연 시조 연구」. 한양대 석사학위논문.
이지훈. 2004.『예술과 연금술』. 창비.
임재해. 1998.「풍수지리설의 생태학적 이해와 한국인의 자연관」.『한국민속학보』9-1. 한국민속학회.
장원철. 2001.「자연, 생태 그리고 문학」. 경상대학교 인문학연구소 엮음.『인문학과 생태학』. 백의.
장춘익. 1999.「생태철학:과학과 실천 사이의 지적 상상력」. 송상용 외.『생태문제와 인문학적 상상력』. 나남.
정재서. 2001.「정경교융의 시학과 생태학적 문학론」. 최승호 편.『21세기문학의 동양시학적 모색』. 새미.
조동일. 1993.『한국시가의 역사의식』. 문예출판사.
조인철. 2008.『우리시대의 풍수』. 민속원.
최승호. 2001.「제유적 세계인식과 서정적 대응방식」. 최승호 편.『21세기문학의 동양시학적 모색』. 새미.
최원석. 1993.「풍수로 보는 우리 민족의 산」. 최창조 외.『풍수, 그 삶의 지리, 생명의 지리』. 푸른나무.
최진원. 1977.「강호가도연구」.『국문학과 자연』. 성균관대학교 출판부.
______. 2002.「<면안정가>의 화중시-산점투시(山点透視)를 중심으로-」.『고시가연구』19. 한국고시가문학회.
최창조. 1984.『한국의 풍수사상』. 민음사.
______. 1990.『좋은 땅이란 어디를 말함인가』, 서해문집.
______ 외. 1993.『풍수, 그 삶의 지리, 생명의 지리』. 푸른나무.

______. 2009.『새로운 풍수 이론』. 민음사.
홍명희. 2005.『상상력과 가스통 바슐라르』. 살림출판사.
홍용희. 2001.「시적 주체와 우주율」. 최승호 편.『21세기문학의 동양 시학적 모색』. 새미.
가스통 바슐라르. 정영란 역. 1997.「기계론적 운동론과 역동론적 철학」. 장경렬 등 편역.『상상력이란 무엇인가』. 살림출판사.
______ ________. 정영란 역. 1997.「문학이미지」. 장경렬 등 편역.『상상력이란 무엇인가』. 살림출판사.
______ ________. 정영란 역. 2000.『공기와 꿈』. 이학사.
노버크 슐츠. 민경호 외 역. 1996.『장소의 혼-건축의 현상학을 위하여』. 태림문화사.
딩시위안. 이화진 역. 2006.『예술풍수』. 일빛.
후지야 카와시마. 2002.「안동의 대가세족 : 문화귀족의 정립을 중심으로」.『안동학연구』1. 안동대학교 안동문화연구소.
유교문화원. <유교문화지도> http://www.ugyo.net/tu/rin/ruins.jsp?sSiteCode=anwy001

조선시대 한문학에 나타난 인간과 자연의 관계 방식에 대하여

심경호 (고려대학교 한문학과)

조선시대 한문학에 나타난 인간과 자연의 관계 방식에 대하여

심경호 (고려대학교 한문학과)

1.

한시와 한문산문은 자연에 관한 풍부한 성찰을 담고 있다. 단, 한시·한문산문의 작가는 인간과 자연과의 조화를 예찬한 것만은 아니다. 요시카와 고지로가 당시(唐詩)의 특징을 분석하면서 말했듯이, 한시의 작가는 자연에 대비되는 인간의 왜소함을 자각함으로써 비애의 감정을 토로하기도 했다.[1] 한국한시도 자연에 대비되는 인간의 왜소함을 노래한 예가 적지 않다. 김시습(金時習)의 「한송정(寒松亭)」 사(詞)는 대표적인 예다.[2]

---

1) 요시카와 고지로(吉川幸次郎)·미요시 다츠지(三好達治). 1998. 『당시읽기』. 심경호 옮김. 창작과비평사.

2) 金時習. 1998. 「石州慢調 寒松亭」. 『梅月堂集』 卷13 關東日錄. 한국고전번역원 영인. 한국문집총간13. "十里寒聲, 蕭颯高低, 吹我耳側. 疑聞帝居紅雲, 奏彼鈞天廣樂. 生平豪氣, 如今添却遨遊. 滄波萬頃何遼廓, 都是一胸襟. 儘敎伊呑吐舒縮. / 窪尊嘶石團圓, 都

그러나 한자문화권의 시문에는 인간 삶을 위협하는 자연의 공포를 정면으로 다룬 예가 별로 없는 것 같다. 한국한문학에서도 한시의 작가가 홍수와 한발의 사실을 다루어 농민의 비참한 사실을 보고한 예가 있다. 하지만 이 작품들은 자연의 이변과 농민의 참상에 대해 우려의 감정을 토로하지만 자연 자체를 암흑으로 다루지는 않았다. 홍양호(洪良浩)가 슬해(瑟海)의 거친 파도를 그려 보인 것은 예외라면 예외일 수 있다.[3] 하지만 이 시도 자연의 거친 모습을 묘사하고 그 어둠의 측면을 부각시키는데 중점을 두지 않고, 북관(北關) 주민의 불평한 심경을 슬해의 울음에 가탁하는데 중점을 두었다.

근대 이전의 자연이 인간에게 친근했던 것만은 아니다. 김창흡(金昌翕)이 청평의 설악에 은둔했다가 종자가 범에 물려 죽자 산을 나오게 된 사례에서 알 수 있듯이, 근대 이전의 자연은 문명을 위협하는 존재이기도 했다. 조선에서는 특히 범과의 싸움에서 그 문명의 영역을 넓혀 왔다.[4] 이것은 서구의 근대 문명이 늑대와의 싸움에서 문명

是舊時蹤跡. 萬古相傳, 一任風磨苔剝, 跳丸歲月蹉蹉, 前人視我今猶昔. 慷慨發長歌, 滿沙汀飛鴨." 이하, 한국문집총간본을 사용한 경우에는 판본사항을 별도로 표시하지 않는 것으로 한다.

3) 洪良浩.「瑟海鳴」.『耳溪集』卷2 北塞雜謠. "瑟海鳴, 聲訇轟. 千山振, 百獸驚. 問何鳴, 誰不平. 地軸翻, 大醉醒. 三夜鳴, 四海淸."

4) 『삼국유사』에서부터 범의 출현은 兵亂의 조짐으로 간주되어 왔다.『고려사』「五行志」에도, 태조 원년 8월 무신에 범이 도성의 黑倉垣 내에 들어왔기에 쏘아 잡고서는 筮를 뽑아 보니 "虎猛獸不祥, 是主兵也"라 나왔다고 했다. 공민왕 때는 원년 정월 신미, 3월 임신, 14년 7월 신사, 9월 정묘, 19년 10월 임신에 범이 입성했다. 조선시대의 경우, 영조 30년(1754) 5월 戊子에는 범이 慶德宮에 들어왔는데, 南泰會와 蔡濟恭은 농궁에 차자를 올려, 書筵을 자주 열어 天心을 기쁘게 함으로써 재앙을 방지하라고 권했다. 영조 30년의 호입은, 다음 해인 영조 31년(1755)에 발각된 羅州掛書 사건에서 주동자 尹志의 아들 尹光哲이 일당 규합을 위해 선전하여 전라도 지역에 널리 유포되었다.

의 영역을 확보해 온 것[5]에 견줄 수도 있다.

그럼에도 불구하고 조선시대의 한문학에서 자연은 문명사회를 위협하는 존재로 나타나지는 않는다. 한문학이 자연의 흉포한 얼굴을 그려 보이지 않은 것은, 범에 관한 설화에서 그러하듯, 자연에 대한 공포의 감정을 숨기는 책략이라고는 말할 수 없다. 한국한문학의 작가들에게 자연은 실제로 매우 친근한 존재였으며, 자연의 제 사상(事象)은 조도(造道)의 과정에 관계되는 알레고리로 간주되고는 했다.

한국한문학의 작가들이기도 한 조선시대 지식인들은 생활공간과 매장지 사이에 결계(結界)를 설정하지 않고 선산(先山)도 생활공간의 일부로 간주했으며, 유산유수의 활동 속에서 산수의 알레고리를 확장해 나갔다. 이 사실에 주목한다면 한국한문학의 작가인 조선 지식인들이 자연과 관계를 맺은 방식의 한 특징을 읽어낼 수 있지 않을까 생각된다.

곧, 조선시대 지식인들이 자연과 관계를 맺어온 방식은, 그들의 삶

이 尹志의 아들 尹光哲이 일당 규합을 위해 선전하여 전라도 지역에 널리 유포되었다. 이 사정은 『闡義昭鑑』 권4에 기록된 윤광철과 林國薰의 면질 내용에 잘 나타나 있다. 조선후기의 한글소설 『조웅전』에도 발단부에서, 송 문제 말년에 궁성에 범이 들어와 조정 신하가 염려하고 조웅의 모친이 변란의 조짐으로 풀이한 대목이 있다. 심경호. 2002. 「論『조웅전』」. 『국문학연구와 문헌학』. 태학사.

5) 페르낭 브로델의 『물질문명과 자본주의』는 1765년 제보당의 늑대에 대해 이렇게 기록했다. "늑대는 우랄 산맥으로부터 지브롤터 해협에 이르기까지 유럽 전체를 무대로 하고 있었고, 곰은 이곳의 산악지대에 살고 있었다. 도처에 늑대가 있었고 늘 늑대를 조심해야 했다는 점 때문에 늑대 사냥은 시골이든 도시이든 그 지역이 얼마나 건강한가에 대한, 그리고 그해가 얼마나 살기 좋은 해인가에 대한 지표가 될 정도였다…… 1765년에는 제보당에서도 늑대 피해가 엄청나서 괴물 같은 늑대가 한 마리 있다고 믿게 되었다." 페르낭 브로델 저. 주경철 옮김. 1995. 『물질문명과 자본주의 Ⅰ-1 : 일상생활의 구조 上』. 까치글방97. 까치. pp.78~84.

의 활동 영역을 중심으로, 거주 공간, 정원 및 음택에서의 정관적(靜觀的) 관계방식과 유산유수(遊山遊水)의 동태적(動態的) 관계 방식으로 나누어 볼 수 있을 듯하다.

<table>
<tr><td rowspan="3">靜</td><td rowspan="2">陽</td><td>陽宅 등 生活空間에서의 自然 觀照</td></tr>
<tr><td>庭園의 自然美 玩賞</td></tr>
<tr><td>陰</td><td>陰宅과의 境界 否定과 自然 親和</td></tr>
<tr><td>動</td><td colspan="2">遊山遊水의 淸遊 · 宕遊 · 壯遊와 삶의 省察</td></tr>
</table>

조선시대 지식인들이 자연과 관계를 맺어온 방식을 '인간과 자연의 관계'라고 일반화시킬 수 있는가 하는 문제는, 조선시대 지식인 특히 유교적 지식인의 역사적 한계성을 고려할 때 매우 중요한 질문이다. 단, 본고는 조선시대 지식인들이 한문학을 통해서 '이념형'으로서 인간과 자연의 관계를 고찰한 문제를 다루고자 한다.

2.

조선의 지식인들 가운데서도 특히 자연과의 일체를 꿈꾸고 고결한 정신세계를 형성한 존재가 도학가들이다. 그들은 대개 산림(山林)이라고 일컬어지는 자연과 향촌이 결합된 공간 속에 살면서 자연 속에서 이자도(理自到)를 경험했다.

본래 근대 이전의 지식인은 우환의식(憂患意識)을 지니고 이상사회를 실현코자 하는 책임의식을 지녔다. 하지만 이념과 실제가 어긋

날 할 때 지식인들은 산림(山林)에 은거하며 수양에 몰입했다. 이들을 처사(處士)라고 부른다.[6] 16세기 중엽에 이르면 조선에서는 서경덕(徐敬德), 이언적(李彦迪), 이황(李滉), 조식(曺植) 등이 처사로서의 삶을 중시하거나 또 처사로서의 삶을 살았다. 그런데 그들이 은거한 산림은 '새 짐승과 함께 사는(鳥獸同群)' 공간이 아니라, '일상의 도리를 힘써 실천하는(勉日用)' 향촌이었다. 그들은 재지(在地)의 향촌에 거처하면서 향촌과 향촌을 둘러싼 자연을 관조(觀照)하면서 희열을 느꼈다.

처사는 일종의 은둔자(hermit)이다. 단, 서구의 은둔자가 종교적인 이유에서 스스로를 사회로부터 격리시키는데 비해, 처사는 올바른 도리가 실행되지 않는 현실로부터 스스로를 격리시키고 현실을 비판하는 존재로서 부각된다. 특히 조선시대의 처사는 현실공간인 향촌사회를 떠나지 않으며, 현실세계를 냉소하지 않았다. 현실세계를 냉소하는 자는 완세불공(玩世不恭)의 뜻이 있다고 해서 경계된다. 이황은 이별(李鼈, 1475~?)의 「여섯 노래(六歌)」에 완세불공의 뜻이 들어 있고 온유돈후(溫柔敦厚)의 내실이 적다고 지적했고, 허목(許穆, 1595~1682)은 이별이 "탁세를 만나 자신의 몸을 깨끗하게 하느라

---

6) 處士라는 말은 『맹자』 「滕文公·下」에 "聖人不作, 諸侯放恣, 處士橫議"에 나오는 것이 早期의 용례다. 『荀子』 「非十二子」에는 "古之所謂處士者, 德盛者也"라고 했다. 이때의 '처사'는 정치를 담당하지 않고 재야에 있는 지식인을 가리키는 듯하다. 그런데 한국 지성사에서 처사는 향촌사회에서 구도의 삶을 살면서 자신의 정신경계를 시문으로 드러냈던 지식인들을 가리킨다. 이에 대해서는 李佑成. 1982. 「이조사대부의 성격」. 『韓國의 歷史像』. 창작과 비평사. p.217. 및 졸고, 1999. 「한문학에 나타난 처사의 전형」. 『국제고려학회 논문집』 창간호. 국제고려학회. pp.319~339.

멀리 도피하여 세상의 누를 잊었다"고 아쉽게 여겼다.[7] 처사는 '결신오세(潔身傲世)' 하지 않으며 '결신원인(潔身遠引)' 하지 않는다. 하물며 '완세불공'에서 더 나아가 '색은행괴(索隱行怪)' 하는 법이 없다.

자연과의 사이에 결계(結界)를 두지 않는 향촌에 머물면서 처사는 도학적 정신 경계의 궁극인 물아일체(物我一體)를 지향했다.[8] 시적, 미학적인 표현을 빌리자면, '외적 객관과 내적 정신이 일치하는(景與意會)' 경지를 중시했다.

이를테면 서경덕(徐敬德, 1489~1546)은 무반(武班) 출신으로서 일생 벼슬을 살지 않고, 자연에 유동하는 자연에 이목을 활짝 열어 마음의 청진(淸眞)함을 추구했다. 「무제(無題)」 시에서 그는, "눈앞에 발을 치고 귀엔 문 닫았거늘, 솔숲소리 시내 울음 여전히 시끄럽다. 나를 잊고 물(物)을 물(物)로 대하매, 영대[마음]는 어디고 절로 청온(淸溫)해라[9]"고 했다.[10] 그의 정신세계를 잘 드러내는 시로 「비온 뒤

---

7) 許穆.「藏六堂六歌識」.『記言』 별집 권10."遭濁世, 潔身遠引, 忘世累, 則有之. 亦足以想見魁梧傑出, 高蹈拔俗, 冷然有箕穎之風."

8) 물아일체의 지향과 관련하여, 李滉의 제자 李德弘은 그 경계를 체증하고 「尋春」 시를 남겼다 "徒步尋芳洛水濱, 多般光景眼中新. 自然天意難知得, 也覺忺忺草木春." 이황은 次韻하여, 이덕홍의 정신 정계의 진실성을 인허했다. 李東歡,「生命 源頭에의 凝視 : 艮齋 李德弘의 文學意境」.

9) 이 시는 『맹자』「告子 · 上」의 "耳目之官, 不思而蔽於物, 物交物則引之而已矣. 心之官則思, 思則得之, 不思則不得也"의 뜻을 뒤집은 것이다. 耳目이 외물에 끌리는 것은 마땅히 보고 들어서는 안될 聲色에 생각 없이 마음이 빼앗겨서이다. 그러나 松籟와 溪聲은 그 자체가 與天地로 上下流動하는 것. 오히려 사욕과 번뇌에 휩싸이기 쉬운 나 자신을 버리고 그것에 이목을 내맡기는 것이 마음의 淸溫함을 얻는 길임을 서경덕은 터득한 것이다.

10) 徐敬德.「無題」.『花潭集』 卷1. "眼垂簾箔耳關門, 松籟溪聲亦做喧. 到得忘吾能物物, 靈臺隨處自淸溫."

에 산을 바라본다(雨後看山)」를 꼽을 수 있다.[11]

> 누대에서 일어나 문득 발을 걷으매
> 비 그친 뒤 산 빛이 너무도 싱싱하다.
> 아무리 훌륭한 화가라도 그려내기 어려우리
> 구름 걷히자 봉우리가 푸르고 뾰족하게 드러난다.
>
> 睡起虛樓忽上簾, 雨餘山色十分添.
> 看來難下丹靑手, 雲卷高岑露碧尖.

평성 염(鹽)운을 사용한 칠언절구인데, 마지막 구의 '노(露)' 자가 시안(詩眼)이다. 구름이 걷힌 뒤 푸르고 뾰족한 모습을 드러내는 산봉우리는 곧 나에게 개시(開示)되어 오는 진리체를 상징한다. 시인이 담박하면서도 청신한 정신세계를 지녔기에 이토록 맑은 풍경을 묘사한 것인데, 그 정신의 활동이 역동적이기에 산이 '드러나는' 모습을 포착할 수 있었다.

서경덕은 비온 뒤의 풍광을 묘사하더라도 그 묘사 속에 정신의 세계를 담아내었다. 이러한 시창작 양태는 우리나라에서는 비단 도학자의 경우에 국한한 것은 아니었다. 하지만 그 정신경계를 극단에 이르기까지 추구하고 일상화한 것이 도학자들이었다.

이황(李滉, 1501~1570)은 중년 이후에 참된 도리를 추구할 수 없을 만큼 경직된 지적 분위기 속에서 자기 생각을 숨기고[韜晦], 인간

11) 徐敬德.「雨後看山」.『花潭集』卷1.

존재의 근원적 물음에 답할 구도생활을 시작하겠다고 결심했다.[12] 이황은 은일 속에서 온유돈후(溫柔敦厚)의 내실을 추구했다. 65세 되던 해에 지은 「도산십이곡(陶山十二曲)」 후육곡(後六曲) 가운데 제4곡을 보면, 속세간(특히 환로)이 훼손되었기에 은일의 삶을 취한다는 의식이 없다. '당시에 녀던 길', 즉 본분으로 취했던 길을 나아간다고 했다.[13] 언지편(言志篇) 제1곡에서는 초야우생(草野愚生)을 자처하고, 언학편(言學篇) 제6곡에서도 우부(愚夫)를 자처했다. 진덕수업은 '우부(愚夫)도 알며 ᄒᆞ거니' 쉬운 일이니, 인간이 본래 구유하는 본래성을 나도 찾아나선다고 밝힌 것이다.

이황은 제자 이덕홍(李德弘)이 소옹(邵雍)의 「청야음(淸夜吟)」을 논한 것을 두고

> 내 생각으로는 무욕자득(無欲自得)한 사람만이 청명고원(淸明高遠)한 마음으로 한가롭게 광풍제월(光風霽月)의 때를 만나 자연히 경(景)과 의(意)가 합하게 되고 천인합일(天人合一)이 되어야, 흥취가 초묘(超妙)하고 청정정미(潔淨精微)하고 종용쇄락(從容灑落)한 기상이 있게 되니, 이때는 말로 형용하기 어려울 뿐 아니라 즐거움도 끝이 없을 수 있다.[14]

---

12) 심경호. 1997. 「退溪의 守靜과 觀照自然」. 김형효 · 심경호 · 정순우 · 최진덕. 『退溪의 사상과 그 현대적 의미』. 한국정신문화연구원. 한국사상가대계4.

13) "當時예 녀던 길흘 몇 ᄒᆡ를 ᄇᆞ려두고, 어듸 가 ᄃᆞ니다가 이제ᅀᅡ 도라온고, 이제나 도라오나니 년듸 ᄆᆞᅀᆞᆷ 마로리."

14) 李滉. 「答李宏仲」. 『退溪集』 卷36. "但愚恐只是無欲自得之人, 淸明高遠之懷, 閒遇光風霽月之時, 自然景與意會, 天人合一, 興趣超妙, 潔淨精微, 從容灑落底氣象, 言所難狀, 樂亦無涯."

라고 하여, 경(景)과 의(意)가 합하려면[景與意會] '무욕자득(無欲自得)' 해야 한다고 강조했다.

이황은 경건한 자세로 우주의 법칙인 리(理)를 궁구하고자[居敬窮理] 했는데, 그가 도달한 정신적 경계는 65세 때인 1565년에 지은 「산중에 살면서 각 계절마다 네 수씩 읊어서 모두 16절구를 지었다[山居四時各四吟共十六絶]」에 잘 나타나 있다. 또한 70세 때인 1570년에 지은 「도산의 늦봄에 우연히 읊는다[陶山暮春偶吟]」은 정신의 고향인 자연 속에서 생활하는 안온(安穩)함을 노래했다.[15)]

> 호탕한 봄바람, 화사한 경치
> 파릇한 나무들이 산언덕에 가득하다.
> 푸른 시내 물은 마음 밝히는 거울
> 만 그루 붉은 복사는 눈부신 노을.
> 조화옹이 어찌 사물마다 사사로이 구는 것을 허용하리오,
> 뭇 정물(情物)이 각자 재잘재잘 나불거리누나.
> 산새는 유인(幽人 : 은둔자) 마음 모르고
> 해질 때까지 짹짹 우짖는군.
>
> 浩蕩春風麗景華, 葱瓏佳木滿山阿.
> 一川綠水明心鏡, 萬樹紅桃絢眼霞.
> 造化豈容私物物, 群情自是競哇哇.
> 山禽不識幽人意, 款曲嚶鳴至日斜.

이황은 우환의식을 잊을 수 없기에 완전히 조화의 세계 속에서 주

15) 李滉.「陶山暮春偶吟」.『退溪集』卷5.

체를 잊어버릴 수는 없었다. 하지만 그는 자연 속에서 천리의 활발발(活潑潑)한 구현을 체득하고 그것을 마중하러 나가는 자기회귀를 중시했다. 그렇기에 이황은 조식(曺植)이 이로(理路)를 매섭게 추궁한 '절박기미(節拍氣味)'에 대해 회의했다.[16] 또한 「도산기(陶山記)」에서는 다음과 같이 자연과 인간의 교감에 대해 주요한 지침을 제시했다. 곧 이황은, 산수를 즐기되 도의(道義)를 좋아하여 심성을 기르는 데에만 중점을 두는 것은 조박(糟粕)만 보는 것이기는 하지만, 현허(玄虛)를 좋아하여 결신난륜(潔身亂倫)의 잘못을 저지르는 것보다는 차라리 이쪽을 택하겠다고 하였다.

> 옛날, 산림을 즐기는 사람들을 보면 거기에는 두 종류가 있으니, 첫째는 현허(玄虛)를 사모하여 고상(高尙)으로 일삼음을 즐기는 사람이요, 둘째는 도의(道義)를 즐겨 심성(心性)을 기르기를 즐기는 사람이다. 첫째 사람을 말하면, 몸을 더럽힐까 두려워함으로써 세상과 인연을 끊고, 심한 이는 새나 짐승같이 살면서 그것을 그르다고 생각하지 아니하는 사람이다. 둘째 사람을 말하면, 즐기는 것이 조박(糟粕)일 뿐이어서 전할 수 없는 묘한 이치에 이르러서는 구할수록 더욱 얻지 못하거늘 즐거움이 어디에 있겠는가? 그러나 차라리 둘째 것을 위하여 힘쓸지언정 첫째 것을 위하여 스스로 속이지는 않아야 할 것이거늘 어느 여가에 이른바 세속의 번거로움이 내 靈臺[마음]에 들어오겠는가?[17]

---

16) 李滉. 「書曹南冥遊頭流錄後」. 『退溪集』 卷43跋. "曹南冥遊頭流錄, 觀其遊歷探討之外, 隨事寓意, 多感憤激昂之辭, 使人凜凜猶可想見其爲人. 其曰一曝之無益, 曰向上趨下只在一擧足之間, 皆至論也, 而所謂明哲之幸不幸等語, 眞可以發千古英雄之歎, 而泣鬼神於冥冥中矣. 或以其尙奇好異, 難要以中道爲疑者. 噫! 自古山林之士, 類多如此, 不如此, 不足以爲南冥矣. 若其節拍氣味所從來, 有些子不可知處, 斯則後之人必有能辨之者. 嘉靖庚申孟春, 眞城後人景浩, 書于溪上書舍."

현허(玄虛)를 좋아하여 결신난륜(潔身亂倫)의 잘못을 저지르는 것은 도가적인 은일의 행태일 뿐만 아니라, 일용응연처(日用應緣處)에서의 공부를 결여한 간화선(看話禪)의 태도이기도 하다. 일찍이 대혜종고(大慧宗杲)는 세간법과 출세간법, 지말과 본근을 질적으로 준별하느라고 일용상식계를 지탱하는 사려(思慮) · 계탁(計度) · 정식(情識) · 분별(分別)이 지니는 의미를 말살하였는데, 주희는 그것을 두고 황탄괴휼(荒誕怪譎)하여 인정(人情)에 가깝지 않다고 배격한 바 있다.[18] 주희는 성인이 교를 설치한 본지가 지엽의 위, 영쇄(零碎)한 곳에 대하여 공부하게 하려는데 있다고 강조했다.[19]

이황은 바로 주희가 주장했던 그 점을 일용응연처에서 실천하려고 하였기에, 자연 속으로 도망하지 않고 자연과의 진정한 조화를 희구했던 것이다.

---

17) 李滉. 「陶山雜詠幷記」. 『退溪集』 卷3. "觀古之有樂於山林者亦有二焉. 有慕玄虛事高尙而樂者, 有悅道義頤心性而樂者. 由前之說, 則恐或流於潔身亂倫, 而其甚則與鳥獸同群, 不以爲非矣. 由後之說, 則所嗜者糟粕耳. 至其不可傳之妙, 則愈求而愈不得, 於樂何有. 雖然寧爲此而自勉, 不爲彼而自誣矣."

18) 朱熹. 「答陳師德」. 『朱子文集』 卷56.

19) 朱熹. 「答汪太初」. 『朱子文集』 卷46. "이 무렵 가만히 걱정하나니, 근세의 학자들은 聖門의 실학의 근본차례를 알지 못하고 노자와 불교의 설에 빠져들어 致知의 공적이 없고 力行의 내실이 없이, 늘 천지만물 · 인륜일용의 바깥에 별도로 일물이 있어 공허현묘하여 헤아릴 수 없다고 헛되이 생각하여 그 마음이 懸懸然하여 다만 이 일물을 보기를 요행으로 여기고 그로써 극치라고 여긴다. 그래서 천지만물의 본연의 理, 인륜일용의 당연의 事를 보기를 요묘하지 않다고 여기고 다만 잠시 보존해두어도 손해가 없다고 여길 뿐이다. 대개 천하의 인사들이 학에 뜻을 두지 않으니, 泛然하게 執持하는 바가 없이, 物欲에 따르고 있다. 어쩌다가 학에 뜻을 둘 줄을 안다고 해도, 여기에 타락하지 않는 자가 없지 않다. 나는 이것을 근심한 것이 이미 오래다."

3.

중국 북주(北周) 때 유신(庾信)은 「소원부(小園賦)」에서 이렇게 말했다.[20]

> 내게는 서너 이랑 크기의 허름한 집이 고즈넉하게 세속의 바깥에 있기에, 짐짓 여기서 살면서 바람과 서리를 피할 수가 있다.
> 안영(晏嬰)이 그랬듯이, 저자 가까이 살더라도 아침저녁의 이익을 추구하지 않으며,
> 반악(潘岳)이 그랬듯이, 도성에 임하여 거처하더라도 한가한 생활의 즐거움을 누리련다.
>
> 余有數畝之廬, 寂寞人外, 聊以擬伏臘, 聊以避風霜.
> 雖復晏嬰近市不求朝夕之利, 潘岳面城且適閒居之樂.

조선의 지식인들도 대개, 거처가 도성에 있든 근교에 있든, 자신의 집을 세속으로부터 격리시킴으로써 한적한 생활을 즐길 수 있었다. 곧, 「소원부」에 말한 생활의 즐거움을 철저하게 추구한 사람들이 조선의 지식인들이었다.

조선의 지식인들은 교양을 갖춰 조정에 나아가 자기의 보편이념을 정치에서 실현했다. 간혹 그것이 여의치 않을 때는 세속에서 벗어나 처사(處士)나 일민(逸民)을 자처했다. 하지만 정치를 담당하고 있는 그 순간에도 대부분의 지식인들은 동진의 도연명(陶淵明)이나 북송

20) 庾信. 「小園賦」. 『庾開府集箋註』 卷1.

의 임포(林逋)를 본받아, 세속과 거리를 두고 산수자연과 연속되어 있는 거주 공간을 꿈꾸었다.

조선 중기의 문인 조찬한(趙纘韓, 1572~1631)이 지었다는 시조에 보면, 옛 시인은 물욕을 버리고 풍월주인(風月主人)을 자처했음을 알 수 있다. 단, 이 시조는 유자신이 지었다고도 한다.

> 빈천을 팔랴 하고 권문에 들어가니
> 치름 없는 흥정을 뉘 먼저 하자 하리
> 강산과 풍월을 달라 하니 그는 그리 못하리

가난하고 천하게 사는 것이 지긋지긋해서 그것을 팔아보려고 권세가를 찾아갔더니 저쪽에서 턱없는 흥정을 해 온다. 저쪽에서 강산풍월이라면 사겠다고 하지만 그것만은 안 되겠다고 이 시조의 작가는 말한 것이다. 돈이나 권세와 결코 바꿀 수 없는 풍월을 차지하고 있다는 즐거움은 북송의 소식(蘇軾, 동파)이 「적벽부(赤壁賦)」에서 노래한 자유인의 정신과 닮아 있다.[21)]

조선의 권문세가나 조선후기의 경화세족에 속하는 지식인들은 세간 규모가 컸다. 부유한 사람들은 대개 경기지방에 세거지로서 전장을 두었고, 서울에는 벼슬살거나 일을 보러 올 때 머무는 교거(僑居)를 마련했으며, 때로는 경강(京江) 부근에 별장을 지었다. 또한 그런

---

21) 蘇軾. 「赤壁賦」. "且夫天地之間에 物各有主라 苟非吾之所有인댄 雖一毫而莫取로되 惟江上之淸風과 與山間之明月은 耳得之而爲聲하고 目遇之而成色이라. 取之無禁하고 用之不竭하니 是造物者之無盡藏也요 而吾與子之所共樂이니라."

사람들은 대개 집에 반드시 정자(亭子)나 규모가 큰 누헌(樓軒)을 두고, 자연을 감상하면서 시주(詩酒)를 즐겼다. 이에 비하여, 가난한 시인은 거주지의 집 이외에는 달리 교거나 별장을 마련할 수 없었다. 집의 규모도 작았기에 중문이고 대청이고 곁채를 갖출 수가 없었다.

하지만 조선시대 지식인들은 부유하든 가난하든 대개 정원이나 화초밭을 집안에 두었다. 조선전기의 김시습(金時習, 1435~1493)은 28세 되던 1462년부터 37세 되던 1471년 봄까지 경주 금오산에 정착해서 매화를 심고 차나무를 길렀다. 1472년에는 동료 고태필(高台弼)이 동지중추부사에 갓 임명되어 꽃 기르는 방법을 자문해 오자, 사계화(장미) · 여뀌꽃 · 국화 · 자지(紫芝) · 파초(芭蕉) · 원추리 · 해당화 · 작약 · 아가위꽃[棠花] · 달꽃[月花] · 푸른 연[淸蓮] · 목련(木蓮) · 서향화(瑞香花) · 배추꽃[菜花] · 흰 국화 · 붉은 여뀌[紅蓼] · 토끼풀[苜蓿] · 산삽주[山薊] · 황정(黃精:둥글레) · 승검초[當歸] · 생강[子薑] 등의 꽃과 풀, 약초를 재배하는 방법을 하나하나 시로 적어 보냈다. 게다가 가산(假山)을 만들고 자분(瓷盆)에 꽃을 심는 방법까지 가르쳐 주었다. 1471년 이후 1483년 49세로 서울을 완전히 떠나기까지는 수락산 일대에 머물며 농사를 지었으며, 도연명을 본떠서 작물의 성장에서 생명의 운동을 감지하고 노동의 의미를 되새겼다.

조선후기의 홍길주(洪吉周, 1786~1841)는 북산(北山, 인왕산) 기슭에 방 두 칸의 작은 집을 지니고 있었을 때, 산과 들, 산기슭과 숲이 눈에 들어오기에 조용하고 밝은 방에서 책 읽기에 알맞다고 만족해했다. 그리고 그는 우주만물의 이치와 교감하는 정신경계를 지킨다는

뜻에서 집의 편액을 수일(守一)이라 했다.[22]

한편 조선후기에는 도성에 개인의 화원이 발달해서,[23] 화원으로 들어가는 길은 별세계로 향하는 통로와 같았다. 예를 들어 목만중(睦萬中, 1727~1810)의 『여와집(餘窩集)』에 보면 정조 말년에 필공(筆工)이 호반현(虎班峴)에 화원[필원(筆園)이라 불렸다]을 신축했다는 기록도 있다.[24] 또 그는 친구 이정운(李鼎運)이 노새를 탄 고인 풍모의 인물에게 화원으로 인도되어 술에 취해 시를 읊었다는 일을 소재로 시를 남겼다.[25]

하지만 조선후기의 도성에 조성된 화원은 도시적인 것의 확산으로부터 자연을 훼손시키지 않기 위해 자연을 구획한 공간이었지, 인공의 별세계가 아니었다. 정쟁이 잦아지면서 마음의 위안을 얻을 수 있는 경구(景區)를 인위적으로 설정한 것이되, 석가산(石假山)을 만들고 기봉(奇峯)을 상상하는 호사스런 풍조와는 취향이 달랐다. 특히

22) 洪吉周는 집의 구조를 주체의 함양 공부와 연결시켜 생각했다. 「집터를 고르며 간단히 쓰다(卜居識)」라는 글에서, 재동 집을 지을 때 방과 정원의 이름을 造道의 차례에 따라 지어 붙이고, 세상에 나가 자신의 이념을 실천하기 위한 마음 자세를 다잡았다. 집의 구조를 내면의 함양 공부와 밀접하게 연결시켜 파악한 것이다. 조선시대의 많은 지식인들이 주거가옥에 대해 이와 같은 관념을 지니고 있었다고 할 수 있다.

23) 심경호. 2000. 「화원에서 얻은 단상 : 조선후기의 화원기」. 『한문산문의 내면풍경』. 소명출판사.

24) 睦萬重. 「筆工新築小園於虎班峴與岐川同遊」. 『餘窩集』 卷11. 서울대 규장각 소장 필사본. "邐迤虎丘北, 新成筆匠家. 青迷五閘柳, 紅織二陵花. 鞍馬臨偕隱, 笙歌到日斜. 主人多美酒, 不向市門賖."

25) 睦萬重. 「公會步行看花 遇騎驢者 携入花園 大醉賦試 坐有善畵者 摹爲水墨圖 題詩其上 和記其事」. 『餘窩集』 卷7. 서울대학교 규장각 소장 필사본. "有客騎驢出巷東, 相逢車笠古人風. 一場携入花園去, 萬斛呑敎酒肆空. 判住餘春歌笑裡, 那甘永日簿書中. 願君重喚丹青手, 貌得西隣一病翁."(自註:公會方以謄錄考, 出在紫巖閭舍)

이것은 명·청 시대 중국 도성의 화원이 높은 벽으로 외부와 차단되고 정원 안에 석조물의 배치로 인공의 세계를 구조화한 것과 매우 다르다. 또한 일본의 에도시대 사원의 사변적 구성의 정원이나 무가(武家)의 서호(西湖) 모방의 정원과는 전혀 다르다.

또한 조선시대 지식인의 정원은 야생의 자연을 인위적으로 가꾸기 위해 '자연을 넘어선 자연'을 지향하지도, 자연과의 '자연스런' 연결을 위해 특수한 설치를 하지도 않았다. 협소한 공간을 넓게 보이기 위한 장치도 없었으며, 외부의 경관을 빌려와 경관의 확산을 도모하는 차경(借景)도 '의식적으로' 행하지 않았다. 프랑스식의 기하학적 도형화도 꾀하지 않았고, 영국식의 풍경식 정원의 구성도 꾀하지 않았다.

채제공(蔡濟恭, 1720~1799)은 1783년(정조 7)에 필운대(弼雲臺) 부근 육각봉 아래의 조씨(曹氏) 화원을 찾은 뒤에 「조원기(曹園記)」를 지어, "주인의 성은 조(曹)로, 한거하면서 꽃 심는 것을 업으로 했다. 거문고 연주를 좋아했으며, 외부 일 때문에 마음을 어지럽지는 일이 없으니, 오늘날의 사대부 가운데 혹 몸을 변환시키거나[幻身] 혹 친구를 팔아서[賣友] 밤낮으로 영리를 꾀하고 도박하여 일신의 생계로 삼는 자에 비한다면 현명하지 아니한가!"[26]라고 역설했다.

채제공은 동료들과 약조하여 조원에 이르기까지의 과정을 길게 서술하고, 별스런 곳을 찾아 나서는 호기심, 흉금을 털어놓은 동심(同心)의 즐거움을 담았다. 그러고서 조원으로 들어설 때에는 환상 공

26) 蔡濟恭. 「曹園記」. 『樊巖集』 卷35 記. "主人姓曹, 閒居業種花, 喜鼓琴, 不以事攖心, 其視今世士大夫, 或幻身或賣友, 日夕以賭榮射利爲身計者, 不亦賢矣乎!"

간으로 점점 빨려 들어가는 듯했다. 이후 지인들이 모여, 화품(花品)을 평하고 시문을 논하는 아회(雅會)가 벌어졌다. 화원이라는 별스런 공간은 곧 탈속한 교분이 실현되는 세계였다. 그곳에는 늙은 소나무가 두 그루 있어서, 그들에게 지절(志節)을 다잡도록 경계하는 듯했다.

> 동쪽을 내려다보니, 서너 곳 활터에 소나무가 나란히 늘어서 있고, 동산 안의 꽃나무 가지 끝이 은은히 담 밖으로 나와 있어서 아주 사랑스러웠다. 돌아보면서 목유선[목만중]에게 말하길, "저기는 반드시 다른 무언가가 있을 법해, 가보지 않겠나?" 했다. 모두 "그럽시다" 했다. 마침내 왔던 길을 따라 작은 골목을 따라 들어가니 널빤지로 만든 문이 있어 빼끔히 열려 있다. 주인은 내가 꽃을 탐방하러 온 것을 알고는 나를 가옥 뒤의 후원으로 인도했다. 화원에는 돌을 모두 8, 9급(級) 가량 깔고 갖가지 기화(奇花)로 덮어서, 붉은 꽃, 자줏빛 꽃, 노란 꽃이 아주 대단히 난만하게 다투어 피어 있어서, 어질어질해서 똑바로 볼 수 없을 정도였다. 동서로 두 그루 늙고 푸른 소나무가 마주하고 있는데, 서쪽에 있는 솔은 기슭의 벽에 뿌리를 붙이고 있어, 늙은 가지가 비스듬히 비껴서 마치 쓰러져 누운 듯하다. 사람들이 나무로 그 기우는 것을 버텨주어, 지탱이 되어 땅에 닿지 않았으나, 기울어 가는 형세는 막을 수가 없다. 북쪽에서부터 달려와 남쪽으로 쏟아 들어서 남쪽으로 4, 5장(丈)은 뻗다가 다시 굽어서 동쪽으로 향해서 그늘을 이루며 울창하게 서린 뒤에 그쳐 있다. 그 아래 뜰은 너비가 10무(畝)는 된다. 나는 그늘 아래 자리를 잡고, 여러 동행들과 즐겼다. 승선 유항주가 뒤따라 왔다. 학사 윤상동(尹尙東)도 마침 상춘하러 나왔다가 내가 화원의 소나무 아래에 있다는 말을 듣고, 역시 뒤쫓아 왔다. 술을 서너 잔 돌리고, 화품의 고하를 평하고 시문의 체재를 논하느라, 해가 이미 지고 달이 동쪽에 떠오른 줄을 몰랐다.[27]

조선조의 지식인들은 지방에 동산을 경영하는 경우에도 자연스러움을 중시했다.

이용휴(李用休, 1708~1782)는 이잠(李潛)의 아들 이함휴(李咸休, 1698~1770)가 경기도 포천 옥동산(玉洞山) 아래 율원(栗園)을 경영하고 그림으로 그려서 글을 청하자, 「율원유거기(栗園幽居記)」를 지어주었다. 율원 주인 이함휴는 이병휴(李秉休)와 형제간이며 이용휴의 족형제이다. 이함휴는 종부인 이익(성호) · 이서(李漵, 호 玉洞, 1662~1723년) 형제에게 학문을 배워 천문 · 지리 · 의복 · 수학에 모두 통했으나 세상에 쓰이지 못하고 곤궁하게 살다가 죽었다.[28] 이함휴가 은둔하던 율원은 바로 옥동 이서가 경영한 정원을 확장한 것이었다.[29]

> 동산에 다른 잡스런 과일나무들도 있거늘 '율원'이라고 한 것은 가장 많은 나무의 이름을 거론하여 그렇게 이름 붙인 것이다. 주인은 활달한 사람이라, 젊어서 대방(大方:지식인)의 문하에 노닐고 기이한 사적

---

27) 俯視正東, 可數帿場, 有松離立, 園中花梢, 隱約出牆外, 甚可愛也. 顧謂幼選曰, "是必有異, 盍往觀諸?" 咸曰, "諾". 遂從來路, 迤小巷入, 有板屋, 呀然以開. 主人知余訪花以至, 導余入屋後園, 園累石凡八九級, 被之以百種奇花. 紅者, 紫者, 黃者, 不勝其爛然爭開, 絢眼不可注視. 東西二株松, 老蒼相對, 而其西者托根岸壁, 老幹迤而橫, 若偃倒者然. 人以木拄其偃, 得支吾, 不傅於地, 然偃勢不可以遏. 自北走若專注於南, 南可四五丈, 又屈而東, 其陰鬱蟠然後乃止. 其下庭廣十畝. 余席其陰, 與諸君者相樂也. 俞承宣恒柱追至. 尹學士尙東, 適賞春, 行聞余在園松下, 亦追至, 酒數行, 評花品高下, 論時文體裁, 不知日已墜而月在東矣.

28) 李用休. 「栗翁墓誌銘」. 『詩文艸』. 국립중앙도서관 소장 필사본.

29) 이서(옥동)는 박세채(朴世采)의 천거로 1694년(숙종 20)에 찰방의 직책에 임명된 적이 있으나, 곧 은둔 생활에 들어갔다.

> 을 많이 견문했지만, 동고자(東皐子:阮籍)[30]의 사람됨을 흠모하여 술만 마셔대었을 뿐이고, 산업을 하여 생계를 꾸리지를 않았다. 만년에 마침내 이 동산을 갖게 되자 "여기서 늙을 만하다"고 했다. 그러고는, 곁에 있는 땅을 더욱 개간하여 종횡으로 수백 주(肘:길이단위)의 밭두둑으로 구획하고는, 물기슭과 낮은 평지[31]를 고르고 척박한 돌밭과 기름진 땅을 서로 섞으며, 어지러운 곳은 가지런히 하고 허한 곳은 북돋았다. 모두 스스로 마음에서 헤아려 손수 창안한 것이다.[32]

이 글에서 동산의 경영은 정치적 실천을 암암리에 비유한다. 동산의 개간 사실을 서술한 짧은 문장은 율원 주인이 실제 정치를 담당했을 때 주창(籌創:계획을 세워 실행에 옮겨나감)의 능력이 있음을 암시한 것이다.

율원에는 복사꽃 · 오얏도 없고 기화(琪花)도 없이 해바라기 · 국화 · 원추리 · 백반 따위가 자연스레 자라나는 질박한 공간이다. 율원 주인은 이 공간에서 세간에 아유구용(阿諛苟容)하지 않고 천예(天倪)를 지키겠노라고 다짐했다.

---

30) 阮籍의 「詣蔣公奏辭辟命」에 "方將耕于東皐之陽, 輸黍稷之餘稅"라고 했다. 다만 일반적으로는 陶潛의 「歸去來辭」에 "登東皐以舒嘯, 臨淸流而賦詩"라고 한 것을 근거로, 도잠을 東皐子라 부르기도 한다.

31) 원문의 衍墳은 『周禮』「夏官 · 邍師」에 "辨其丘陵 · 墳衍 · 邍隰之名"이라고 한 데서 따 왔다. 鄭玄의 「大司徒」 주에 "水涯曰墳, 下平曰衍"이라 했다.

32) 李用休. 「栗園幽居記」. 『詩文艸』. 국립중앙도서관 소장 필사본. "園它雜菓樹在, 曰栗, 擧衆也. 主人闊脫, 少遊大方, 多異聞. 然慕東皐子之爲人, □酒, 弗理生産業. 晩乃有是園, 則曰, '吾可以老矣.' 於是益治旁地, 可縱衡數百肘爲畦區, 劑衍墳, 胥磽膏, 刑亂右冲, 皆自心籌手創."

늦은 가을에 서리가 많이 내리면 밤송이가 다투어 붙어서, 아침저녁으로 일만 톨 밤이 붉게 한데 떨어진다. 다람쥐들은 오르락내리락 하면서 절친하게 된 듯 조금도 놀라지 않는다. 장난스레 밤톨을 주워서는 어린 다람쥐들에게 주고, 그것들이 좋아서 떠들썩한 것을 즐긴다. 나른하게 나무 등걸에 앉아 그윽한 샘의 물소리를 들으며 돌아가는 구름을 눈으로 전송하면서, 탄식하여 이렇게 말했다. "임천(초야)에 거처하는 즐거움은 「고반(考槃)」(『시경』 편명)의 노래가 진실로 먼저 내 뜻을 제대로 파악했구나. 지금 나는 비록 낮고 작은 가옥, 달팽이집 같은 방을 얽어두고 있기는 하지만, 처자식을 보호할 수 있고, 닭장과 돼지우리를 두어 섣달 납(臘) 제사에 제물을 올릴 수 있으며, 나라에 바쳐야 하는 조세는 집에서 나는 비단 · 베 · 콩 · 삼이면 되므로, 마음에 아무 거리낌이 없어서, 누워도 마음 든든하고 일어나도 내키는 대로 몸을 움직인다. 더군다나 궁하고 현달하고는 천명이니, 아하, 이미 정해져 있다. 내 어찌 팔찌를 하고 옷소매를 걷고 몸을 굽혀서 장궤를 하고[33] 남의 콧김을 맡으면서 요행을 바라고, 비린내 나고 썩은 찌끼를 구하여 나의 천예(天倪:하늘로부터 부여받은 본성)를 상하게 하랴?"[34]

얼마 뒤 이용휴는 이함휴로부터 글을 부탁받고, 율원 주인의 기고독행(嗜古獨行: 옛 도를 좋아하고 홀로 실천함)을 세상에 알리겠다는 의도에서 글을 짓게 되었다고 밝혔다. 율원 주인의 인품을 상징이라도 하듯이, 율원에는 녹나무[楠]가 정정하게 서 있었는데, 그 녹나무

33) 『史記』「淳于髡傳」에 나오는 말.

34) (葵麴萱礬之屬, 野韻可愛. 亦弗求遙裔奇異, 曰,'老無益也') 每秋晏霜滋, 栗苞競副, 晨遲萬顆頳然迸委. 鼯鼬上下, 若狎弗駭. 戲取賦群稚, 玩其驩噪. 倦坐樹根, 聽幽泉, 送歸雲, 歎謂, "林居樂, 考槃之亂實先獲矣. 今吾雖矮屋□蝸, 足庇妻子, 鷄柵豚囿, 以供歲臘, 公家租調, 則絲布荳麻, 心亡所累, 寢蘧然, 作□然也. 且窮達, 命, □地已定爾. 吾安能豨韝鞠臘, 候人鼻氣, 而徼倖, 冀其腥腐之餕, 以敗吾天倪哉?"

는 두보(杜甫)의 고백(古柏)과도 같다.[35]

4.

조선시대의 문화 가운데 오늘날의 관점에서 재평가해야 할 것 가운데 하나가 매장 문화이다. 조선시대의 매장 문화는 장례의 의식과 토장의 방식만 중요한 것이 아니라, 묘역의 조성 방식 자체가 매우 중요하다. 물론 상층의 양반에게 해당되지만, 매장은 원칙적으로 선산에서 이루어졌고, 선산의 묘역은 풍수지리설에 따라 풍광이 아름다운 곳을 점유했다. 그런데 그러한 풍광의 조건은 곧, 묘역을 주거공간과는 구별지우면서도, 주거공간과 단절된 두려움의 공간으로 만들지 않고 오히려 주거공간과 연결된 생활공간일 수 있게 했다. 특히 조선후기에는 묘역이 세거지의 생활공간 속에 조성되는 예가 많았다.

박세당(朴世堂, 1629~1703)이 수락산의 은거지에 묘역을 함께 조성한 사실은 대표적인 예이다.

박세당은 관료로 재직하던 시절에 「논궁가절수계(論宮家折受啓)」에서 왕실의 토지를 절손(折損)하라고 건의했다. 「예송변(禮訟辨)」에서는 효종의 생모 인열왕후의 복제(服制)에 관하여 삼년설과 일년

35) 今年夏, 會余於皇華坊舊第, 則手畵圖示, 曰, "此園之槩也. 唯夫子爲能賞. 吾且習於辭, 庶弗辱園, 其記之!" 余謂, "君旣漚幻萬有, 吾亦旅寓, 視園存廢, 與其名之湮聞, 顧弗留計. 第使後來者, 弗可弗知荒峽深峒, 有此嗜古獨行之民也. 故略敍焉." 按圖, 近園一楠樹, 千歲物也, 拂漢陰日, 崢嶸怪偉, 如其人云.

설로 대립하는 것은 옳지 않다고 지적했다. 이후 당쟁에 혐오를 느껴 경기도 양주 석천동으로 물러났다. 1702년에는 이경석(李景奭)의 신도비명에서 송시열을 비판했다고 해서 반대파의 공박을 받고, 1703년에는 『사변록』 때문에 사문난적의 죄로 유배 도중 옥과에서 죽었다.

박세당은 생전에 스스로 묘비를 작성해서 고결한 정신세계를 드러냈다. 곧, 「서계초수묘표(西溪樵叟墓表)」에서 그는, '이 세상에 태어났으므로 이 세상 사람답게 살면서 남들로부터 좋은 사람이라고 여겨지면 그걸로 옳다'는 향원(鄕原)에게는 머리를 숙이지 않겠으며 마음으로 항복하지 않겠다고 다짐했다.[36] 그런데 이 묘표를 보면, 박세당은 서울 동북쪽 수락산 골짝에 작은 집을 두고 울타리를 만들지 않아 생활공간이 더욱 자연과 연속되어 있도록 만들었을 뿐 아니라, 자신을 장사지낼 곳도 '살던 집 뒤 백 수십 발자국 떨어진 곳'으로 정했음을 알 수 있다. 그 일부를 보면 이러하다.

> 서른둘의 나이인 현종 원년(1660년)에 과거에 응시하여 벼슬길에 나아가 8, 9년간 봉직했다. 하지만 스스로 재주가 짧고 능력이 부족하여 세상에 무슨 일을 하기에는 모자란다고 생각했다. 또 세상은 자꾸 무너져가서 바로잡을 수 없는 상태였다. 이에 관직을 내놓고 물러났다. 동문 밖 도성에서 30리 떨어진 수락산 서쪽 골짝에 터 잡고 살면서 그 골

36) 朴世堂. 「西溪樵叟墓表」. 『西溪集』 卷14. 또한 이 묘표가 지닌 의미에 대해서는 이승수 편역. 2001. 『옥 같은 너를 어이 묻으랴』. 태학사 ; 최윤정. 2007. 『서계 박세당 문학의 연구』. 이화여자대학교 박사학위논문 ; 최윤정. 2007. 「서계 박세당 문학의 연구」. 『어문연구』 134. 한국어문학연구회. pp. 351~376 ; 심경호. 2009. 『내면기행』. 이가서.를 참조.

> 짝을 석천(石泉)이라 하고, 그 김에 스스로 서계초수(西溪樵叟)라 일컬었다. 물가에 작은 집을 지었는데 울타리는 만들지 않고 복숭아 · 살구 · 배 · 밤나무 등을 집둘레에 심었다. 오이를 심고 논을 갈았으며 땔나무를 팔아 생계를 꾸렸다. 농사철이 되면 언제나 밭에 있으면서, 가래 멘 사람들과 앞서거니 뒤서거니 함께 행동했다. 초기에 간혹 조정의 부름에 나아간 일이 있었지만 후반에는 자주 불러도 일어나지 않았다. 30여 년을 살다가 죽었으니, 일흔의 나이를 넘겼다. 살던 집 뒤 백 수십 발자국 떨어진 곳에 장사지냈다.[37)]

박세당은 오이를 심고 논을 갈았으며 땔나무를 팔아 생계를 꾸림으로써 근로하는 삶을 살았다. 그는 '농사철이 되면 언제나 밭에 있으면서, 가래 멘 사람들과 앞서거니 뒤서거니 함께 행동했다' 고 했다. 근로하는 사람들과는 경계를 허물어 '쟁석(爭席)' 을 실천한 것이다. 쟁석이란 말은 『장자』「우언(寓言)」에 나온다. 곧 춘추시대 양자거(陽子居)란 사람이 여관에 묵을 적에 처음에는 법을 엄하게 차려 다른 사람들이 모두 그를 조심스럽게 대했는데, 그가 노자(老子)의 가르침을 받고나서 소탈한 태도를 보인 이후로는 다른 사람들이 그와의 신분 차이를 잊고 그와 윗자리를 다툴 정도로 친숙해졌다고 한다. 서민들과 꾸밈없이 순박한 태도로 어울리는 것을 의미한다.

박세당은 수락산 시절에 지적 체계를 구축하고 내면의 완성을 기획

---

37) 「西溪樵叟墓表」. 『西溪集』 卷14 墓表 "年三十二, 當顯宗初元, 用科第登仕, 列侍從八九年矣. 自見才力短弱, 不足有爲於世, 世又日頹, 不可以救正也, 乃解官去, 退居東門之外, 去都郭三十里水落山西谷中, 名其谷石泉洞, 因自稱西溪樵叟. 臨水爲屋, 不治籬樊, 植以桃杏梨栗繞其居, 種爪開稻畦, 賣樵爲生. 當農月, 身未嘗不在田間, 與荷鋤負?者相隨行. 初亦間赴朝命, 後屢召不起, 居三十餘年而終, 壽踰七十, 葬於其所居宅後百數十步".

하는 한편, 수락산의 자연을 사랑하여 유산유수를 즐겼다. 특히 「취승대기(聚勝臺記)」의 취승은 박이약(博而約)의 지적 활동을 미학적으로 표현한 알레고리다. 박세당은 외경의 객관 존재보다도 '인용(人用)' 곧 주체의 수용과 활용에 더욱 의미가 있음을 말했다.

> 비록 그렇지만 어찌 동대라고 해서 달이 없고 서대라고 해서 꽃이 없겠으며, 남대라고 해서 눈이 없고 북대라고 해서 바람이 없겠는가? 내가 이를 쓰는 것은 방소(方所)를 따르는 것일 따름이다. 경치는 사람이 쓰는 데 달려 있다. 그런데 사람이 이를 쓸 때에는 도(道)가 없을 수 없으니, 네 개의 대를 사계절에 배속시킨 것은 대개 이러한 이유에서일 따름이다. 아침저녁에 지팡이와 짚신이 미치는 곳으로 말하면 동서를 가리지 않고 남북을 따지지 않으니, 눈과 마음에 들어오는 것이나 입으로 읊조리는 것이 또한 한 대에서 사계절의 즐거움을 누리고 한 계절에 네 대의 경치를 다 볼 수 있다. 그렇다고 보면 요컨대 명과 실이 어긋나지 않는다고 할 수 있을 듯하다.[38]

경관을 감상하는 주체는 외경과 시간에 휘둘리지 않고 그 스스로 그것들을 선택한다. 주체가 외경을 수용하면서 자유자재할 수 있는 것은 위기지학(爲己之學)에 충실하여 세간의 시비에 휘둘리지 않는 정신경계를 지니기 때문이라는 것이다.

한편 신대우(申大羽, 1735~1809)는 1796년(정조 20)에 이덕윤(李德胤, 1717~1791)의 행장을 지어 '전내실기지학(專內實己之

---

38) 朴世堂.「聚勝臺記」.『西溪集』卷8 記 四首. "雖然豈東臺無月而西臺無花, 豈南臺無雪而北臺無風? 吾所用之者, 隨方焉耳. 夫境在人用之, 而人之用之也, 不可以無其道, 則四臺之配四時, 蓋亦如此而已."

學)'을 실천한 인물 전형을 제시했다.[39]

이덕윤은 예기치 못하고 감내하기 어려운 고난이 닥쳐도 원망이 없었을 뿐만 아니라, 허물을 자인하고 진실로 근심하고 걱정했다. 이는 바로 이른바 '천리에 순일하여 사사로운 욕심이 없게 함[純天理而無有我私之心]'을 실천한 것이다. 그의 진실무위한 태도는 부모 공양과 선조의 제사에서, 그리고 친척과 비복을 보살핌에서 드러났다. 특히 이덕윤은 선영이 있는 양주(楊州) 내동(柰洞) 밭에 양양세도(襄陽細稻) 따위의 좋은 볍씨를 심어 제수로 삼았다. 한 해의 대부분을 묘막에 있으면서 심하게 아프지 않으면 아침마다 묘에 나아가 절했다. 이러다 보니 묘역은 추원(追遠)의 장소로 그친 것이 아니라 유유자적하는 공간이기도 했다.

> 양주(楊州)의 내동(柰洞)은 선생의 선영이 있는 곳이다. 묘 아래에 좋은 밭 몇 떼기가 있었는데, 해마다 수노(守奴)로 하여금 경운(耕耘)하게 하고 수확을 하여서는 소용되는 제사의 이름을 기록하여 제사에 임하여 들여다가 제수로 삼았다. 심은 좋은 종자는 대대로 전했으니, 양양(襄陽)의 세도(細稻)의 따위와 같은 것이 이것이다. 수노배(守奴輩)는 심복하여 충직하고 근면이 하여 감히 속이지를 못하여, 정하지 않으면 다하지를 아니했다. 대추, 밤, 사과, 배 및 소채와 이 외에도 명품이

39) 申大羽.「李先生行狀」.『宛丘遺集』卷9 行狀(2). 이덕윤은 全義李氏로, 李濟臣의 후손이다. 부인은 영조 때 沈壽賢의 따님이자, 鄭齊斗의 문인 沈錥의 막내 누이다. 2남 2녀를 두었는데, 장남 崇培의 맏사위가 바로 신대우의 셋째 아들 申絢이다. 이덕윤은 1773년(영조 49) 나이 46세에야 선공감 감역관에 보해졌으나 질병으로 사직했다. 1790년(정조 14)에 국가 경사로 通政의 품계에 올라 첨지중추부사를 제수받았으나, 다음해 죽었다. 심경호. 1993.「신대우의 문학과 사상」. 정양완・심경호.『강화학파의 문학과 사상(1)』. 한국정신문화연구원.

> 많아, 채마밭에 심어져, 한해의 제사지낼 과실이 모자라고 끊긴 적이 없었다. 한해 중 묘막에 있는 날이 많아, 심한 질병이 아니면 아침마다 묘에 절하여, 마치 집에서 묘당에 절하듯 했다. 모부인(母夫人)의 기일이 소제(小除, 除夕前一日)에 있어, 제사를 철한 뒤에는 다시 묘사를 치루는 것을 상례로 했다. 묘 앞뜰은 깨끗한 모래로 덮어 잡초를 갈아 없앴으며, 묘역의 나무는 눈으로 보아 이름 하지 않는 것이 없었다. 봄이 되어 발하면 바야흐로 잔가지 거두는 일을 허락하니 수목이 나날이 무성하여갔다. 그 어구에 들어서면 푸른 회나무 푸른 소나무가 그 꼭대기에 열매를 엇비슷 열고, 단풍, 가래, 뽕, 버들이 길을 끼고 울창했다. 등나무와 칡이 얽히고 얽혀 있고, 그윽한 새가 서로 화답했다. 묘사 뒤의 작은 언덕은 평평하여, 삼각(三角)과 도봉(道峯)이 마치 만두같이 보였다. 선생은 이를 즐겨하여 때로 지팡이 짚고 올라, 유연히 기수(沂水)의 무우(舞雩)에서 노니는 상념이 있었다.[40]

이덕윤은 비복이 늙으면 역역(力役)을 면제하고 곡물을 주었고, 죽으면 묘로의 지나는 곳에 장사지내 주었다고 한다.[41] 비복을 자신의 선산에 장사지내는 것은 비복을 죽은 뒤에까지도 구속한다는 의미는 아니다. 묘역을 생활공간의 연장으로 여겼기 때문에 그러할 수 있었을 것이다.

---

40) 申大羽. 「李先生行狀」. 『宛丘遺集』 卷9 行狀(2). "楊州之柰洞, 先生先兆也. 墓下有良田數頃, 歲令守奴耕耘收穫, 秩識所需祀名, 臨祀輸入, 以供粢盛, 所蓺嘉穜, 閱世相傳, 如襄陽細稻之類, 是也. 守奴輩服化忠勤, 不敢以不睹弗精弗盡, 棗栗檎梨及諸蔬苽, 亦多名品, 植于園圃, 一年籩豆之實, 未嘗乏絶. 歲中在墓舍爲多, 非甚疾, 朝日拜墓, 如在家拜廟爲也. 母夫人忌在小除, 祭旣徹, 仍作墓祀行以爲常. 墓庭數十步, 被以淨莎, 鋤去雜艸, 丘木無不目識而指名, 待春發方許收蘀, 樹木日以暢茂, 入其洞翠檜青松倚實其顚, 楓櫟桑柳挾路翳薈, 藤葛縈纍, 幽鳥相和. 舍後小岡, 平臨三角道峯如飣餖然, 先生樂之, 有時扶笻涉陟, 悠然有沂雩之想也."

41) 婢僕老則除其力役而給其餼, 死則葬墓路所經.

또한 신대우는 삼종제 신대겸(申大謙)이, 경기도 양주 망우리에 안장된 평산 신씨 선조들의 구묘(丘墓)와 그곳에 부장된 신대우의 종고조 장무공 이하 삼세의 묘역을 잘 가꾸고서 '금초목(禁樵牧) 호송추(護松楸)'의 계헌(契憲)을 만들자, 발문을 붙였다.

> 효는 먼 조상을 추모하는 일이 가장 중요하다. 대체로 녜(?)와 조(祖) 이상을 미루어보면, 녜조(?祖)의 그 녜조에 대한 관계는 나의 그 녜조에 대한 관계와 같다. 만일 녜조의 마음으로 내 마음을 삼는다면, 먼 조상이라 해서 추모하지 않을 수 있겠는가. ……계익은 제물을 갖추어 녜조, 증조, 고조의 묘에 효성을 다하고서 말하기를, "우리 종문에서 관대를 띠고 조정에 선 것은 다 충익공 뒤로 그러하다. 대대로 집안을 편히 하고 다행히 큰 허물을 면할 수 있었던 것은 전참공의 음덕과 문절공의 가르침 때문이다. 그러니 어찌 그 본원을 모른 체할 수 있겠는가. 지금 삼종(三宗)의 종자(宗子)들은 쇠하여 폐하고 제전(祭田)은 남의 손에 넘어갔으며, 묘목(墓木)은 점차 민둥민둥해가고 있으니, 이것이 누구의 책임인가"라고 했다. 이에 자산을 내어 그 전답을 추쇄(推刷)하여 사손(祀孫)에게 돌려주고는, 그것이 다 이루어지자 향약(鄉約)을 설치하여 계헌(契憲)을 별도로 만들었으니, 땔나무하는 것을 금하여 묘목(墓木)을 보호하는 방도에 있어서는 그 궁극적인 부분을 쓰지 아니함이 없었다.[42)]

조선후기에는 고조 이하의 자손들이 선산을 공유하면서 묘역을 가

---

42) 申大羽.「韋巖契憲後敍」.『宛丘遺集』卷一 雜著. "孝莫尙於追遠. 蓋自禰祖, 上以推之則禰祖之於其禰與祖, 猶己之於其禰與祖也. 苟能以禰祖心爲心, 尙可有遠而不追者乎! ……季益旣備物致孝於其禰曾高祖之墓. 仍曰, 吾宗之束帶立於朝者, 皆忠翼後也. 其克世厥家, 幸免大何, 皆典籤公之庥而文節公之敎也, 寧可不知其所本乎? 今三宗之宗子衰替不振. 祭田則歸於人, 丘木漸至濯濯, 緊誰其責? 於是多捐資財, 推其田還之祀孫, 旣又設爲鄕約, 別成契憲. 凡於禁樵牧護松楸之方, 靡不用其極. 烏呼! 豈不賢且孝也哉!"

꾸는 것이 관습화된 듯하다. 이렇게 선산을 돌봄으로써 묘역도 자연과 교감할 수 있는 특별한 공간으로 부각되었다고 생각된다.

한편, 순조 연간의 문인 심노숭(沈魯崇, 1762~1837)은 당파간의 정치적 갈등으로 소란스런 현실에서 벗어나 문학에 몰두할 때 의지가 되었던 아내가 죽은 뒤, 그녀의 무덤 주위에 꽃나무를 심었다. 그는 「신산종수기(新山種樹記)」에서 그 전말을 자세히 기록했다.[43)]

심노숭이 살던 남산 아래 집은 꽃과 나무가 많았는데 오랫동안 가꾸지를 않아서 날로 황폐해졌다. 심노숭은 아내에게, 늙기 전에 고향으로 돌아가 집 짓고 꽃과 나무를 심어 열매는 따서 제삿상에 올리거나 부모님께 바치고, 둘이서는 꽃 구경을 하면서 머리가 희도록 함께 살자고 했다. 하지만 아내는 병으로 죽고, 그 무덤가에 그녀가 좋아하던 꽃나무를 심게 된 것이다. 그 슬픔이 가슴을 도려내는 것 같아 오래도록 붓을 들지 못하다가, 심노숭은 그 이야기를 아주 뒷날에 가서야 글로 썼다.

심노숭의 경우, 아내의 묘역은 그 자체가 구원(久遠)한 애정의 공간이자 생명의 공간이었던 것이다.

5.

조선시대 선인들은 산을 마주하는 것도 중시했지만 산에 노니는 일

43) 김영진. 2001. 『눈물이란 무엇인가』. 태학사에 원문과 번역문 및 해설이 수록되어 있다.

도 청유(淸遊)로서 즐겼다. 조선후기 잡가의 하나인 「유산가(遊山歌)」는 이렇게 흥겹다.

> 화란춘성(花爛春城)하고 만화방창(萬化方暢)이라.
> 때 좋다 벗님네야 산천(山川) 경개(景槪)를 구경을 가세.
> 죽장망혜 단표자(竹杖芒鞋單瓢子)로 천리강산 들어를 가니,
> 만산홍록(滿山紅綠)들은 일년일도(一年一度) 다시 피어
> 춘색을 자랑노라 색색이 붉었는데,
> 창송취죽(蒼松翠竹)은 창창울울(蒼蒼鬱鬱)한데,
> 기화요초난만중(琪花瑤草爛漫中)에 꽃 속에 잠든 나비 자취 없이 날아난다.

이에 이어 「유산가」는 멀고 높은 산에서부터 가까이의 기암으로 시선을 옮겨와서, 휘휘 늘어진 장송의 가지가 광풍에 우줄우줄 춤을 추는 모습을 노래했다.

> 원산(遠山)은 첩첩(疊疊) 태산(泰山)은 주춤하여,
> 기암(奇岩)은 층층(層層) 장송(長松)은 낙락(落落),
> 에이 구부러져 광풍(狂風)에 흥을 겨워 우줄우줄 춤을 춘다.

상고시대의 산악은 숭배의 대상이었지, 유람의 장소가 아니었다. 중국에 오악 신앙이 있듯이,[44] 고려 때는 지리산, 삼각산, 송악, 비백산

44) 주로 동악 태산(泰山), 남악 형산(衡山), 서악 화산(華山), 북악 항산(恒山), 중악 숭산(嵩山)을 말한다. 그 가운데 가장 큰 것은 태산으로, 저승으로 통하는 곳이라고도 한다. 반면에 오악에 들지도 않고 작은 산인데도 천태산(天台山)은 불교의 성지로 꼽힌다.

등의 사악신(四嶽神)을 제사지냈고, 조선시대에는 동악에 금강산, 서악에 묘향산, 북악에 백두산, 남악에 지리산을 배당하고, 삼각산을 중악으로 삼았다.

하지만 이미 신라 화랑들은 강과 바다뿐만 아니라 산에 노닐며 풍류도를 익혔다. 고려 중엽 이후로 선인들은 산놀이에서 자연의 아름다움을 즐기게 되었을 것이다. 그러다가 조선시대에 들어서면 산놀이는 '맑은 놀이[淸遊]' 혹은 '호탕한 놀이[宕遊]'로 정착되었다.

조선시대 지식인들은 『논어』「옹야(雍也)」편의 "지자요수(智者樂水), 인자요산(仁者樂山)"이란 말을 중시해서, 주체와 자연과 진정한 만남을 중시했다. 또한 조선시대 지식인들은 산수의 기이한 경관을 구경하고 별스러운 유흥을 즐겨서 가슴속 티끌을 죄다 씻고자 했다.

조선의 사대부들은 주희(朱熹)가 「광려(匡廬)」시에서, "정무를 살피는 여가에 산수에 노닐려던 소원을 풀 줄 어찌 알았으랴[豈知朱墨暇, 乃適山水願]"라고 했던 구절을 상기할 적마다, 산수 좋은 곳에서 벼슬살이하면서도 미염(米鹽, 백성의 생활필수품인 쌀과 소금)을 관리하는 일에 골몰하느라 청유(淸遊)를 못할까 염려했다.

산을 친근하게 여기게 되자 선인들은 다섯 명산에 들지 않는 산들도 선경으로 꼽고 유람하게 되었으며 고향의 산을 특별히 사랑하게 되었다. 곧 선인들은 별도로 '마음에 드는 산'을 하나씩 두었다. 조선 중기의 학자 김일손(金馹孫, 1464~1498)은 「두류기행록(頭流紀行錄)」의 첫머리에서 "선비가 나서 한 지방의 테두리 바깥을 떠나보지 못하고 마는 것도 운명이다. 천하를 두루 구경하여 자기 지식을 넓히기는 어려운 일이지만 제 나라 산천은 응당 다 탐방하여야 하련만, 사람의 일이란 어그러지는 경우가 많아서 늘 뜻을 두고도 이루지 못하는 것이 열에 여덟, 아홉은 된다"[45]고 했다. 세간 명리에 쫓겨 자유로운 여행을 하지 못한다고 한탄한 말이다.

주세붕(周世鵬, 1495~1554)은 고향 산인 청량산(淸涼山)에 지령(地靈)이 깃들어 있음을 자부하면서,[46] 청량산은 단정하고 산뜻해서 비록 작아도 함부로 대하지 못한다고 했다. 그는 풍기군수로 있던 1544년(중종 39) 4월, 이 고향산에 올라 탕유를 즐겼다. 곧 인근 현감과 속관, 재지 사족들과 함께 청량산에 오를 때, 늙은 기생, 피리 쟁이, 노래하는 어린 재인, 거문고 타는 어른 여종, 아쟁 켜는 어린 여종까지 데리고 갔다. 산에 올라서는 기심(機心)을 잊고, 산새와 다람쥐의 미세한 동작에 눈을 주었다. 저녁에 산사에 묵었을 때는 마음이 '씻은 듯한 달빛'이 만들어내는 고요함을 경험했다.[47]

홍인우(洪仁祐, 1515~1554)는 1553년(명종 8) 4월, 허국선(許國善) 및 남언경(南彦經)과 함께 공자가 태산에 올라 보고 천하를 작다고 여긴 일이나 주희가 남악(南岳)에 올라 산하의 장대함을 조망한 일에 견주어, 금강산을 여행하기로 했다. 일행은 4월 9일(갑신)에 동소문을 나서 길을 떠나 4월 14일(기축)에 단발령동(斷髮嶺洞)으로

45) 金馹孫. 「頭流紀行錄」. 『濯纓集』 卷5 錄. "士生而匏瓜一方, 命也. 旣不能遍觀天下, 以畜其有, 則域中之山川, 皆所當探討者, 惟其人事之喜違也. 常有志而未副願者, 什居八九."

46) 周世鵬. 「遊淸涼山錄」. 『武陵雜稿』 卷7 原集 · 雜著. "是山雖名屬安東, 而其下皆禮安地. 自松齋 · 聾巖以後, 鴻儒碩士, 磊落相望, 諺稱淸涼者安東山, 而實出禮安, 人物地靈之說, 豈可誣哉, 豈可誣哉!"

47) 周世鵬. 「遊淸涼山錄」. 『武陵雜稿』 卷7 原集 · 雜著.

들어가 장안사(長安寺)에 이르러 내금강을 돌아본 후 4월 26일(신축)에 구룡추(九龍湫) 하류를 거쳐 영진곶(靈津串)의 해로로 접어들었다. 다시 4월 27일(임인)부터 5월 11일까지 해금강과 관동팔경을 돌아보고 5월 12일(정사)에 대관령을 넘어 5월 20일(을축)에 송현을 지나 동촌에 이르렀다. 그리고 5월 28일(임신)에 「관동록(關東錄)」을 엮었다.[48] 홍인우가 1554년에 39세로 요절한 후, 이황은 조목(趙穆)에게 『관동록』을 보내면서, 학문도 있고 문학도 있던 홍인우가 요절한 것을 애도했다. 이이도 1576년(선조 9, 병자) 중춘에 홍인우의 『관동록』에 발문을 썼다. 이이는 홍인우가 산수의 취향만 안 것이 아니라 도체를 알았으리라고 추단했다.

> 천하의 산수는 삼한만큼 기특한 것이 없되, 관동이 가장 뛰어나다. 관동의 천석(泉石) 가운데서도 가장 맑은 것은 금강산 동학(洞壑)이 이것이다. 유람하는 선비들이 그 승경을 문학으로 표현한 것이 하나가 아니로되, 오로지 남양 홍장(洪丈)이 그 정수를 얻었다. 그 글은 상세하면서도 번다하지 않고 화려하면서도 과장되지 않았다. 산의 뿌리와 맥, 물의 원류와 지파, 사물을 삼키는 구름과 토해내는 안개, 모여선 수풀과 무리진 바위 등 천태만상을 하나의 붓으로 모두 다 거두어서 남거나 빠진 것이 다시없기에, 열람하는 사람으로 하여금 문밖을 나지 않고서두 1만 2천 봉우리가 또렷하게 눈앞에 있게 만든다. 문장이 이러한 경지에 이르러서 금강산의 산수와 더불어 그 기이함을 함께 할 수가 있었다. 나는 그래서 느끼는 바가 있었다. 하늘과 땅 사이에 사물은 각각 이(理)를 지녀, 위로는 일월성진과 아래는 초목산천, 미세하게는 조박(糟粕)과 깜

48) 洪仁祐. 「關東錄」. 『耻齋遺稿』 卷3. ; 李滉. 「遊金剛山錄序」. 『耻齋遺稿』 卷3. ; 李珥. 「遊楓嶽錄跋」. 『耻齋遺稿』 卷3.

> 부기불(煨燼)에 이르기까지 모두가 도체(道體)가 깃들어 있어서 지극한 가르침이 아닌 것이 없되, 사람들이 비록 아침저녁으로 시선을 주고 있으면서도 그 이(理)를 모른다면 그러한 사물을 보지 않는 것과 무엇이 다르랴. 선비들 가운데 금강산에 노니는 사람들도 역시 눈으로 볼 따름이고, 산수의 취향을 깊이 알지 못한다면, 백성들 가운데 나날이 사용하면서도 알지 못하는 자와 아무 구별이 없다. 홍장으로 말하면 산수의 취향을 깊이 알고 있다고 말할 수 있으리라. 비록 그렇기는 하지만 산수의 취향만을 알고 도체를 알지 못한다면, 역시 산수를 안다고 해서 높이 칠 것이 못된다. 홍장의 앎이 어찌 이것에 그치겠는가?[49]

마음(이념)과 행사(실천) 사이의 괴리를 경험하고 고향에 머물면서 수석의 사이에서 즐거움을 찾는 사람들이 늘어나면서, 산행은 새로운 의미를 지니게 되었다. 산에 오르는 행위는 자신의 삶을 전환시키고자 하는 의지의 행위였다. 그래서 선인들은 산놀이에서 느낀 감흥과 머릿속에 떠오른 착상을 시와 산문으로 적어 유산록(遊山錄)을 엮었다. 또한 자신의 유산록을 되읽거나 다른 사람들의 유산록을 읽으면서 마치 스스로 거듭 산에 노니는 듯한 기쁨을 누렸다. 그것을 와유(臥遊)라고 했다.

---

49) 李珥.「遊楓嶽錄跋」. 洪仁祐.『耻齋遺稿』卷3 부록. ;「洪耻齋遊楓嶽錄跋」.『栗谷全書』卷13 跋. “天下之山水, 莫奇於三韓, 而關東爲最. 關東之泉石, 尤淸絶者, 金剛洞壑, 是也. 遊觀之士, 文其勝者非一, 惟南陽洪丈, 得其髓焉. 其文詳而不繁, 麗而不誇, 山之根脈, 水之源派, 呑雲呑吐霧, 攢林叢石, 千態萬狀, 一筆盡收, 無復餘欠, 使覽者不出戶庭, 而萬二千峯瞭然在目. 文至此, 可與山水幷其奇矣. 余因此有所感焉. 天壤之間, 物各有理, 上自日月星辰, 下至草木山川, 微至糟粕煨燼, 皆道體所寓, 無非至敎, 而人雖朝夕寓目, 不知厥理, 則與不見何異哉? 士之遊金剛者, 亦目見而已, 不能深知山水之趣, 則與百姓日用而不知者, 無別矣. 若洪丈可謂深知山水之趣者乎! 雖然但知山水之趣, 而不知道體, 則亦無貴乎知山水矣. 洪丈之知, 豈止於此乎?”

조선전기의 임형수(林亨秀, 1504~1547)는 1542년 3월에 함경도 명천군 남쪽의 칠보산을 유람하고 3월 21일에 「유칠보산기(遊七寶山記)」를 남겼다. 일부를 보면 이러하다.

> 다음날 밥을 서둘러 먹고 일찌감치 올라갔다. 금강봉 아래서 말을 내린 뒤 봉우리를 따라 남쪽으로 갔다. 산길이 기울고 가팔랐으므로 지팡이와 말채찍으로 끌고 잡아당기고 하면서 가까스로 산허리에 이르렀다. 길은 다시 산을 돌아 북쪽으로 나 있다. 벼랑을 타고 내려가는데, 험하기 짝이 없다. 걸어서 바위 한 굽이를 둘러가, 이른바 금강굴이란 곳에 이르렀다. 굴 안은 수 백 명이 들어갈 정도인데, 두 칸짜리 단청한 암자가 있다. 문과 창문의 빛깔이 영롱하다. 영남의 한 승려가 거처하는데, 온 지 서너 날밖에 되지 않는다고 한다. 산 여울이 졸졸 흘러내려 처마 끝으로 떨어진다. 여름 장마 때가 되면 물이 머물렀다가 흘러서 폭포를 이룬다고 한다. 우물이며 절구며 사람 살던 흔적은 완연하다. 세속의 검은 먼지가 이르러오지 않기에 문득 이곳에서 여생을 보내면 어떨까 하는 마음이 불현듯 일어나 주체하기 어려웠다. 앞에 높은 대(臺)가 있어서 올라가면 멀리까지 조망할 수 있을 것 같았다. 옷자락을 걷고 지팡이를 버린 채 벼랑을 타고 대 위로 올라갔다. 붉은 골짜기를 마주하여 아래를 내려다보니, 땅은 보이지 않고 산 전체의 형상이 눈 아래 펼쳐져 있다. 아까 말한 천불암이나 나한봉이란 것들도 대의 북쪽에 있다.[50]

50) 林亨秀.「遊七寶山記」.『錦湖遺稿』雜著. “厥明, 促飯早登, 至金剛峯下下馬, 緣峯而南. 山路傾仄危峭, 杖策擠挽, 僅到峯腰. 路又轉山而北, 緣厓而下, 尤爲險絶, 步繞一巖曲, 全所謂金剛窟者. 其中可容數百人, 畫庵二間, 窓戶玲瓏, 有一嶺南僧來僅數日. 山溜淋漓, 下落簷端, 至夏霖淹流爲瀑布云. 井臼宛然, 緇塵不到, 醒然有終焉之志, 若不可禁者. 前有臺高絶, 可以通眺. 遂褰衣捨杖, 攀厓而登臺, 臨丹壑, 下視無地, 一山勝狀, 俱在眼底, 向所謂千佛巖・羅漢峯者, 亦在臺之北矣.”

임형수는 산 전체의 형상을 조망할 수 있는 시점을 얻은 것을 기뻐했다. 그것은 세세한 것을 초월해서 광대한 세계를 총체적으로 파악하고자 하는 바람을 일시적으로나마 구현한 것과 같은 체험을 했기 때문일 것이다.

또한 유산유수는 자연과 인간의 회심(會心) 속에 지기(知己) 사이의 회심(會心)을 경험하는 기회이기도 했다. 정조 때의 문인 박제가(朴齊家)는 50세 되던 1800년 9월(음력), 화창하고 서리가 하얗게 내린 날 남빛 도포에 자주색 나귀를 타고 묘향산으로 향했다. 안장에 책을 싣고 갔으며, 친구와 함께 산놀이의 즐거움을 누렸다. 그들은 향산천에서 애들처럼 물수제비뜨기를 하기도 했다.[51]

조호익(曺好益, 1545~1609)은 강동에서 귀양살이하던 1585년(선조 18) 음력 4월 18일(기미)부터 5월 4일(갑술)까지 16일간 평안도 영변 남쪽의 묘향산에 다녀오고는 '혼골쇄쇄(魂骨洒洒)' 의 체험을 「유묘향산록(遊妙香山錄)」에 적었다.

> 우백천의 골짝 어구로 들어서서 첫 번째 다리, 두 번째 다리를 건너매, 비취빛 협곡이 활짝 열리고 푸른 물이 가운데서 나온다. 길을 끼고 양 옆에는 녹나무와 삼나무가 하늘을 찌르고 해를 가리고 있어, 숲 사이에서 물소리가 찰랑찰랑 울리는 것이 들릴 뿐이다. 세 번째 다리, 네 번째 다리에 이르자, 골짝 안이 그윽하고 고요하다. 길이 막히다가는 다시 트이고는 하며, 수목은 우거져서, 빽빽했다가는 다시 성글어지고는 한다. 곁에는 옥 병풍이 늘어서 있고 앞에는 옥 죽순이 뽑혀 나 있다. 벼랑

---

51) 朴齊家.「妙香山小記」; 안대회. 2001.『궁핍한 날의 벗』. 태학산문선 1. 태학사 ; 심경호. 2007.『산문기행』. 이가서.

> 에 부딪혀서는 계곡물이 돌아나가고, 바위에 닿아서는 구름이 일어난다. 쉬엄쉬엄 가다가 냇물에 이르러 쉬었다. 밝은 모래와 푸른 이끼가 깔렸고, 위수(渭水)같이 깨끗해서 시커먼 색이 없다. 앞으로 나가 여섯 번째 다리를 건넜다. 배회하면서 사방을 둘러보니, 혹 잘 드는 칼과 긴 창이 삼엄하게 꽂혀 마주한 것 같기도 하고, 혹은 난새가 참마처럼 끌고 학이 멍에를 지고 끄는 것도 같다. 둘러서서 보호하듯 형세를 이루어 하나의 별천치를 이루었다. 붉은 노을과 푸른 덩굴은 휘황하게 서로 비치고, 울리는 시냇물과 내달리는 강물은 시끄러운 소리를 내며 쫓듯 쫓기듯 내려가서, 눈을 놀라게 하고 귀를 쫑긋해지도록 해서 정신과 모골이 삽상하다.[52]

조호익은 1575년(선조 8) 경상도 도사가 장정 50명을 채우도록 시킨 명령을 따르지 않아 1576년 강동에 유배되었다. 1585년 4월, 조호익 일행은 철옹을 떠나 독송정을 거쳐 우백천에 이르러서는, 다리 여섯 개를 건넌 뒤 보현사로 들어갔다. 위의 글은 바로 그 여섯 다리를 건너는 노정을 적은 것이다.

조호익은 보현사 승려가 탐밀, 굉각, 탁기의 세 봉우리에 대해 기원을 설명했을 때 그 진위를 굳이 따져 묻지 않았다.[53] 조호익은 유적을

---

52) 曺好益.「遊妙香山錄」.『芝山集』卷5 雜著. "入洞門, 度第一第二橋, 翠峽分開, 碧流中出, 夾路枏杉, 參天蔽日, 惟聞水聲泠泠於林木之間而已. 至第三第四橋, 則洞壑窈窕, 乍塞乍通, 樹木葱籠, 或密或?, 傍列瑤屛, 前抽玉笋, 砯崖而溪轉, 觸石而雲興. 且行且止, 臨澗而休, 明沙綠苔, 渭淨無緇. 前過第六橋, 徘徊四顧, 或如快劍長戟, 森森相向, 或如鸞驂鶴駕, 飛步?. 回護作勢, 別成一洞. 丹霞綠蘿, 鳴澗奔川, 輝映喧豗, 駭目聳耳, 魂骨洒洒矣."

53) 보현사 승려는 探密과 宏覺을 서역 승려라 했으나 두 사람은 고려의 승려였다. 탐밀은 황주 용흥군 사람으로서 25세에 출가하여 일납일발(一衲一鉢)에 일일식(日一食)의 철저한 계행을 닦아 화엄교관을 전수한 인물이다. 1028년(현종 19) 연주산에서

고증하려는 '심해(甚解)'의 의식이 없었다. 옛 사람 말에 전벽(錢癖)이 있고 마벽(馬癖)이 있으며 좌전벽(左傳癖)이 있다고 했다. 그런데 조호익은 묘향산에 갔다 와서 연하벽(煙霞癖)에 걸리고 말았다. 16일 동안의 산행 끝에 귀양지의 셋집으로 돌아왔을 때, 조호익은 실크로드의 구차와 동해 바깥의 삼신산에 와 있는 느낌이 들었다고 했다. 스스로 묘향산과 정신적으로 교유한 지 오래되어 마음으로 융회하므로 어느 한 순간도 산이 자신과 떨어져 있지 않았던 듯이 느꼈고, 마침내 자신이 산에 있는지 산이 자신에게 있는지 모를 만큼 산과의 일체감을 느끼게 되었다고 했다.

한편, 조선의 지식인들은 백두산의 장대한 풍광을 사랑했기에, 그 장유(壯遊)를 즐기기도 했다. 백두산은 절대로 거칠거나 혼탁한 기상이 없다. 이의철(李宜哲)은 "덕을 갖추어 밝고 깨끗한 기상은 우리나라 산들 가운데 최고다. 그래서 우리 산천의 조종(祖宗)이다."라고 했다. 그렇기에 조선의 선비들은 백두산에 올라 마음을 호쾌하게 틔우고자 했다. 1764년(영조 40) 여름 「백두산유록(白頭山游錄)」을 쓴 박종(朴綜, 1735~1793)은 대표적인 인물이다. 그는 종형이 "위험을 무릅쓰고 극단적이고 신기한 것을 찾아야만 호연지기를 기르겠는가?"라고 말리자, "마음의 즐거움을 경전 공부에서 얻고 또 산수에서 체험하게 된다면 마음과 몸을 함께 함양하는 방법이 될 것입니다. 마

절을 창건하고 주석했다. 굉각은 굉확(宏廓)이다. 굉확은 탐밀의 조카로, 1038년(정종 4)에 탐밀의 제자가 되었다. 고려 말 1361년(공민왕 10)에 불교계의 종장 나옹 혜근(惠勤, 1320~1376)이 원나라에 가서 인도승 지공의 가르침을 받고 귀국해서 묘향산을 중창하고 간화선을 제창했다.

음이 편안하고 고요한 것은 움직이느냐 고요히 있느냐와 관계없고, 사람이 함양하는 바가 어떠한지에 달려 있습니다"라고 대답했다.[54)]

백두산의 정상은 기후 변화가 심했고, 그렇기에 신비감을 더했다. 서명응(徐命膺, 1716~1787)의 「유백두산기(遊白頭山記)」에 보면, 갑산 사람들이 말하길, "이 산에 들어온 사람들은 여러 날 재계하고 심부름꾼도 부정한 짓을 하지 않았지만 안개구름과 비바람 때문에 장대한 광경을 구경하지 못하고는 했습니다."라고 했다.[55)] 박종은 「백두산유록」에서, "산에 오르려 할 때 구름이 음산하게 뒤덮고, 산허리에 이르렀을 적에 빗방울이 떨어지며, 정상에 이를 무렵에는 안개가 깔리거나 구름이 가리기도 한다. 이런 기후 때문에 백두산의 면모를 볼 수 없다가 갑자기 안개구름이 활짝 걷히고 햇빛이 밝게 비추어 순식간에 백두산과 천지의 면모를 보았다"라고 적었다.

하지만 백두산 유람은 지역 주민들을 역역(力役)을 착취하는 일기도 했다. 사대부들은 백두산을 유람하기 위해 20여 명 이상의 백성을 사흘 전에 먼저 보내 임시 숙소와 길을 찾도록 시켰다. 이 점은 백두산 유람이 낳은 큰 폐단이었다. 대부분의 지식인들은 금강산, 지리산, 묘향산에서 장유(壯遊)를 경험하고, 고향 근처의 산, 경기 일대의 산에서, 일시적으로 청유(淸遊)와 탕유(宕遊)를 즐기는 보통이었다.

---

54) 朴琮. 1931.「白頭山遊錄」.『鐺洲集』卷14. 국립중앙도서관 소장.

55) 徐命膺.「遊白頭山記」.『保晩齋集』卷8 記.

6.

조선의 지식인들이 자연을 사랑한 것은 생활공간을 둘러싼 자연이 밝음의 역사를 지녔기 때문이었을 듯하다.

미국의 작가 나사니엘 호손(Nathaniel Hawthorne, 1804~1864)의 『젊은 굿맨 브라운(Young Goodman Brown)』에서 브라운은 마을에서 선량하다고 칭송되는 이들이 실은 무고한 사람을 마녀재판으로 학살하는 자들이라는 사실을 '끔찍한 꿈'을 통해 알고는, 아주 딴사람이 되고 말았다. "완전히 절망적이진 않다 하더라도 근엄하고, 슬프고, 어두운 생각에 잠기고, 모든 것을 불신하는" 그는 백발노인으로 죽기까지 끝내 음울함 속에서 죽어갔으므로 사람들은 그의 비석에 "아무런 희망의 글귀 하나 새겨 넣을 수가 없었다."[56] 브라운이 인간의 악마적 속성을 알게 되어 음울함 속에 죽어간 것은 그가 살았던 마을과 마을을 둘러싼 숲이 밝음의 역사를 갖지 못했기 때문이었다.

'그날 밤' 브라운은 세일럼 마을을 벗어나 황량한 숲길로 들어섰는데, "정말이지 그 숲길은 너무 고독하게 느껴졌다. 그런데 그 고독함은 수많은 나무 기둥과 짙게 드리운 나뭇가지 뒤에 누가 숨어 있는지 도저히 알 수 없는 미묘한 느낌을 주는 것이었다." 하지만 우리의 숲은 이러한 음울한 풍광이 아니다.

조선시대의 지식인들은 거주 공간 및 음택에서의 정관적(靜觀的)

---

56) 나사니엘 호손(Nathaniel Hawthorne). 1998. 『젊은 굿맨 브라운(Young Goodman Brown)』. 천승걸 옮김. 민음사.

관계방식과 유산유수로 대표되는 동태적(動態的) 관계 방식에서 자연과의 교감을 경험했다. 그런데 역시 가장 중요한 것은 안온한 거주 공간을 확보하는 일이었다. 김창흡(金昌翕, 1653~1722)은 저자도에 초가를 짓고 낙성 때 상량문을 지어 자유로운 삶을 꿈꾸는 정신지향을 담아냈다.[57)]

저자도는 청계천이 사근동 동남쪽에서 중랑천과 합류되어 서남으로 꺾이면서 한강으로 접어드는 곳에 이루어진 삼각주였다. 고려 말 호방한 인물인 한종유가 거처했고, 세종 때 대마도 정벌을 떠나는 이종무 일행의 출정식을 거행한 곳이기도 하다. 한강을 거슬러 올라가 북한강이나 남한강으로 나가는 사람을 전별하는 곳이자, 경강 어구의 선유락에서 중심지이자 경유지였다. 특히 이 섬은 "서울에 가깝지만 상당히 외졌다"는 사실 때문에, 욕망이 분출하는 뜨거운 세계[열세계(熱世界)]로부터 몸을 빼내고자 하는 사람들에게 안식처가 되었다. 개결한 처사였던 허격(許格), 정승을 지낸 문학가였던 이세백(李世白)의 뒤를 이어, 이세백의 내제로서 역시 대문호였던 김창흡이 이 섬에 은둔하였던 것이다.

김창흡은 저자도에 초가를 얽고 쓴 상량문에서 주변 자연의 아름다움을 다음과 같이 노래했다.

> 그 경승의 대강을 서술하자면, 실로 자연의 온갖 오묘함을 포함하고

57) 金昌翕. 「楮島新居上樑文」. 『三淵集』 卷26 上樑文. ; 심경호. 2009. 「문학의 향기가 서린 섬. 문학의 향기로 남은 섬 : 저자도」. 『한강의 섬』. 심경호 외 7명. 도서출판 마티. pp.91~122.

있도다.
담담하고 질박하기는 거울 속의 신색이오, 성글고 희끗희끗함은 숲 아래 기풍이로다.
원릉(園陵)의 가래나무[묘목(墓木)]를 의지하니, 울연히 금속여래(金粟如來)의 신룡과 같네.
공주의 사패지인 긴 섬을 얻으매, 의연히 은황(銀潢, 은하)에 봉황이 장난하는 듯하고,
온조(溫祚)가 만촉(蠻觸, 달팽이 뿔 위의 나라)에서 싸우듯 했던 바위는 희고, 남한산성의 초루는 노을빛과 단청빛이로다.
갯가는 기슭을 사이에 두고 빙 둘러나가, 달을 싸안는 형세를 다투어 드러내고,
돛단배는 섬을 사이에 두고 교대로 오고가서, 바람을 나눈 노정을 배당받은 듯하네.
무럭무럭 짙게 우거져서, 외 심은 아름다운 밭두둑은 비단처럼 얽히고, 어렴풋하거나 또렷해서, 그물 말리는 먼 마을은 연기가 길게 이어졌다.
산은 갯가를 베고 있어서 못에는 그 남기가 잠겨 있고, 물결은 백사장을 써래질해서 모래가 흰 눈처럼 비옥하다.

若迒爲勝之大略, 實含衆妙於自然. 淡沲鏡中色神, 蕭疎林下風氣. 依園陵之宰樹, 鬱彼金粟之來龍. 得公主之長洲, 依然銀潢之戱鳳. 溫祚之蠻觸石白, 南漢之樓譙霞丹. 沚溆距岸而紆回, 爭呈抱月之勢. 帆舶分島而交迭, 若排分風之程. 冪冪菁菁, 綺錯種瓜之華畛, 曖曖歷歷, 煙綿晒網之遙村. 山枕浦而潭浸其藍, 浪扇汀而沙沃如雪.

여기서 김창흡은 자연의 아름다움과 함께, 원릉의 가래나무, 공주의 사패지, 온조가 만촉에서 싸우듯 했던 바위, 남한산성의 초루 등 역사의 유적을 언급했다. 즉, 자연은 역사미(歷史美)를 지니고 있기에 더욱 아름다운 것이다.

김창흡은 다음의 육위송(六偉頌)을 노래했다.

아랑위(예랑위), 들보 동쪽으로 던져라. 삼도(三島)가 영롱하게 창난간에 늘어섰네. 망망한 동호 속에 작은 은둔처 있으니, 가벼운 배로 날마다 초풍(樵風, 신묘한 바람)을 따라다니리.

아랑위(예랑위), 들보 서쪽으로 던져라. 구름 속에 솟은 고목들이 절간을 감추었네. 높은 누대를 소제하여 두고 종이 난 후 좌선을 하리니, 어부가 한 곡조에 자규새가 우는구나.

아랑위(예랑위), 들보 남쪽으로 던져라. 지척에 현성(玄城, 강물)이 울창한 남색에 가깝구나. 표표하게 굽어 보매 하늘이 거울을 열어두었나니, 높은 가지에 기대어 시를 읊고 푸른 못에 호기 있게 침을 뱉어본다.

아랑위(예랑위), 들보 북쪽으로 던져라. 흰 바위의 낚시터 앞에 파도가 기이한 색깔이네. 옛 나루에 낚시대 하나 비껴 있는 모습만 넋 나가 보다가는, 신천(新川)에 멀리 연기가 곧바로 솟아오르는 것을 보지 못하리.

아랑위(예랑위), 들보 위쪽으로 던져라. 태허(太虛)는 방이요 구름은 장막이로다. 사해의 여러분들과 공유하고자 하니, 바람을 까부르고 달을 놀려대도 무방하리라.

아랑위(예랑위), 들보 아래쪽으로 던져라. 밤낮으로 하늘을 머금고 온 땅에 쏟아지누나. 가는 배와 오는 나룻배가 너무도 분주하니, 기심 잊는 일은 결국 누대에 기대 휘파람 부는 이에게나 속힐 일이로다.

兒郎偉抛樑東, 三島玲瓏列檻櫳, 望望湖中小隱處, 輕舟日日趁樵風.
兒郎偉抛樑西, 參雲古樾匿招提, 靜掃高樓鐘後坐, 漁歌一曲子規啼.
兒郎偉抛樑南, 咫尺玄城近蔚藍, 飄然俯視天開鏡, 吟倚高柯唾綠潭.
兒郎偉抛樑北, 白石磯前波異色, 負看古渡一竿橫, 恐失新川遠煙直.
兒郎偉抛樑上, 太虛爲室雲爲帳, 四海諸公與共之, 簸風弄月無相妨.
兒郎偉抛樑下, 日夜涵天滿地瀉, 去艓來艎太劇忙, 忘機竟屬憑樓者.

김창흡이 이상적으로 생각한 안온한 공간은 생태자연의 생기를 있는 그대로 감득할 수 있는 곳이되, 그곳은 또한 '가는 배와 오는 나룻배가 너무도 분주' 한 광경이 바라보이는 곳이다. 곧, 열기(熱氣)의 세계를 바라보면서 자신은 기심(機心)을 잊었음을 스스로 확인할 수 있는 곳이었던 것이다.

7.

연월(煙月) 속에서 느긋하고 한가하게 평생을 마치고 싶은 것이 조선 지식인들의 궁극적인 이상이었다. 그런데 그들이 상정한 연월(煙月)의 경구(景區)는 가족이 함께 하는 평온한 '집' 이었다. 가족을 떠나고 향촌을 벗어난 곳이 아니었다는 점이 김창흡의 「저도신거상량문(楮島新居上樑文)」에 잘 나타나 있다.

김창흡은 상량문의 뒤에 다음과 같이 기원의 말을 덧붙였다.

> 부디 상량한 뒤에는 안개 낀 달은 예전 그대로이고, 향기로운 갈대는 길이 봄기운을 머금어, 아스라한 난간과 허공 나는 창문에서 관수(觀水)의 방술을 깨닫고, 가벼운 몸과 날랜 손으로 신명나는 배젓기를 시험하며, 아이는 아무 일 없이 바느질하고, 아내는 한가로이 앉아 망을 손보며, 육구몽(陸龜蒙)의 차밭은 풍년을 맞고, 장계응(張季鷹, 張翰)의 순채와 쏘가리는 가을 들어 살찌기를.
>
> 육위송 노래 마치고 다시 노래하며, 멍멍하게 세상과 나를 잊으니,
> 이 즐거움보다 더 한 것이 없어, 느긋하고 한가하게 평생을 마치련다.[58)]

이상에서 보았듯이, 조선시대 지식인들과 자연과의 관계는 거주 공간, 정원 및 음택에서의 정관적(靜觀的) 관계와 유산유수(遊山遊水)에서의 동태적(動態的) 관계로 대별할 수 있다. 조선시대 지식인들은 생활공간과 매장지 사이에 결계(結界)를 설정하지 않고 선산(先山)도 생활공간의 일부로 간주했으며, 정원을 경영하더라도 인공의 공간, 자연을 초월한 자연의 공간을 설정하지 않았다. 또한 조선시대 지식인들은 유산유수를 청유(淸遊), 탕유(宕遊), 장유(壯遊)로서 즐기되, 그 활동 속에서 대개 조도(造道)의 유사(類似) 체험을 했다.

조선시대 지식인들은 연월(煙月) 속에서 한가하게 평생을 마치고자 희원했다. 그런데 그들이 상정한 연월(煙月)의 경구(景區)는 가족이 함께 하는 '집' 이었다. 또한 조선시대 지식인들은 산수를 즐기되 현허(玄虛)를 좋아하여 결신난륜(潔身亂倫)의 잘못을 저지르기보다는 도의(道義)를 좋아하여 심성(心性)을 기르는 데 중점을 두고자 했다. 따라서 한국한문학의 작가들에게 자연의 제 사상(事象)은 조도(造道)의 과정에 관계되는 알레고리로 간주되고는 했다.

조선시대 유교적 지식인들은 신분상의 차별이나 젠더상의 차별 등 역사적 한계를 극복하지 못했지만, 이념상 '인간과 자연의 관계' 에 관해 주목할 만한 전진을 이루었으며, 그 친화적 관계 양상은 현대인에게 참고할만한 점이 많다고 생각된다.

---

58) 伏願上樑之後, 煙月自在, 菰蘆長春, 絶檻飛窓. 悟觀水之有術, 輕身逸手, 驗操舟之若神, 兒則無事鉤針, 妻乃閒坐結網, 龜蒙之茶田遇歲, 季鷹之蓴鱸有秋. 歌竟復歌, 聊蕩漾而忘世我. 樂莫斯樂, 蓋優游而終平生.

참고문헌

金時習. 1988.『梅月堂集』.『한국문집총간 13』. 한국고전번역원(구 민족문화추진회).

金馹孫. 1988.『濯纓集』.『한국문집총간 17』. 한국고전번역원.

徐敬德. 1988.『花潭集』.『한국문집총간 24』. 한국고전번역원.

周世鵬. 1988.『武陵雜稿』.『한국문집총간 26~27』. 한국고전번역원.

李　滉. 1989.『退溪集』.『한국문집총간 29』. 민족문화추진회.

林亨秀. 1988.『錦湖遺稿』.『한국문집총간 32』. 한국고전번역원.

洪仁祐. 1988.『耻齋遺稿』.『한국문집총간 36』. 한국고전번역원.

曺好益. 1990.『芝山集』.『한국문집총간 55』. 한국고전번역원.

許　穆. 1992.『記言』.『한국문집총간 92』. 한국고전번역원.

金昌翕. 1996.『三淵集』.『한국문집총간 165』. 한국고전번역원.

朴世堂. 2008.『西溪集』.『한국문집총간 속 59』 권 14. 한국고전번역원.

徐命膺. 1999.『保晩齋集』.『한국문집총간 221』. 한국고전번역원.

朴　綜. 1931년 간본.『鐺洲集』 권 14. 국립중앙도서관 소장.

洪良浩. 2000.『耳溪集』.『한국문집총간 241』. 한국고전번역원.

睦萬重. 2009.『餘窩集』.『서울대 규장각 소장 필사본: 한국문집총간 속 90』. 한국고전번역원.

蔡濟恭. 1999.『樊巖集』.『한국문집총간 236』. 한국고전번역원.

李用休. 2002.『詩文艸』.『국립중앙도서관 소장 필사본』. 조남권 · 박동욱 옮김.『이용휴 시전집』.『한서대학교 부설 동양고전연구소 국역총서 9』. 소명출판.
申大羽. 2000.『宛丘遺集』.『한국문집총간 251』. 한국고전번역원.
朱 熹. 1866.『朱子文集』. (淸)張伯行編. 左宗棠校. 正誼堂全書. 福州: 正誼書院. 同治5.
庾 信.『庾開府集箋註』. 吳兆宜註. 四庫全書珍本. 臺北: 商務印書館.
蘇 軾. 1965.『集註分類東坡詩』. 四部叢刊初編縮本. 臺北: 臺灣商務印書館.

김영진. 2001.『눈물이란 무엇인가』. 태학사.
호손(Hawthorne. N). 1998.『나사니엘 호손 단편선』. 천승걸 옮김. 민음사.
심경호. 1993.「신대우의 문학과 사상」.『강화학파의 문학과 사상(1)』. 정양완・심경호 지음. 한국정신문화연구원.
______. 1997.「退溪의 守靜과 觀照自然」.『退溪의 사상과 그 현대적 의미』. 김형효・심경호・정순우・최진덕 지음. 한국사상가대계 4. 한국정신문화연구원.
______. 1999.「한문학에 나타난 처사의 전형」.『국제고려학회 논문집』 창간호. 국제고려학회. 319~339.
______. 2000.「화원에서 얻은 단상: 조선후기의 화원기」『한문산문의 내면풍경』. 소명출판사.
______. 2002.『국문학연구와 문헌학』. 태학사.
______. 2006.『한시의 세계』. 문학동네.
______. 2007.『산문기행』. 이가서.

______. 2009.『내면기행』. 이가서.

______. 2009.「문학의 향기가 서린 섬, 문학의 향기로 남은 섬: 저자도」.『한강의 섬』. 심경호 외 7명. 도서출판 마티. 91~122.

안대회. 2001. 「궁핍한 날의 벗」.『태학산문선 1』. 태학사.

요시카와 고지로(吉川幸次郞)・미요시 다츠지(三好達治). 1998.『당시읽기』. 심경호 옮김. 창작과비평사.

李東歡. 1997.「生命 源頭에의 凝視: 艮齋 李德弘의 文學意境」.『한국의 철학』25호. 경북대 퇴계연구소. 37~43.

이승수 편역. 2001.『옥 같은 너를 어이 묻으랴』. 태학사.

李佑成. 1982.『韓國의 歷史像』. 창작과 비평사.

최윤정. 2007.『서계 박세당 문학의 연구』. 이화여자대학교 박사학위논문.

______. 2007.「서계 박세당 문학의 연구」.『어문연구』134. 한국어문학연구회. 351~376.

일본고전문학에 나타난 자연과 인간

-『고킨와카슈』,『마쿠라노소시』,『겐지이야기』를 중심으로 -

히나타 가즈마사 (日向 一雅, 일본 메이지대학)

일본고전문학에 나타난 자연과 인간
-『고킨와카슈』,『마쿠라노소시』,『겐지이야기』를 중심으로-

히나타 가즈마사 (日向 一雅, 일본 메이지대학)

1.『고킨와카슈古今和歌集』의 사계가四季歌 - 헤이안平安 귀족의 자연관 -

헤이안시대(794~1192) 귀족의 자연관에 대해서 역사학자인 쓰다 소키치(津田左右吉, 1873~1961)는 다음과 같이 평하고 있다. 70년 이상 지난 예전의 평이지만 헤이안 귀족의 자연관에 대한 정확한 지적이라고 생각한다. 요약하면서 소개하고자 한다.

1) 헤이안 귀족들이 즐겨 감상한 것은 작은 것, 아름다운 것들이다. 웅대, 괴위, 삼엄하여 대략 그 위력이 사람을 압도하고 그 활동하는 사람을 두렵게 하는 것은 그들의 감상의 대상에 포함되지 않았다. 자연계에 있어서 우아하고 아름답고 약소한 방면의 것만을 사랑하는 것은 나라시대부터 그러했지만, 헤이안시대가 되면 귀족의 기풍이 더욱 더 섬약해졌기 때문이다. 그들은 좁다랗고 우아하고 아름다우며 또한 소규모인 헤이안 도읍의 산하를 세계로 삼아, 그 바깥세계로 나오는 것

을 좋아하지 않았다. 『마쿠라노소시』의 권두에 나오는 「봄은 새벽녘」 단이 좋은 예이다. 모든 것이 작고 아름다우며 우아하지 않은가?

2) 헤이안 귀족들의 생활이 그때그때 자연계의 풍물과 동떨어지지 않은 것은, 그들이 그 풍물에 한없는 친근함과 그리움을 가지고 있다는 것을 나타낸다. 섬세한 관능에 의해 꽃에 대해서도 달에 대해서도 바람에 대해서도 이슬에 대해서도 다양하게 그 아름다움을 발견하며, 혹은 그것을 아름다운 것으로 만들어 감에 있어서 자연계에 대한 애착의 깊이를 나타내고 있다.[1)]

이 외에 헤이안 귀족은 자연을 「인공화」하여 즐기는 것(정원, 모래밭, 와카의 영법 등), 자연은 영화로운 생활의 도구, 배경이라는 지적이 있는데 그에 관해서는 나중에 언급하기로 한다. 이 쓰다 소키치가 말하는, 헤이안 귀족의 우미하고 약소한 자연에 대한 애호, 생활 속에서의 자연계의 풍물에 대한 애착의 깊이와 섬세한 미의 발견이라고 하는 점은 헤이안 문학에 묘사되는 자연과 인간과의 관계에 대한 최대공약수적인 특색을 지적한 것이라고 해도 좋다. 그 특색은 헤이안 문학의 대표적인 세 작품, 『고킨와카슈古今和歌集』(이하 고킨슈古今集라고 약칭), 『마쿠라노소시枕草子』, 『겐지모노가타리源氏物語』에 모두 공통되는 점이지만, 실은 그러한 자연관의 기본형을 확립한 것이 『고킨슈』이다. 『고킨슈』의 성립은 915년경이며, 그 자연관, 사계의 미의식이 이후 『신쇼쿠고킨와카슈新続古今和歌集』(1439년 성립)까지의 21대집의 <칙찬와카집>勅撰和歌集(역주: 왕의 어명에 의해 편

1) 津田左右吉. 1960.『文学に現はれたる国民思想の研究』(第一巻 第二篇 第六章「自然観」). 岩波書店.

찬되는 가집)에 계승되고 세련되어져서 일본문학에 있어서 자연이나 사계에 대한 전통적인 미의식을 형성하게 된다. 『마쿠라노소시』나 『겐지모노가타리』의 자연관도 고킨슈의 영향하에 있다.

『고킨슈』는 최초의 <칙찬와카집>이다. 전20권, 1100수의 시를 수록하고 있다. 20권의 구성은 「춘가春歌」상하권, 「하가夏歌」, 「추가秋歌」상하권, 「동가冬歌」의 사계가四季歌를 먼저 두고, 이하 「하례가賀歌」, 「이별가離別歌」, 「여행가羇旅歌」, 「사물의 이름을 노래한 것物名」, 「연가恋歌」 5권, 「애상가哀傷歌」, 「잡가雑歌」 상하권, 「잡체雑体」, 「오우타도코로노 온우타大歌所御歌」(역주: 와카를 관장하는 관청에서 수집한 와카)와 같이 13항목으로 분류된다. 이런 구성도 나중의 칙찬와카집의 규범이 되었으며 21대집이 기본적으로 답습한 것이다. 『고킨슈』 중에서 가수歌数가 가장 많은 것은 연가恋歌부 360수, 다음이 사계가四季歌 342수이다. 이 숫자로부터 『고킨슈』가 연가恋歌와 사계가四季歌를 중시한 것을 알 수 있는데 대체 왜 중시되었을까? 당면한 문제로서 왜 사계가四季歌가 중시된 것인가라는 점이다. 사계가를 권두에 배치하여 전체의 3분의1을 점할 정도로 중시한 이유는 무엇인가?

우선 『고킨슈』가 칙찬와카집으로 편찬된 의미를 확인해 둘 필요가 있다. 『고킨슈』의 편찬 목적은 가나 서문과 한문 서문의 두 서문에서 논하고 있다. 양 서문은 약간의 차이가 있지만 가나 서문에 의거해 요점을 정리하면 다음과 같다. 와카는 사람의 마음을 바탕으로 생겨나서, 신대神代부터 오늘날까지 계속해서 읊어져 왔다. 와카의 형식에는 6종류가 있으며 그 역사에는 성쇠가 있다. 요즈음은 세상의 풍조가 허식을 요구하여 사람 마음이 사치해져서 진심이 없는 경박한 노래만 많아져서, 공적인 장소에서 읊어지지 않게 되었지만, 예전에는 그렇지 않았다. 역대 천황은 봄꽃이 아름다운 아침이나 가을 달이 아름다운 밤에는 신하를 초대해 와카를 읊게 하여, 현우賢愚를 분별했다는 것이다. 『만요슈万葉集』가 만들어지고 백 년 이상이 지나 고대에 대한 것이나 와카를 이해하는 사람들이 적어지게 되었다. 이런 와카의 역사를 감안하여, 고대의 정취를 잊지 않고, 와카를 부흥시키려고 하는 다이고천황醍醐天皇의 의도를 바탕으로 『고킨슈』는 편찬되었던 것이다.

이 서문에는 10세기 초두 조정의 율령제 강화책의 한 일환으로 와카를 조정의 공적인 문학으로 자리매김하고자 하는 의도가 있었다고 생각된다.[2] 율령제는 유학에 입각한 것이지만 유학의 성전聖典에는 시경詩経이 있다. 가나 서문, 한문 서문은 모두 『시경詩経』의 대서大序, 『모시정의毛詩正義』의 서序, 『문선文選』의 서序에 의거하고 있음을 확인할 수 있다.[3] 그러한 중국시학의 인용을 바탕으로 『고킨슈』 서문은 정교주의政教主義, 덕치인정德治仁政의 율령정신을 표명함과 동시에, 『고킨슈』의 와카도 『논어』 양화陽貨 제17의 시론 — 「흥興 · 관観 · 군群 · 원怨」의 규격에 따른 것이라고 한다.[4] 『고킨슈』는 단순한 고대 와카의 앤솔러지가 아니라, 유교의 정교주의에 입각한 문학인

2) 目崎徳衛. 1968.「古今和歌集勅撰の歴史的背景」『平安文化史論』桜楓社. : 山口博. 1973.「古今集の政治性」(第二篇 第四章 第九節)『王朝歌壇の研究』桜楓社.

3) 小沢正夫. 1963.「古今集序の研究」(第一編)『古代歌学の形成』塙書房.

4) 앞의 논문(山口博).

것이다.

그러면 사계가四季歌를 중시한 것과 정교주의와는 어떤 관계인가? 그 질문에 답하기 위해서는 사계가四季歌가 어떤 것인가를 검토할 필요가 있다. 이 문제에 대해서는 마쓰다 타케오松田武夫의 선구적인 연구가 있다. 마쓰다는 사계가의 각 권은 시간 축에 따라 각 계절의 경물을 주제로 한 시가 배열되어 있다는 것, 또 각 권에 그 계절의 중심이 되는 주제—봄은 벚꽃, 가을은 단풍—이 설정되어 그 권의 지주가 되어 있는 것, 그런 방법으로 작품전체가 주제의 유취類聚와 배열에 의해 정연하게 조직되어 미적인 통일체를 구성한다고 논했다.[5] 즉, 사계가는 각각 계절의 대표적인 경물을 제재로 읊어 수록되지만, 그 시의 배열은 입춘에서 계춘(季春: 만춘)으로, 입하에서 계하季夏로, 입추에서 계추季秋로, 입동에서 계동季冬으로 라고 하는 시간 축을 기본으로 구성되어 있다고 하는 것이다.

춘가春歌의 부에 대해서 구체적으로 보기로 하자.

ふる年に春立ちける日よめる　　　　在原元方

1　年の内に春は來にけり一年を去年とや言はむ今年とや言はむ

연내에 입춘이 되는 날 읊다　　　　아리와라노 모토가타

해가 저물기 전에 / 봄이 왔네 / 이 해를 /
작년이라 해야 하리 / 새해라 해야 하리

春立ちける日よめる　　　　紀貫之

5) 松田武夫. 1960.『古今集の構造に関する研究』風間書房.

2 袖ひちてむすびし水の氷れるを春立つ今日の風やとくらむ

입춘 날 읊다　　　　　　　　　　　　　　　기노 쓰라유키

소매 젖으며 / 퍼 올린 물이 / 얼어 있는 것을 /
입춘인 오늘의 / 봄바람이 녹이는가

1번 시는 연내 입춘의 시. 즉 12월 중에 입춘이 된 것으로, 이 해를 작년이라고 할 것인가, 올해라고 할 것인가 라는 것이다. 입춘을 신년의 시작이라고 보면, 그 이전은 작년이 되지만, 아직 12월 31일은 되지 않아, 1년은 계속되고 있으므로 올해는 아니라는 것이다. 24절기에 의한 입춘일과, 태음태양력에 의한 한 해의 시작인 설날元日과의 어긋남을 들어서, 그 이치를 비꼬고 있는 것이다. 연내입춘은 실제로는 2년에 1번 정도의 비율로 있기 때문에 그 자체는 신기한 것이 아니지만, 입춘과 역일暦日 상의 설날에 대해서 이렇게 따지는 방법이 재미있다.

2번 시는 여름에는 소매를 적시며 물을 퍼 올리던 시원한 연못도, 겨울이 되어 얼어 있었지만 그 얼음을 입춘일인 오늘은 봄바람이 녹이고 있을 것이라고 하는 것이다. 1번 와카가 논리적으로 비꼬고 있는 것에 비해 이것은 자연과 인간과의 관계가 온화하게 교감하는 정경이 눈앞에 방불되는 시이다. 생활 속의 계절과의 친애, 즉 여름 물놀이, 겨울 얼음, 얼음을 녹이는 봄의 온화한 양기라고 하는, 자연과 인간과의 친애가 아름답게 읊어지고 있다고 할 수 있다.

「춘가春歌」의 부는 134수이지만, 이와 같은 입춘에 시작하여 「계춘季春」까지를 시간의 추이에 따라 봄의 대표적인 경물을 제재로 하여 배열한다. 입춘 시의 다음에는 봄이 되었다고는 하지만, 아직 산에는 눈이 내리고 있다고 하는 춘설의 와카가 이어진다. 다음에는 봄의 도래를 알리는 휘파람새의 노래, 다음에는 가스가春日 들판의 들불놓기, 봄나물 캐기라고 하는 봄의 행사를 제재로 한 시, 다음에는 신록의 소나무나 버드나무 시, 그 다음 돌아가는 기러기帰雁의 시, 그 다음 매화꽃이나 향을 사랑하는 시, 그 다음 봄을 대표하는 벚꽃 시가 70수 이어진다. 이 숫자는 춘가春歌부의 과반수에 해당하여, 벚꽃에 대한 애착이 강함을 알 수 있다. 그 벚꽃을 읊은 와카는 벚꽃을 사랑하는 마음, 벚꽃이 지는 것을 아쉬워하는 마음을 읊은 것뿐이다. 마지막으로 황매화, 등꽃, 휘파람새 와카가 읊어지며 끝난다.

「계춘季春」의 와카 마지막 한 수를 인용한다. 다음과 같다.

亭子院歌合に、春 の 果 て の 歌　躬恒
134 今日のみと春を思はぬ時だにも立つことやすき花の陰かは
데이지인 우타아와세(역주: 와카경연대회)에　미쓰네
봄의 끝 노래
이제 오늘로서 / 봄이 끝이라는 / 생각이 들지 않을
때조차도 / 떠나기 쉽지 않은 / 꽃그늘이거늘

와카의 의미는, 꽃그늘은 항상 떠나기 힘든 것이지만, 오늘이 봄의 마지막 날이라 생각하니 꽃그늘을 떠나는 것이 너무 아쉽다라는 것이다. 가는 봄을 애석해 하는 시이다.

이하, 「하가夏歌」, 「추가秋歌」, 「동가冬歌」의 부도 같으며, 시간 축에 따라 각각의 계절추이를 그 계절의 대표적인 경물을 제재로 해서 배열한다. 「하가夏歌」의 부는 전 34수이지만, 두견새 울음소리를 애타게 기다리고 있는 시부터 시작하여, 무려 28수나 두견새 와카가 점하고 있다. 두견새를 주제로 하여, 귤나무 꽃, 병꽃, 오월장마, 연꽃잎의 이슬, 저녁 달, 패랭이꽃, 시원한 바람 등이 여름의 경물로 읊어지고 있다. 장마나 한발과 같은 여름의 가혹한 자연은 채택되는 일이 없다. 「추가秋歌」는 입추부터 「계추季秋」까지 145수, 그곳에 채택된 경물은, 가을바람, 칠석과 은하수(10수), 풀벌레 소리, 기러기(13수), 달 · 달빛(12수), 싸리(9수), 청귀뚜라미, 사슴(7수), 마타리(13수), 등골나물, 억새, 패랭이꽃, 국화(10수), 단풍(29수), 겨울 비 등이다. 「하가夏歌」의 부와 비교하면, 제재는 많지만, 추가秋歌의 대표적인 경물은 숫자로 나타낸 대로이다. 「동가冬歌」는 전부 29수, 겨울비로 시작하여, 눈을 읊은 와카가 24수를 점한다. 「계동季冬」의 시는 한 해의 끝이기 때문에, 한 해가 일찍 지나가는 것을 아쉬워하며, 가는 해를 애석해 하는 시로 마무리하고 있다. 여기서 계절의 추이와 순환이라고 하는 구조가 분명해 진다.

계절의 추이와 순환이라고 하는 구조와 함께 주목할 점은 이곳에 형상화된 사계는 현실의 계절과는 다른, 이념화 되고 체계화 된 계절이었다고 하는 점이다. 홍수와 한발, 생활을 위협하는 천재지변은 전혀 채택되지 않는다. 『고킨슈』의 사계시에 있어서는 계절은 온화하게 추이하여 자연은 인간생활을 풍요롭게 장식하고, 매년 똑같이 순환하는 사계의 모습이 형상화된 것이다. 이와 같은 자연이나 계절의 형상은 무엇을 의미하는 것인가?

태평시대에는 자연도 온화하게 순환하는 것을 설하는 것이 유학의 언설言說이다. 헤이안 시대에 일본에 전해져 있었던 『염철론塩鉄論』 권6의 「수한水旱」 제36에는 다음과 같은 글귀가 있다.

賢良曰。古者政有德。則陰陽調。星辰理。風雨時。故循行於內。聲聞於外。爲善於下。福應於天。周公載紀而天下太平。國無夭傷。歲無荒年。當此之時。雨不破塊。風不鳴條。旬而一雨。雨必以夜。無丘陵高下皆熟。[6)]

현량이 이르기를 옛날에는 다스림에 덕이 있으면 음양이 조화롭고 성진이 온화하며 비바람이 때를 안다. 그러므로 행을 안으로 다스리고 소리는 밖으로 들리고 선을 아래로 행하여 복이 천지에 미친다. 주공제기에 천하태평하고 나라에 일찍 요절하는 이가 없고 해마다 흉년이 없다. 이러할 때에 비는 땅을 황폐하게 하지 않고 바람은 잔잔하게 분다. 비는 열흘마다 한 번 내리고 반드시 밤에 내리며 전답은 고하를 막론하고 모두 익는다.

『예문유취藝文類聚』 권1 「천부상天部上」의 바람, 비의 항목에는 다음과 같은 예가 있다.

論衡曰、儒者論太平瑞應。皆言五日一風。風不鳴條。
論衡曰、道至天者、祥風起。甘雨降。雨霽而陰曀者、謂之甘雨。[7)]
논형에 이르기를 유자는 태평하고 상서로운 징조를 논하며 모두 닷새에 한번 바람이 불되 잔잔하게 분다.
논형에 이르기를 도가 하늘에 이르면 상서로운 바람이 일고 감우가 내린다. 비가 개고 흐린 것을 일컬어 감우라고 한다.

소위 오풍십우五風十雨의 사상이다. 정치에 덕이 있으면 음양이 조화롭다고 말하며, 천하태평이면, 큰비는 내리지 않고 바람도 나뭇가

---

6) 曾我部静雄訳註. 1934.『塩鉄論』岩波文庫.

7) 汪紹楹校. 1965.『芸文類聚』中華書局.

지를 흔드는 것과 같은 것은 없다. 바람은 5일에 한 번 불며, 비는 단비가 된다고 하는 것이다. 『고킨슈』 사계가는 그러한 온화한 자연의 순환을 표현하고 있었다고 생각된다. 이것은 『고킨슈』가 편찬된 다이고천황醍醐天皇 시대를 태평시대로 표상하는 것을 의도했다고 생각된다. 한문서真名序에 다음과 같이 그 성덕을 칭찬하며, 와카 부흥에 대한 천황의 의욕이 적혀져 있다.

> 陛下御宇、于今九載。仁流秋津洲之外、恵茂筑波山之陰。淵変爲瀬之聲、寂々閉口、砂長爲巖之頌、洋々滿耳。思継既絶之風、欲興久廢之道。
>
> 폐하의 치세는 이미 9년이 되었다. 인仁은 일본땅 밖으로 흐르고, 은덕은 쓰쿠바산의 그늘보다 무성하다. 못이 바뀌어 여울이 되는 소리가 고요하여 입을 막게 하고, 모래가 자라서 바위가 되는 노래가 널리 퍼져 귀에 가득하다. 이미 끝난 기풍을 이어가려 하고 오래 끊어진 길을 일으키려고 하신다.

『고킨슈』의 사계가는 이처럼 「천하태평」시대를 표상하는 것으로 자리매김했다고 말할 수 있다.

2. 『마쿠라노소시枕草子』 첫 단 「봄은 새벽녘春は曙」의 사계절 표현 - 이치조一条조정 융성기 -

『마쿠라노소시』는 이치조一条천황의 후궁, 후지와라 테이시(藤原定子, 976~1000)를 모신 궁녀인 세이쇼나곤清少納言의 작품이다. 궁중

생활의 체험이나 견문을 일기식으로, 또는 수필로 표현한 작품이다. 그 첫 단은 교토의 사계절의 아름다운 풍경을 그려내었다.

> **봄은 새벽녘,** 산 중턱은 하얗게 조금씩 밝아오고, 자줏빛 구름이 엷게 걸쳐져있다.
>
> **여름은 밤,** 달밤은 더욱 좋다. 어둠 속을 이리저리 나는 반딧불도 운치가 있다. 또 그저 하나 둘 어슴푸레하게 빛나는 것도 정취가 있다. 비라도 내리면 더 좋다.
>
> **가을은 해질녘,** 석양이 산자락에 걸릴 때, 까마귀 잠자리를 찾아 세 마리, 네 마리, 두 마리, 서둘러 날아가는 것마저 정취가 있다. 줄지어 날아가는 기러기가 더욱 작게 보이는 것은 더 운치가 있다. 해가 지고 나서 바람소리, 벌레소리 등은 더 말할 나위없다.
>
> **겨울은 이른 아침,** 눈이 내리면 더 말할 필요 없다. 서리가 더욱 흰 것도 그러하며, 또 너무 추운 날에 불을 피우려 서둘러 숯을 가져오는 것도 더 어울린다. 낮이 되어 추위가 누그러지고 화로의 재가 하얘지는 것 또한 운치 있다.

사계절의 풍경을 「봄은 새벽녘」, 「여름은 밤」, 「가을은 해질녘」, 「겨울은 이른 아침」과 같이 시간의 관점에서 잘라내어 보고 있는 점이 독특하다. 『고킨슈』에서는 각 계절의 대표적 경물은 봄은 벚꽃, 여름은 두견새, 가을은 단풍, 겨울은 눈이었지만, 『마쿠라노소시』는 겨울의 눈과 가을의 기러기를 제외하고는, 『고킨슈』적인 경물은 배제하고 있다. 『마쿠라노소시』는 의도적으로 『고킨슈』의 계절미와는 다른 표현을 하려고 했던 것이다.

아무튼 이 단에서 주목하고 싶은 점은 봄의 「자줏빛을 띤 구름紫だちたる雲」이란 표현과, 해 · 달 · 구름 · 비 · 바람 · 서리 · 눈과 같은

천상気象, 봄 · 여름 · 가을 · 겨울 · 새벽 · 이른 아침 · 낮 · 저녁 · 밤과 같이 세시歲時와 관련된 단어이다. 이러한 단장短章의 단段에 천상과 세시의 단어가 많은 것은 어떤 이유일까? 이러한 단어가 선택된 이유는 아마도 천상과 세시가 조화된 「음양의 섭리燮理」를 형상화하려고 했기 때문이라고 생각된다.

「자줏빛을 띤 구름 紫だちたる雲」은 상서로운 구름의 의미인 「자줏빛 구름紫雲」이며, 「음양의 섭리」도 성대聖代를 상징하고자 한 관념이었다. 『마쿠라노소시』 첫 단은 이치조一条천황시대를 성대로서 찬미하는 정치적인 의도에 근거한 장단이었다고 생각할 수 있다.

「자줏빛 구름紫雲」은 불교용어로 용례는 생략하지만, 「임종 때 부처나 보살이 극락정토에서 맞이하러 오는 구름来迎の雲」을 의미하는데, 정치와 관련되면 태평시대를 의미한다. 스가와라노 미치자네菅原道真가 편집한 『유취국사類聚国史』 165권 「상서부상祥瑞部上」의 「구름」 항목에는, 몬무文武천황(재위697~707)부터 요제이陽成천황(재위876~884)까지 「경운慶雲」의 기사가 열거되어 있는데[8], 「경운慶雲」에 「자줏빛 구름紫雲」이 포함되는 것은 『예문유취芸文類聚』 98권 「상서부상祥瑞部上」 「경운慶雲」의 항목에 의해 알려져 있다. 그곳에 나타난 「경운慶雲」의 색은 청운青雲 · 황운黃雲 · 백운白雲 · 자운紫雲 · 오색五色이라고 있다.

예를 들면 『유취국사類聚国史』 「상서부상祥瑞部上」에는 준나淳和천황 3년(826년) 12월27일 조에, 같은 해 7월, 8월에 계속해서 나타난

---

8) 黒板勝美編. 1981. 『類聚国史』三. 新訂増補国史大系<普及版>. 吉川弘文館.

「오색구름五色雲」이나 「경운慶雲」에 대해 우대신인 후지와라노 오쓰구藤原緒継 등이 그것을 천황의 덕치에 의해 생겨난 것이라고 거듭 아뢰었다.

伏惟皇帝陛下。德等二儀。仁敦萬物。與天合德。尙憂寒暑之不均。將地倅眥。猶恐黎元之未給

엎드려 생각하옵건대 폐하, 덕은 두 가지 의儀와 같사옵니다. 인仁은 만물에 퍼져, 천天과 함께 덕에 합치합니다. 늘 더위와 추위가 고르지 않음을 우려하고, 땅을 다스려 재물을 균등하게 하고, 또한 백성이 넉넉하지 못할까 우려합니다.

이렇게 준나淳和천황의 덕을 칭송하며, 또한 다음과 같은 중국의 제서諸書에 실린 기사를 인용하고 있다.

孫子瑞應圖曰。慶雲太平之應也。禮斗威儀曰。政和平則慶雲至。孝經経援神契曰。德至山陵則慶雲出。

손자 서응도瑞應圖가 이르기를 경운慶雲은 태평스러움을 뜻함이다. 예두위의禮斗威儀가 이르기를 정치가 화평하면, 즉 경운慶雲에 다다른다. 효경원신계孝經援神契에 이르기를 덕이 산릉山陵에 이르면 즉 경운慶雲이 나오느니라.

준나淳和천황의 덕치가 제서諸書에서 말한 것처럼 경운慶雲을 불러온 것이며, 그것은 태평성대의 증거라는 것이다. 그리고 「거듭거듭 좋은 세상을 볼 수 있는 길조頻りに希世の瑞を観る」라는 뜻으로 기쁜 일이 아니겠는가라고 아뢰었다. 자운紫雲은 경운慶雲이며, 그 출현은 덕치에 의해 태평시대가 되고, 정치가 화평하게 되는 것을 일컫는다.

『마쿠라노소시』 첫 단의 「자줏빛을 띤 구름 紫だちたる雲」에도 그런 의미가 들어있다고 생각해도 좋겠다.

「음양의 섭리」가 성대관聖代觀과 관련되는 것은 『양로율령養老律令』의 「직원령제2職員令第二」 「태정대신太政大臣」의 이념이나 직무에 관한 다음의 규정에 의해 알려져 있다.

> 太政大臣一人
> 右師範一人。儀形四海。経邦論道。燮理陰陽。無其人則闕。[9)]
> 태정대신 일인
> 위는 한 사람을 스승으로 삼아 사해의 모범이 된다. 나라를 다스리고 도를 논하며, 음양을 섭리함에 있어서 그런 사람이 없으면 안 될 것이다.

이 규정에 대한 해석은 『료노슈게令集解』에 상세히 기재되어 있지만, 지금 「음양의 섭리」에 관한 부분을 하나 들면 다음과 같다.

> 謂。燮者和也。理者治也。言太政大臣。佐王論道。以経緯國事。和理陰陽。則有德之選。(略)釋云。尙書曰。三公論道経邦。燮理陰陽。(略)古記云。経國。経者治也。論道。居君臣父子夫婦之道。燮理陰陽。此人德行。通感天地。風五日吹。不折枝。雨十日落。不碎塊。此所謂賢人君子。言行可爲法則哉。
> 말하자면, 섭燮은 조화이다. 이理는 치治다. 이르기를, 태정대신은 왕을 도와서 도를 논하고 국사를 경위하여 음양을 조화롭게 다스린다. 즉 덕이 있는 사람을 택한다. (중략)해석하여 서경尙書에 이르기를 삼공은 도를 논하며 나라를 다스리고, 음양을 섭리한다. 고기古記에 말하기

---

9) 釪光貞ほか著. 1976.『律令』. 日本思想大系. 岩波書店.

를, 경국이라고 할 때 '경'은 다스린다는 것이다. 도를 논함은 군신과 부자父子와 부부의 도를 알고 산다는 것이다. 음양을 조화롭게 다스린다는 것이다. 이런 사람의 덕행은 천지와 감통한다. 바람은 닷새 동안 불어도 가지를 꺾지 않고, 비는 열흘 동안 내려도 흙을 무너뜨리지 않는다. 이것이 소위 현인이요 군자니라. 언행이 바로 법칙이 된다고 할 수 있다.[10)]

요컨대, 태정대신은 「덕 있는 자를 택有德の選」하지 않으면 안 되며, 태정대신의 「덕행德行」이 「천지를 감통天地に通感」시켜, 「오풍십우五風十雨」의 온화한 자연의 이치를 초래하는 것이다. 그러한 태정대신을 「사범師範」으로 삼음으로써, 천황의 덕도 구비되고, 나라도 잘 다스려지는 것이다. 「음양의 섭리」는 그러한 덕치德治에 의해 태평성대를 실현하고 있다는 증거였다. 『마쿠라노소시』 첫 단의 사계절 표현에는 이러한 「음양의 섭리」의 관념도 포함되어 있다고 생각해도 좋을 것이다.

3. 히카루 겐지光源氏의 로쿠조인六条院—『겐지이야기源氏物語』가 그리는 자연과 생활의 조화

『겐지이야기』에 그려진 자연표현은 등장인물의 심정을 상징하거나, 「스마須磨」의 풍우처럼 신불이나 조상의 혼의 계시이거나 하여 여

---

10) 黒板勝美編. 2004.『令集解』新訂増補国史大系. 吉川弘文館.

러 의미를 지니고 있다. 여기서는 이들과는 달리 자연과 생활의 조화를 실현한 히카루 겐지의 로쿠조인六条院이라는 저택을 예로 들어 그 의미를 고찰하기로 한다.

헤이안平安시대의 귀족 저택의 면적은 통상 1정町(120평방미터)으로 정해져 있었다. 히카루 겐지의 저택은 어머니로부터 물려받은 니조인二条院이 있어서, 그곳이 히카루 겐지의 본댁이었지만, 스마 유배로부터 귀경하여 정권 담당자가 되자 겐지는 처첩들과 동거하기로 하고 니조인의 동쪽 옆에 니조동원二条東院을 신축했다. 니조인은 가장 사랑하는 아내, 무라사키노 우에紫の上와 동거하고, 니조동원에는 하나치루사토花散里, 스에츠무하나末摘花, 아카시노 기미明石の君, 우쓰세미空蝉 등의 여성들을 살게 할 예정이었다. 이 니조인, 니조동원 모두 120평방미터의 저택이었다. 그러나 히카루 겐지는 33세에 태정대신이 되자, 이듬해 새로 로쿠조인六条院을 짓기 시작한다. 그것은 태정대신으로서 권세와 영화의 극치를 누리는 히카루 겐지에게 어울리는 저택으로 지어졌다. 그것이 사방 사계四方四季의 저택이었다. 원문의 인용은 생략하지만 다음과 같은 저택이었다.

동남쪽 마을은 봄의 마을로 넓은 연못과 산을 만들어, 정원수, 오엽송, 홍매화, 벚꽃, 등꽃, 황매화, 바위철쭉 등의 초목을 심고 약간의 가을 풀도 심었지만 봄을 즐기는 정원으로 만들었다. 이곳이 겐지와 무라사키노 우에와의 주거였다. 동북의 마을은 여름의 풍정을 즐기는 마을로 만들어 큰 나무를 심어 숲으로 하였고, 병꽃 울타리를 엮어 귤나무, 패랭이꽃, 장미, 용담 등의 꽃을 심고, 연못 주위에는 창포를 심었다. 이 마을의 동쪽 면에는 마장馬場이나 마구간을 만들었다. 하나치루사토가 사는 마을이다.

서남의 마을은 가을의 마을로 산을 만들어 단풍을 심고 연못에는 바위를 세워서 폭포를 만들어 넓은 가을들과 같은 정원으로 만들었다. 양녀 아키고노무중궁秋好中宮의 거처이다. 서북의 마을은 겨울의 마을로 소나무를 많이 심어서 눈雪을 즐길 수 있도록 만들어, 그 외 이름도 모르는 심산목深山木을 심었다. 이 마을에는 연못이 없다. 대신 창고마을로 히카루 겐지의 재보財宝를 보관했다. 아카시노 기미가 살았다.

이리하여 여태까지 니조인과 니조동원으로 나누어서 살고 있었던 부인들 중에 무라사키노 우에, 하나치루사토, 아카시노 기미가 로쿠조인에 들어가고, 스에쯔무하나와 우쯔세미가 니조동원에 남아서 니조인은 이 후 잠시 주거인이 없게 된다.

헤이안시대의 귀족 저택은 신덴즈쿠리寝殿造り라고 하여 저택의 북측에 주거지가 만들어지고, 그 앞이 넓은 정원이며 그 남쪽에 연못과 산이 만들어졌다. 히카루 겐지의 로쿠조인도 기본적으로는 같은 구조이지만 최대의 특색은 네 곳에 사계절을 배치한 것이다. 그것은 히카루 겐지의 권세와 영화의 상징이지만, 아무튼 네 곳에 사계절을 배치하는 구조는 자연과 생활과의 조화, 생활 가운데 사계절을 끌어들인 저택으로써 이상적인 저택이며 이상생활의 표상이었다고 할 수 있을 것이다.

일본 고전문학 중에는 사방 사계의 저택으로 『우쓰호모노가타리うつほ物語』에 선례가 있고, 중세의 『오토기조시お伽草子』에는 용궁이 사방사계어전이었다고 전해진다. 『겐지이야기』에서는 로쿠조인은

「부처님 세계나 불로장생의 신선세계에 비유되었다」(소녀少女)

그러나 로쿠조인이 사방사계의 저택으로 된 것은 그 뿐만이 아니라 히카루겐지의 태정대신 취임과 관련이 있었다고 생각하지 않으면 안 된다. 위에서 보았듯이 「직원령職員令」에는 태정대신은 「음양을 조화시킨다.」라고 되어 있지만, 이에 관해서 『료노슈게令集解』에는 「이 사람의 덕행, 천지와 감통한다. 바람이 5일간 불어도 가지를 꺾지 않고, 비가 열흘간 내려도 흙을 무너뜨리지 않는다. 이것이 소위 현인이요 군자니라. 언행이 바로 법칙이 된다고 할 수 있다」라고 나와 있어서, 태정대신은 그 덕행이 천지와 감통하여 자연도 오풍십우五風十雨로 온화하게 되어 태평한 세상이 된다고 생각되었다.

히카루 겐지는 그와 같은 「덕행」을 갖춘 태정대신이었다는 것이다. 로쿠조인이 완성되어 처음으로 맞이한 신춘의 풍경은 「음양의 섭리燮理」를 상징하는 듯한 신춘으로 묘사되었다.

> 年たちかへる朝の空のけしき、なごりなく曇らぬうららかげさには、数ならぬ垣根の内だに、雪間の草若やかに色づきはじめ、いつしかとけしきだつ霞に、木の芽もうちけぶり、おのづから人の心ものびらかに見ゆるかし。ましていとど玉を敷ける御前は、庭よりはじめ見どころ多く、磨きましたまへる御方々のありさま、まねびたてむも言の葉足るまじくなむ。　(初音巻)
>
> 해가 바뀐 정월초하루 하늘의 풍경, 구름 한 점 없이 화창하여, 별것 아닌 울타리 안에서조차 눈 속의 풀이 파릇파릇 색이 물들기 시작한다. 어느새 피어오르기 시작하는 안개 속에 움도 트기 시작하고 저절로 사람들의 마음도 여유로워 보였다. 하물며 한층 더 고운 자갈을 깐 (태정대신의) 뜰은 그 정원을 비롯하여 볼만한 것이 많고 여느 때보다 더 갈

고 닦은 여러 (로쿠조인의) 거처의 아름다움은 이루 다 말로 형용할 수 없었다.(하쓰네初音)

히카루 겐지 36세의 신춘의 풍경이다. 이 본문에 대해 중세 『겐지이야기』의 주석서인 『민고닛소岷江入楚』(巻廿三)는 이 단은 3단으로 나누어 「천지인의 삼재三才」라고 이해하는 것이 좋다고 하고, 「아침 하늘의 모습」이 「天」, 「별 것 아닌 울타리 안」 등이 「地」, 「저절로 사람의 마음도」라는 것이 「人」의 표현이라고 주석을 붙이고 있다. 천지인의 삼재라는 것은 천지의 자연과 인간의 삶이 조화된 태평한 세상을 의미한다. 그러한 태평한 세상은 태정대신 히카루겐지의 「덕행」에 의한 것이라고 해석한 것이다.

『민고닛소岷江入楚』는 또 이 본문에 관해서 「然るを当時仁沢世に蓋ひ黎民撫育の聖徳もあまねき故に、陰陽も燮理し、時候も相調て、秋は秋の如く冬は冬の如く春は春の如く、時節のけちめも分明に一天泰平の春也。그리하여 당시 인택仁澤이 세상을 덮어, 백성을 어루만지고 기르는 성덕이 널리 퍼져서 음양도 섭리하고 시후도 서로 조화하여, 가을은 가을답게 겨울은 겨울답게 봄은 봄답게 시절의 구분도 분명하게 태평천하의 봄이다.」라고 비평했다. 여기서 말하는 인택이나 덕행은 레이제이冷泉천황의 것이지만, 동시에 천황의 사범인 태정대신 히카루겐지의 것이기도 하다. 천황과 태정대신의 덕행이 태평한 봄을 불러들인다. 태정대신의 덕행은 그러한 것이었다. 로쿠조인은 단순히 넓고 호화로운 사치를 부린 저택이 아니라 위에서 본 것과 같은 태정대신의 이념을 표상하는 공간이었다.

이상, 헤이안 문학의 대표적인 세 작품에 관해서 유교적인 인간과 자연과의 조화를 이상으로 하는 관념이 존재했던 것을 확인했다. 문학작품에 있어서의 자연묘사는 심정표현이나 비유표현과 관련하여 폭넓은 표현이 존재하지만 그러한 것에 관해서는 생략했다.

(번역: 계명대학교 일본어문학과, 유옥희)

참고문헌

津田左右吉. 1960.『文学に現はれたる国民思想の研究』(第一巻第二篇第六章「自然観」). 岩波書店.

目崎徳衛. 1968.「古今和歌集勅撰の歴史的背景」.『平安文化史論』桜楓社.

山口博. 1973.「古今集の政治性」(第二篇第四章第九節)『王朝歌壇の研究』桜楓社.

小沢正夫. 1963.「古今集序の研究」(第一編).『古代歌学の形成』塙書房.

松田武夫. 1960.『古今集の構造に関する研究』. 風間書房.

曾我部静雄訳註. 1934.『塩鉄論』. 岩波文庫.

汪紹楹校. 1965.『芸文類聚』. 中華書局.

黒板勝美編. 1981.『類聚国史』三. 新訂増補国史大系＜普及版＞. 吉川弘文館.

釪光貞ほか著. 1976.『律令』. 日本思想大系. 岩波書店.

黒板勝美編. 2004.『令集解』新訂増補国史大系. 吉川弘文館.

韓國 傳統 山水畫의 自然觀과 그 現代的 意義

지순임 (상명대학교 조형예술학부)

韓國 傳統 山水畵의 自然觀과 그 現代的 意義

지순임 (상명대학교 조형예술학부)

1. 머리말

山水畵란 본래 山水自然 그 자체의 표현인 동시에 인간 스스로가 自然에 대하여 보고 느낀 감상을 藝術的으로 표현한 것이기에, 한국의 山水畵는 결국 한국인의 自然觀이 가장 잘 반영되어 표현된 회화라 할 수 있다.

이렇게 한국인의 自然觀이 잘 드러난 우리의 산수화는 긴 역사 속에서 수많은 뛰어난 화가들에 의해 많은 작품들이 창출되었으나 우리 역사를 돌이켜 보게 되면 빈발했던 전란과 천재지변 등으로 문화재에 속하는 산수화작품의 손실이 너무나 컸다. 그 문화재 중에서도 작품의 재질이 약한 종이나 비단에 그려진 회화작품이었기에 그 피해를 심하게 받을 수밖에 없어 수많은 산수화 작품들 중에서 극히 일부만이 오늘에 남아 전하게 된 아쉬움이 있다.

본래 하나의 문화는 자체의 전통을 이으며 외부문화와의 교섭을 통해 좋은 점을 수용해 나가야만 새로운 문화와 전통을 이룩할 수 있는 것이어서 문화는 독자적인 특수성과 아울러 국제적인 보편성을 동시에 지니는 것이다. 이에 우리나라의 회화는 중국을 비롯한 외국회화와 빈번하고 활발한 교섭을 가지면서 그것을 외국의 회화와는 스스로 구분되는 한국적 화풍으로 키워왔던 것이다. 즉 우리나라의 회화는 한국적 특수성과 국제적 보편성을 겸비하며 발전해 온 것이다.[1] 특히 우리나라회화는 중국회화와 밀접한 관계를 맺으며 발전해 왔으나 중국과 구분되는 뚜렷한 독자적 특수성을 지닌 전통을 형성한 것은 자랑스러운 일이다.

이러한 의미에서 이번 한국학 국제학술대회의 발제인 "한국전통예술의 생태학적 상상력"은 우리 한국전통예술이 지니고 있는 독자적 특수성을 밝히는 중요한 연구주제로 우리 전통예술의 계승과 현대적 발전이라는 측면에서 그 단초가 될 것이므로 의미 있게 생각한다.

오늘날 우리나라는 국제문화의 조류들이 물밀 듯이 밀려들어 오고 있는 글로벌한 사회로 형성되면서 어떻게 하면 우리만의 독자적 특수성을 지닌 전통 있는 문화국가로서 이제까지의 전통과 잘 조화되는 외래문화를 선별하여 수용할 수 있을까에 대한 지혜를 모아야 할 때이기에 참으로 시의 적절한 발제라 판단되었고 이번 학술대회의 의의가 크다고 본다.

그리하여 본 학술발표의 내용은 전통예술 장르 중에서 전통산수화

1) 안휘준. 1988.『한국회화의 전통』. 문예출판사. p.16.

에 관하여 조선시대 화가들은 산수자연을 그릴 때에 자연을 어떠한 마음으로 보고 산수화를 그렸는지에 관해 고찰하면서 그에 담긴 자연관을 밝혀보고, 이러한 전통산수화가 한국인의 자연관을 통해 우리 한국예술에서 독자적 특수성으로 남겨주는 올바른 전통의 의미와 현대적 의의는 무엇인지를 연구해 보고자 한 것이다.

2. 自然觀의 具現體로서 山水畵

山水畵는 동양인이 지니고 있는 자연관을 높은 차원으로 승화시킨 예술적 표현으로서 창의력의 대표적 표현체이기에, 다른 회화 장르보다 인간의 사상이나 철학적 생각들을 보다 다양하게 작품에 담아왔을 뿐만 아니라, 인간의 창의성을 민감하게 반영하면서 東洋人의 美意識을 나타내는데 첨단을 걸어왔다.[2)] 이는 그림을 그리는 사람과 감상하는 사람이 모두 산수자연에 거처하며 살고 있고, 이 山水自然은 자연만물의 산, 바위, 물, 돌, 나무, 풀, 계곡 등과 같은 것을 모두 포함하고 있는 커다란 물체이므로 그 내용 또한 풍부하기 때문에 이러한 자연을 예술적으로 표현하게 된 것이다. 그리고 동양인들은 자연을 보는 관점이 서양인과는 다르게 산수자연을 우주의 근본으로 생각했을 뿐 만 아니라 인체처럼 살아 꿈틀대는 생명체로 생각하였던 것인데, 예를 들면 산의 바위를 천지자연의 뼈로, 물은 천지자연의

2) 지순임. 1990.『산수화의 이해』. 일지사. p.26.

핏줄로, 나무와 풀은 천지자연의 머리털로, 구름과 안개는 천지자연의 입김으로 비유하며 생각하였다. 이렇게 동양인들은 산수자연을 살아있는 인간의 몸체에 비유하며 생각하였고, 인간이 생동하는 가운데서 비로소 인간적 가치를 가지게 되고 인생의 의미를 찾을 수 있듯이, 산수화도 산수자연에 깃들어 있는 정신과 생명의 가치를 표현하는 회화임으로 실제 산수자연을 순수하게 보고 깨달은 마음을 화가의 생태적 상상의 세계와 함께 그림으로 표현한 화화작품이 산수화인 것이다.

이러한 산수화에 대한 관념은 우리 역사의 소산물로써 사상, 문화, 가치관, 생활습관 그리고 자연환경이 머릿속에서 상상적 사유로 응고되는 것이다. 그러므로 산수화관념은 동양인의 자연관이 반영되어 이루어지는 것이기에 동양예술기본정신의 핵심을 이룬다.

이것은 산수화가 비록 그림 속에서의 산수형상일 뿐이지만, 인간과 자연사이의 정신적 차원에서 매개체 내지 통로로서 존재하여, 인간에게 회화예술이라는 예술미와 함께 산수자연의 아름다움을 동시에 감상하며 즐길 수 있게 해 주기 때문이다.[3)]

산수화가 이렇게 의미를 갖게 된 것은 동양인이 道法自然이라고 하여 자연을 모두 생성변화의 소유법칙이 되는 최고 개념을 道로 보고[4)] 자연 전체가 생명으로 가득 차 있다고 생각하였기 때문이다. 그리하

---

3) 笠原仲二. 『中國人の 自然觀と 美意識』. 創文社. 昭和57年. p.27; 賀天健. 1988. 『中國山水畵 美學問題』. 法仁文化社. p.285; George Rowley. 1974. *Principles of Chinese Painting*. Princenton University Press. pp.31~32.

4) Chang Chung Yuan. 1963. *Creativity and Taoism*. The Julian Press Inc. p.109.

여 동양인들은 인간과 우주의 근원은 바로 道라고 생각하고, 이 道는 천지자연 조화의 理法이요, 이 세계를 일관하는 질서라고 보았고,[5] 儒家나 道家를 막론하고 자연을 이탈하고서는 따로 인간이 安心立命 할 수 없는 것으로 생각하였다. 유가에서의 道는 인륜도덕 실천의 근본이 되었으며, 道家에서의 道는 자연의 질서 자체를 인간정신의 근원으로 파악한 것이다.

동양철학의 특성은 人文主義이다.

이 동양 인문주의는 인간이 자연과 합일되어 서로 융화하는 것이고, 인간의 생명은 우주적 생명과 서로 관통되어 있는 까닭에 자연과 인간본성 사이에는 아무런 간격이 없다.[6] 훌륭한 문화 전개로서의 역사는 인간을 위대하게 기술하고, 자연을 아름답게 서술한다. 자연, 인간 그리고 역사가 혼연일체가 되어 함께 운행된다고 보는 것이 동양의 인문주의적 성격이다.[7] 여기에서 인간의 자연에 대한 인식은 곧 문화이다.

이 문화의 창조는 모두 자연과 인간의 美德이 작용하여서 이루어지는 끊임없는 창조의 결과이다. 이 자연과 인간의 美德관계는 함께 참여하여 창조하는 道라고 할 수 있다.[8]

대자연이라고 하는 산수도 개별적인 자연이 모여서 된 것이지만,

---

5) 앞의 책. p.4.

6) T. H. Fang. 1957. *The Chinese View of Life*. The Union Press Hong Kong. pp.20~21; 方東美. 1985.『中國人生哲學』. 黎明文化事業公社. p.95.

7) 何懷懷.「中國之自然觀與山水傳統」. p.6.

8) 앞의 논문. p.3.

여기에서는 개별적인 하나하나의 자연들은 모두 대자연이란 개념 하나에 흡수되어 이미 독립적인 존재의 가치를 잊어버리고, 여럿이 모여서 된 大自然으로 새로운 큰 아름다움을 형성하고 있다.

한 걸음 더 나아가서 예술은 인간의 문화 창조이다. 그리고 예술의 사명은 자연과 인간에 있을지도 모르는 미완성을 이상적으로 완성하기 위한 것이다. 여기에 바로 藝術의 의미가 있는 것이다. 그리하여 예술은 이상적인 인격 형성과 더불어 인간에게 인간다운 정서를 지니게 한다. 동양에서 산수는 어진 자(仁者), 지혜로운 자(智者)의 덕을 가장 잘 상징하게 하는 도구가 된다. 곧, 어진 자는 산을 좋아하고, 지혜로운 자는 물을 좋아하며, 어질고 지혜로운 자는 즐거움(樂)과 장수(壽)를 누린다고 하였다.

산수화에 표현된 산수자연 하나만 보더라도 화가들의 표현이 은연중 깊고 그윽하게 나타내도록 재료적 측면에서도 대부분 水墨을 사용하였으며, 대부분 특정적 성격을 잃음이 없이 특수함 속에서 보편을 추구하려 하였다. 동양의 화가들은 자유와 超逸에 대한 도가적인 성향이 강했음에도 불구하고 서양화가들과는 달리 화가의 중요한 요건의 하나로서 文人的인 지적측면을 강조하였다. 그리하여 동양에서는 學者와 畵家가 한사람인 경우가 많았다. 동양화는 인문주의적 기질과 동양회화의 선비다운 성격이 조화를 이루어야 했기 때문에 양면적 위치가 가능하게 되는 것이었다. 인생문제에 대한 해답으로서 학문에 손을 댔던 공자조차도 선비의 관심은 광범위하고 인문주의적이어야 함을 요구했다. 그러기에 동양의 화가들은 견문보다도 인격수양을 비교적 중요하게 생각하였다.[9] 그리고 그들은 또 경험을 이성 위에다

놓았다. 동양화가들은 "나는 생각한다. 그러므로 존재한다."라고 말하지 않고, 오히려 "나는 경험한다. 그러므로 나는 창조한다."라고 말했을 것이다. 이러한 창조적 사유과정에서 자연은 언제나 인간과 예술의 어머니였다. 자연환경에 따라 사람도 달라지고, 사람이 다르면 그 미의식도 달라진다. 미의식이란 심리학적 입장에서 보면 미적 태도 또는 의식과정을 말하지만, 철학적 관점에서 보면 미적가치와 관련된 직접적 체험을 의미한다.[10)]

동양회화에 있어서 山水自然은 미적관조의 대상으로서 바라보며 玩賞하거나, 지나가거나, 居하고 싶은 정서를 일으키는 큰 자연물이다. 사람도 자연물의 하나이고 山도 자연물의 하나라는 총체성 속에서 볼 때, 오히려 사람은 自生自化하는 無爲로운 산이나 물보다 열악한 자연물이 된다. 이러한 열악한 조건의 자연물이 보다 우월하고 영원한 가치를 지닌 山水自然을 아무리 조형적인 표현이라 하더라도 자의로 훼손하거나 다른 모습으로 바꿀 수 없다는 믿음인 것이다. 자연은 인간의 위대한 모성과도 같은 존재이기에, 인간은 자연에서 나서 결국 그 품으로 되돌아가는 것이라는 사고가 지배하기 때문이다. 그리하여 자연의 원리에 인간을 접목시키고 일체화시키는 동양적 사고는 自然中心의 사고에서 비롯되는 것이다.[11)]

그러므로 화가는 산수자연의 실재를 예술작품 속에서 변화시켜, 미

9) George Rowley. 1974. *Principles of Painting*. Princenton University Press. p.15.
10) 竹内敏雄. 1969.『美學事典』. 東京 弘文堂 昭和52年. P.156.
11) 김병종. 1989.『중국회화의 조형의식』. 서울대 출판부. p.16.

적 향수의 방법인 미적 관조의 체험을 통해 意를 널리 펼치고[12] 진일보하여 창조적 만족까지 얻을 수 있게 해야 하고, 또한 自然을 잘 파악하여 자연에 새로운 생명을 부여하고 동시에 자기의 생명도 확대하며, 파악된 自然을 취사선택한 자연과 예술가의 주관이 서로 융합하여 승화까지 얻어지는 과정을 거쳐서, 章法의 처리, 布局, 結構, 位置 등 빼놓을 수 없는 과정을 통해 예술적인 산수화로 표현하게 된다. 이렇게 해야만 산수화의 예술미가 자연을 초월하는 자연미와 조화를 이루는 산수화 작품이 되는 것이다.[13] 이렇게 형성되는 전통산수화는 화가가 자연과 인생에 대해 최고의 이상을 갖고 淸雅하면서도 超脫한 경계로 들어가 산수자연이 지닌 정신 風趣가 순수하게 物象 이상으로 초월함을 표현한 것이 되고, 이렇게 표현된 산수화의 아름다움은 서양의 풍경화와는 다른 情趣를 지니게 된다.[14]

이상에서 고찰한 바와 같이 작가가 山水自然에 내재된 정신풍취를 자연물상 이상으로 초월하여 표현하려면 산수자연의 구조부터 정확하게 파악해야 하는데, 그렇게 되려면 해부학적 구조와 색채과학을 응용할 수 있어야 한다. 해부학적 구조는 우선 각종생물을 인간과의 유기적 관계로 이해하는 것이 지름길인데, 옛사람들은 이미 산수자연을 인간의 몸에 비유하여 산의 돌과 바위는 인간의 뼈로, 산의 물은 혈맥으로 비유하고, 풀과 나무는 머리카락으로 삼고, 안개와 구름은

12) 화가의 意를 펼치는 세계는 예술가의 상상력을 펼친 세계와 같은 맥락임.

13) 지순임. 1991.『산수화의 이해』. 일지사. p.152.

14) 앞의 책. p.145.

인간의 정신과 안색으로 비유했으며 산 속의 흙은 인간의 살에 비유하여 산수자연을 파악했다.[15] 이렇게 파악된 자연을 실제로 화면에 옮길 때 화가들은 굴곡을 볼 수 있는 주름모양의 준(皴)으로 그 형상을 표현한 것이다.

색채과학에 관해서도 동양의 산수화는 서양과 같이 다양한 색을 사용하지 않고, 통상적으로 7가지 색(黑墨, 赫石, 花靑, 藤黃, 朱膘, 石靑, 白色)을 사용한다. 게다가 대개는 7색 모두를 사용하지 않고 극히 일부만을 사용하는 것이 특색이기도 하다.[16] 자연계의 형상은 기이하고 다양하지만 산수화는 이렇게 검은 墨色을 기조로 하여 단순하게 표현하여도 계절, 시기, 기후 등을 충분히 구별할 수 있게 한다. 왜냐하면 산수화의 색채사용은 우주간의 모든 사물을 표현할 때 墨色을 五色으로 나누어 표현하며 餘白의 光彩와 더불어 水墨의 厚重한 느낌이 그 순결한 맛을 감하지 않는 독특한 효과로 드러나기 때문이다. 여기서 작가의 정신이 함유된 筆情墨趣가 더해지게 되면 모름지기 두루 생명을 갖추게 되어 예술적 아름다움의 생명력을 갖추게 되는 것이다.

이러한 과정을 거쳐 작품화된 산수화는 화가의 단순한 붓끝의 움직임인 솜씨로만 그리는 것이 아니라 화가의 마음과 깊은 관계를 가지기에 결국은 화가의 진실한 자신의 인격표현이 된다.[17] 여기에서 화

---

15) 郭熙.『林泉高致』.「山水訓」. ("山以水爲血脈 以草木爲毛髮 以煙雲爲神彩.")

16) 伍蠡甫編.『山水與美學』. 丹靑藝術叢書 圖書有限公司. 中華民國 76年. p.195.

17) 福永 光司.『藝術論集』. 朝日新聞社刊. 昭和52年. p.313.

가 자신의 진실한 인격표현이란 화가가 마음껏 즐기고 마음껏 본 산수자연이 우리에게 정신적인 逍遙를 하도록 하는 힘을 주는 것이 되고, 우리는 그 정신적인 힘으로 예술의 숨은 모습과 자신의 잠재력까지 동원되어[18] 산수화를 제작할 수도 있고, 또 감상할 수도 있는 것이다. 그리하여 산수화는 우리에게 정신적인 위안과 활력을 돋우어 주는 역할을 한다.[19] 결국 산수화는 한 위대한 예술가의 인격적인 정신과 산수자연을 통해 관조된 정신이 조화를 이룬 예술세계이고, 또한 화가의 인격수양을 통한 표현의 경지에서 이루어지는 회화를 일컫는 것이다.

우리나라에서 산수화는 청동기시대부터 자연현상의 일부를 線刻畵로 표현하고자 했고, 5세기경 삼국시대의 고구려 고분벽화인 수렵도의 배경으로 山水를 묘사하고는 있었지만, 산수화가 독립된 회화로서 본격적으로 그려진 것은 고려 仁宗朝(재위 1123~1146)의 화원 李寧이 <禮成江圖>와 <天壽寺南門圖>를 그렸던 때라 볼 수 있다.[20] 그리하여 11세기 중엽에 고려의 '착색산수도'들이 이미 중국으로 전해지고 있었고, 이 무렵부터 산수화는 우리나라의 산천을 소재로 그린 實景山水畵와 중국에서 모형화되고 규범화되면서 보편적으로 인식되었던 定型山水畵의 두 갈래로 전개되었다. 이러한 기록은 정인지가

---

18) 鄭昶. 1975.『中國畵學全史』. 中華書局. p.325; 徐復觀.『中國藝術情神』. 學生書局. 中華民國70年. p.334.

19) M. Sullivan. 1979. *The Arts of China*. University of Califonia. p.156; 지순임. 1991.『산수화의 이해』. 일지사. p.139.

20) 안휘준. 1988.『한국회화의 전통』. 문예출판사. p.114.

撰한 「高麗史」 李寧條에 있는데, 고려 중기에 문종(1040~1083)은 학문과 예술을 좋아하는 왕이었기에 중국문물을 많이 받아들였고, 재위 28년에는 중국에 가는 사신들로 하여금 산수화를 구입해오게 한 기록[21]이 있음으로 보아 고려의 산수화는 중국회화의 풍격을 갖춘 수준의 작품들을 모방한 것이라 생각된다. 이후, 실경산수화가 초기의 실용적 기능에서 점차 감상적인 臥遊物로 이행되면서 우리 산천의 빼어난 실물 경관을 통해 자연의 참된 본체인 眞境을 구현하는 방향으로 나아갔다면, 정형산수화는 고전화된 가상경의 틀을 통해 주로 자연의 本質美를 추구했었다.[22] 이러한 산수화에 대한 인식적 흐름은 당시의 유가적 이념과 한문학적 교양을 토대로 문인사대부들의 親自然 · 歸自然的 의식세계와 밀착되어 본격적인 발전을 보게 된 것이다. 즉 문인사대부들은 산수를 合自然의 이상적인 삶을 자각하고 확충할 수 있는 이념적 심미대상으로 인식했기 때문에, 산수자연을 그린 산수화를 臥遊之資로 삼아 적극적으로 선용함에 따라 이 문인사대부들이 역사와 문화를 이끄는 계층으로 성장하면서 조선왕조 개창의 주역으로 나섰던 14 · 15세기에 우리 회화사를 주도하는 갈래로 성행하기 시작했던 것이다.

그런데 이 시기의 문인 사대부들은 중국문화를 보편문화로 받아들였기 때문에 자연관과 함께 중국의 정형화된 산수화를 오묘한 자연미의 고전적 이상경으로 애호했었다. 그리하여 조선초기에는 성리학이

21) 鄭麟趾等撰.『高麗史』卷122.「列傳」卷35. 方技篇 李寧條.

22) 洪善杓. 1999.『朝鮮時代繪畫史論』. 文藝出版社. p.451.

발흥했던 강남지역의 소상팔경과 古賢들이 거닐며 暢神樂道했던 명경들, 그리고 현묘한 자연현상 속에서 무궁한 이치를 지닌 경관이 그려졌었다. 이러한 정형산수화는 북송대의 李郭派양식에서 점차 남송대의 馬夏派양식이 가미되는 방향으로 전개되었는데, 15세기에 이르러 安堅에 의해 조선화풍으로 종합되었다.[23)]

그리하여 조선 초기(약1392~약1550) 산수화부터는 자연을 사랑하는 당시 사대부들의 浩然之氣와 밀접한 관계를 가지고 크게 성장하기 시작하여 우리 한국고유의 산수화를 그리기 시작하였으며, 조선 중기(약1550~약1700)를 거쳐 후기(약1700~약1850)에 이르면 이 회화들이 한국의 전통정신들을 담아 한국적인 산수화로 뿌리를 내림에 따라 직접적으로 관조할 수 있는 빼어난 실물 자연경관을 그려, 감상을 위한 산수화로 주목되면서 종래 실용적 차원의 실경을 그렸던 산수화에서 眞景山水畵로 발전하게 되었다.[24)]

이러한 진경산수화는 조선시대 문인 사대부들이 유가적 이념 속에서 중국고전을 지향한 모방적이고 형식화된 산수화를 통해 향유활동을 해왔던 역사적 인습과 굳어져가는 답습풍조에 대한 반성에서 출발하여, 우리 실물 자연경관에 대한 가치를 재인식하는 계기와 더불어 새로운 한국적 회화 사조를 형성하게 된 것이다. 이 훌륭한 창의성이 돋보이는 한국적 양식의 진경산수화를 탄생시킨 화가가 바로 겸재 鄭敾(1676~1759)이다.

---

23) 앞의 책. p.453.
24) 앞의 책. P.455.

鄭敾의 진경산수화는 한국 고유의 실제 자연산수와 여기에서 유발되는 우리 한국인 고유의 정서를 드러나게 하여 한국산수화전통으로 뿌리를 내리게 한 것이다.

이러한 산수화의 표현은 자연환경과 불가분의 관계에 있다.

한국미술이 전통적으로 중국의 영향권 내에서 주요한 미술양식을 수용해 왔으면서도 전적으로 中國化하지 않았던 것은 높은 文化的 獨自性에 기인된 것이기도 하겠지만, 중국의 자연환경과 한국의 자연환경이 서로 다르다는 점도 원인이 되고 있다.[25] 중국미술의 현저한 思潮를 공간적 접촉에 의해 수용한다 하더라도 그것이 土着的 美感 속에서 한국화 함으로써 중국을 둘러싼 다른 민족들의 경우처럼 中國化되지 않았다는 사실은 恣意的인 어떠한 수용에도 불구하고 한반도의 자연조건이나 환경이 중국과 다르고[26] 또 우리 한국인이 자연과 同化하려는 物我一體的 自然觀을 지니고 있었기 때문이라 생각한다.

한국 산수화는 우리자연의 특성을 잘 파악하여 미감적으로 표현한 회화장르이다. “우리 한국은 山高水麗하여 高麗라 일컬어져 왔고, 아침이 맑은 나라이어서 朝鮮이라 불리었다. 한국의 자연은 요란스럽게 우뚝 선 고령이 있어 위압하거나 도도히 흐르는 대하가 있어 웅장한 느낌으로 사로잡지 않는다. 바다는 모두 內海로서 평화로운 기분을 자아내니, 한국인은 남달리 자연에 대한 애착을 가지고 살아왔다.”[27]

---

25) 全海宗. 1979.「歷史上의 韓國人의 對外觀」.『韓國과 中國』. 知識産業社. pp.38~41.
26) 김병종. 1989.『중국회화의 조형의식』. 서울대 출판부. p.7.
27) 조요한. 1994.『예술철학』. 미술문화. p.206.

맥쿤 여사가 그의 『한국미술』에서 지적한 한국미의 특징도 같은 맥락인데, 그녀는“한국인이 살고 있는 세계에 대한 깊은 감정을 나타내는 보수성과 자연에 대한 사랑으로 집약될 수 있다고 하였다. 즉 한국은 중국보다 시간의 변화가 느려서 옛 방식이 새 형식으로 대치되지 않으며, 또 국토에 대한 애착도 강하여 한국인이 일을 할 때는 모두 집 밖에서 자연을 벗 삼아 행하는 모습들이 자연에 대한 사랑으로 돋보였던 것이다. 즉 농민들은 ‘마당’에서 모든 일을 행하고, 귀족들은 ‘정자’에서 행하는 것이 그 보편적인 모습이었고, 음악과 무용이 다 집 밖에서 행해지는데, 그것은 아시아의 다른 민족보다 더욱 특징적인 것이라고 본 것이다.”[28] 이러한 한국인의 자연에 대한 애착과 자연현상의 순수한 수용으로 우리 자연과 어울리고 합일하려는 성향이 산수화로 드러난 것이다. 왜냐하면 우리 한국의 산은 대체로 老年期의 非山非野의 土波로 되어 있어 중국의 華北山水처럼 웅장한 기암괴석과 바라보는 사람을 혼절시킬 만한 극적 장면의 연속성은 보기 어렵기 때문이다. 이런 관점에서 볼 때 우리 나라 湖南地方의 山勢나 氣候, 風光條件과 朝鮮南宗畵가 조화를 이루어 근대에는 호남지방을 중심으로 粗野한 양식을 형성하게 되었던 것도 자연환경과 유관한 것이라 할 수 있다. 그리하여 한국미술의 端雅함과 非整齊性 같은 요소를 지니고 있는 것도 한국의 자연조건으로부터 기인된 것으로 보아 무리가 없을 것이다.[29]

---

28) Evelyn B. McCune. 1982. *The Arts of Korea : Illustrated History*. Aaia Humanities Press. Berkeley. pp.21~22.

29) 김병종. 1989.『중국회화의 조형의식』. 서울대출판부. p.9.

즉, 한국인은 중국문화권의 사상적 영향을 크게 받고는 있었지만, 우리는 한국 산수자연 속에서 살고 있고, 화가들은 이 산수자연을 토대로 한국적 자연풍토에 맞는 산수화를 그렸기 때문에, 우리만의 독자적 특수성이 드러나는 산수화를 그려, 전통산수화의 뿌리를 내릴 수 있었던 것이다. 이러한 전통의 뿌리를 내릴 수 있는 우리문화를 식물에 비유한다면 사상은 뿌리이고 산수화 작품은 꽃에 해당된다고 보아야[30]하는데, 이 산수화의 뿌리에 해당되는 사상은 그 당시의 시대정신과 산수자연을 보며 생각하는 자연관이 핵심을 이룬다.

3. 韓國傳統山水畵의 自然觀

1) 朝鮮 初 · 中期 山水畵의 物我一體的 自然觀

韓國傳統山水畵에서 傳統이라고 했을 때는 周易의 陰陽五行과 이 세계는 끊임없이 변화한다는 易의 원리 등의 정신적인 측면과 질료 즉 紙筆墨을 기반으로 하는 재료적인 측면을 구분해서 생각해 볼 수 있다. 정신적인 측면은 韓國山水畵를 형성시켰던 세계관, 자연관, 삶의 가치기준에 대한 것으로 산수화를 그림으로 그렸던 화가들의 마음에 해당된다.

조선시대 산수화를 이해하려면 이 시대를 주도한 사상을 알아야 하

30) 崔完秀. 1994.「朝鮮王朝 書畵史 槪說」.『澗松文化』. 46 韓國民族美術硏究所. p.53.

는데, 조선은 개국 당초부터 성리학을 국시로 천명하였다. 원래 性理學[31]은 '修己治人'의 방법으로 치세를 목표 삼던 유교 윤리에 불교의 철학적 우주론이 영향을 미쳐 만물의 생성원리와 원인을 규명하려는 학문 경향으로 발전했던 宋代 儒學의 한 분파이다. 이는 보편적이고 불변적인 理와 현상적이고 가변적인 氣로써 宇宙의 생성변화를 설명하는 理氣論을 자연과 인간, 그리고 사회에 적용하는 것이 성리학 전체의 기본 이론이었다.[32] 그리하여 朝鮮 初·中期 山水畵(1392~1700)에서는 '修己治人'의 방법으로 樂山樂水하는 선비들에 의해 物我一體的 自然觀이 잘 드러나는 道家的 성향의 작품들이 많이 제작되었던 것이다.

그리하여 조선 초기(약1392~약1550)에는 자연을 사랑하는 士大夫들의 浩然之氣와 밀착되어 山水畵가 그려지기 시작하였고, 이 시대의 山水畵風은 高麗時代로부터의 전통계승을 우선하고 한편으로는 중국으로부터 들어온 화풍을 수용하면서도 조선시대 특유의 韓國的 山水畵風으로 발전시킨 것이 의미 있다.[33] 그 예시작품으로 안견의 그림1<夢遊桃源圖>와 강희안 그림2<高士觀水圖>의 작품을 통해 파악해보면, 이 시기의 최대 거장인 안견(1418~?)은 李郭派畵風의 준법은 수용하였지만 그 그림의 분위기는 독자적 畵風을 형성하고 있어 후대회화에 많은 영향을 미쳤던 점에서 특히 중요시되는 화가이다.

---

31) 고려 충렬왕 때 晦軒 安珦(1243~1306)이 『朱子全書』를 통해 최초로 우리나라에 소개함.

32) 고영진. 2003.「조성성리학의 흐름」.『조선성리학의 세계』. 국립중앙박물관. p.160.

33) 안휘준. 1992.『한국회화의 전통』. 문예출판사. p.125.

[그림 1] 안견<夢遊桃源圖> 1447년 비단 수묵담채, 38.6×106.2㎝ 일본 천리대학교 도서관소장

그의 그림1<夢遊桃源圖>는 세종대왕의 셋째 아들 安平大君 李瑢(1418~1453)이 1447년 어느 여름밤에, "꿈속에서 노닐었던 도원을 그린 그림"인데, 안견의 유일한 眞作으로 조선 초기 山水畵의 특색들을 잘 보여 주는 작품이다. 이 작품은 준법과 필묵법에서는 중국의 畵風을 수용하였지만 구도와 공간개념 그리고 분위기의 측면에서 韓國的 山水畵로 그 특색을 강하게 보여주고 있다. 즉, 몇 무더기로 흩어져 있는 듯이 보이는 산과 언덕의 景物들이 서로 조화되어 하나의 총체적인 山水를 이루고 있고, 대각선구도, 황홀한 도원세계의 복사꽃잎 꽃술에는 금가루가 반짝이고, 병풍처럼 사방을 둘러싼 기괴한 봉우리들은 脚光을 받아 얼비칠 정도로 선명하게 표현하여, 확대된 공간에 환상적인 도원경과 수직과 수평의 대조, 斜線運動에 의해 달성되는 웅장함, 그리고 아직 꿈에서 채 깨지 않은 듯 왼쪽의 현실경은 오히려 초점이 뚜렷하지 않게 표현되어, 이 작품을 매우 특색 있는 것으로 부각시킨다. 특히 이 작품에 표현된 형상들은 모두 현실의 산수경물이지만 실제로는 꿈속의 정경을 그린 그림이기에 화가의 산수자연에 대한 인식과 뛰어난 상상력을 엿볼 수 있는 작품이다. 그러기에 이 작품의 賦詩에는 "그림 한 폭에 神仙의 경계를 드러냈으니, 온 宇宙의 원기를 펴 올렸도다!"[34]라고 한 구절은 결코 과장만은 아니다. 이렇게 적막하고 아득한 아름다운 무릉도원 절경의 경지를 도가적인 취향을

가지고 있었던 안견은 꿈의 세계를 상징할 수 있는 도원경을 그리는데, 깎아지른 높은 산을 아래에서 위로 올려다본 고원법의 시각으로도 그리고, 높은 곳에서 아래쪽을 폭넓게 내려다보는 심원법의 시각으로도 그렸으며 비슷한 눈높이에서 먼 뒷산까지 멀리 바라본 평원법의 시각으로 우리 옛 그림의 삼 원법의 시각을 모두 활용하여 그려낸 안견의 상상력이 돋보이는 작품이기도하다. 이<夢遊桃源圖>에는 안평대군이 직접 쓴 跋文이 있으며, 서거정 정인지, 김종서, 박팽년, 성삼문, 신숙주 등의 선비들이 각기 詩文을 짓고 써서 그야말로 詩, 書, 畵를 모두 겸비하여 구현한 三絶의 요소를 갖추고 있는 작품이기도 하다.

한편 몽유도원도와는 다른 경향의 산수화풍으로 보여준 문인화가가 바로 강희안(1417~1464)이다. 이 강희안의 그림2<高士觀水圖>[35]는 절벽을 배경으로 턱을 고인 채, 바위 위에 엎드려서 물을 바라보고 있는 고결한 선비(高士)를 그린 그림으로, 인물에 역점을 두고 山水는 배경으로 간략하게 처리하였으며, 筆墨法이나 皴法등에서는 浙派의 小景山水人物畵와 연관성이 있는 것으로 보인다. 화면의 중심부에서 畵意에 핵심을 이루고 있는 高士의 초탈한 자태는 혼탁한 속세를 피해 자연 속에서 마음을 닦고 심성을 수양하고자 했던 당시 선비들의 高雅한 풍모를 보는 듯하다. 이는 곧 俗塵에 찌든 옷을 훨훨 벗어 버리고 저 한가로운 江湖에 나가 悠悠自適하고 싶거나, 公事에 얽매

34) 李賢老.「賦詩」.(“揭仙境於一圖兮 挹元氣於八荒.”)
35) 안휘준. 1988.『한국회화의 전통』. 문예출판사. p.130.

[그림 2] 강희안<高士觀水圖>
15세기중반, 종이에 수묵, 23.4×15.7㎝ 국립중앙박물관 소장

인 관계로 정신만이라도 名利에 얽힌 세상사를 떠나 자연 속에서 거닐며 그 본성을 회복하고 싶어 했던 작가 자신의 모습일 수도 있다.[36] <高士觀水圖>의 구도는 바위절벽과 畵中人物, 岩盤, 그리고 水面 등이 대각선상에 놓여 있어 기본적으로 南宋院體畵風의 邊角構圖를 취했으나, 화폭 속에 보이는 공간은 제한된 작은 공간임에도 느껴지는 것은 대단히 여유로운 공간으로 느껴지게 한다. 그것은 생명감 느껴지는 바위를 닮은 노인선비와 화면의 공간이 일체감을 느끼게 하여 바위와 노인선비가 함께 살아 있음을 인식하게 하기 때문이다. 먹 선으로 그은 나무덩굴 가운데 옆에서 짙게 툭 쳐 올린 획이나 끝부분에서 허공을 슬쩍 그어댄 획을 보면 살랑살랑 바람이 분다는 사실도 알 수 있다. 또한 이 바람은 잔잔하던 물 위에도 작용하여 결이 고운 파문을 일게 한다.[37] 결국 <高士觀水圖>에 보이는 선비가 바라보고 있는 물, 이것은 옛 부터 지혜로운 사람들이 사색의 대상으로 삼았던 물로, 이 물은 만물의 근원으로서 모든 생명의 動的인 것을 상징하며[38] 최고의 善[39]으로 생각했기

36) 홍선표. 1999.『조선시대 회화사론』. 문예출판사. p.373.
37) 오주석. 2002.『옛 그림 읽기의 즐거움』. 솔출판사. p.30.
38)『管子』.「水地」. (“水者 萬物之本原也 諸生之宗室也.”)
39)『老子』.「道德經」. (“上善若水 水善利萬物而不爭 處衆人之所惡 故幾於道.”)

때문에 <高士觀水圖>의 선비는 인적이 없는 고요한 산 속에서 잔잔하게 흐르는 물을 자신의 벗으로 삼아 한가로움을 즐기면서 우주적 차원의 관조세계에 깊게 빠져있었던 것이다. 절벽의 자연경물을 배경으로 바위위에서 턱을 고이고 있는 高士의 모습은 사대부들의 이상적 모델로 활달하며 강렬하게 표현함으로써 자연속의 분위기들과 物我一體되는 마음으로 자연과 동화된 상태로 보이며, 그 순진한 자연의 성정을 익히고자 하는 태도까지 엿볼 수 있다.

[그림 3] 김시〈童子牽驢圖〉 16세기 후반 비단에 채색, 111×46㎝ 호암미술관소장

강희안은 畵格이 뛰어난 서예가이면서 학자였고 시인이기도 했던 사대부 화가로 당대 제일로 꼽혔으므로 개인적 재능의 뛰어남을 <高士觀水圖>를 통해 자연에 동화되는 즐거움을 찾고자했던 것을 산수화로 표현한 것이다. 강희안은 "그림은 自然의 조화와 짝 한다."고 보고 이를 구현하기 위하여 天地萬物의 생성이치와 특성을 탐구해야 한다고 인식했다. 조선 초기의 士大夫들은 그림 자체를 사물의 이치에서 구현하여 하늘이 준 생태적으로 타고난 본연의 질박한 自然性을 보존하고 기르는 일을 귀하게 여겼다.[40] 결국 15세기 중엽 경까지 산수화는 天地萬物의 이치를 터

40) 洪善杓. 1999.『朝鮮初期의 繪畵觀』. 문예출판사. p.606.

득하여 자연성에 따르면서 자연과 동화되는 즐거움의 하나로 산수화를 그리는 것이 사대부교양의 하나로 자리 잡게 되었다.

조선중기(약1550~약1700)의 산수화는 초기의 安堅派畵風과 南宋院體畵風이 추종되면서 浙派畵風이 크게 유행되었다. 초기에 형성된 이러한 화풍들을 계승하면서 이 시대 나름의 특색으로 발전시켰던 점은 明代의 米法山水畵風을 포함한 南宗畵風을 수용하기 시작하였던 점이다.[41] 그리고 이 시기는 정치적 사회적으로 매우 어렵고 혼란한 시대였지만 성리학적 가치체계의 확립, 도교사상의 저변확대 등 이상적인 면에서는 상당한 성과를 이루어 특색 있는 산수화풍을 형성할 수 있었다. 특히 성리학의 정착으로 선비들이 사회를 주도하게 되자 청빈과 근엄함을 너무 강요한 나머지 아름다운 예술은 자취를 감추게 되었으며, 소박하고 사치스럽지 않은 자연스러운 천연적인 미술만 살아남게 되었다. 미술계의 획기적인 변혁이라고 할 수 있는데 흔히 한국미술의 특징이라 말하고 있는 자연주의적 양식은 조선중기에 이렇게 변화된 미술양식을 보고 정의를 내린 것이라 할 수 있다.[42] 예시작품으로 金禔(1524~1593)의 그림3<童子牽驢圖>를 살펴보면, 이 작품은 안견파 화풍을 따르면서도 그 나름의 편안한 산수 경물 속에서 童子와 나귀가 실랑이하는 모습을 주제로 정감 있게 묘사하였는데, 그 주변의 언덕과 後景의 주산은 큰 소나무에 의해 연결된 듯 조화되어 있다. 그런데 主山의 표면은 넓적넓적한 흰 면들로 이루어져

41) 앞의 책. p.132.
42) 문명대. 1989.「한국미술사의 시대구분」.『한국학연구』제1집. p.274.

있고, 그 흰 면 안팎에는 검은 皴擦로 처리되어 흑백의 대조가 현저하며 오른편 위쪽의 넉넉한 여백은 바로 가을하늘을 상징하는 것같이 맑게 느껴진다. 이러한 묘사는 물론 浙派畵風과 유관하지만 산천을 배경으로 하여 말의 고삐를 끌고 물을 건너려는 소년과 고집을 부리면서 안간힘을 쓰며 버티는 당나귀 사이의 밀고 당기는 힘을 쓰고 있는 동작을 적나라하게 묘사한 것이 전체적 분위기를 소박하게 하고, 한국적 정취와 더불어 해학적 분위기를 맛보게 한다. 이것은 인물표현이 과거 산속 깊숙한 곳에 있어 조그마한 점경인물로 묘사되고 인간이 자연을 멀리서 향수하는 자세로 표현 했던 이전의 산수화보다는 근경에 소년을 표현했음으로 해서 훨씬 현실적으로 자연을 가깝게 인식하고 있음을 느낄 수 있어 인간과 자연이 친화관계에 있게 되었음을 알 수 있는 작품이다.

결국 조선 초 · 중기의 산수화는 山水自然에서 樂山樂水하며 自身의 性情을 陶冶하고 自然의 順理에 따라 상상력을 동원하여 그림 속에서 自己同一化하는 예술세계를 형성하였음을 알 수 있다. 그러므로 이 시기의 산수화작품에서는 선비화가들의 自己同一化하려는 예술의지를 통해 物我一體的인 자연관을 지니고 있었음을 발견할 수 있다.

2) 朝鮮 後期山水畵의 朝鮮性理學的 自然觀

조선후기에 이르러서는 주자성리학이 朝鮮性理學[43])으로 기틀을 확

---

43) 崔完秀. 1994.「朝鮮王朝 書畵史 槪說」.『澗松文化』46. 韓國民族美術硏究所. p.58.

립하게 되고, 이 시기부터 예술적 표현양식들도 조선화되기 시작하면서 우리고유의 색채를 지니는 문화가 형성되기 시작하였다. 즉 율곡계의 문인들은 우리 산천을 소재로 하는 眞景詩를 읊게 되었고, 글씨는 石峯 한호(1543~1605)가 고유색 짙은 단정한 해서체를 이루어 놓았으며, 이에 따라서 그림도 진경화법을 요구하게 되었다. 이때 문인화과에 해당하는 매, 죽, 난, 포도, 묵매의 그림들은 조선고유색을 선도하기 시작했고, 산수화 부분에서는 鶴林正 이경윤(1545~1611)과 虛舟 이징(1581~?)부자에게 기대한 듯 하였으나 이들이 오히려 복고풍으로 되돌아감으로써 후일 인조반정의 주역으로 참여했던 滄江 조속(1595~1668)에 이르러서야 비로소 그 단서가 열릴 뿐이었다. 인조반정은 율곡학파(西人)가 주동이 되고 퇴계학파(南人)가 묵인한 혁명인데, 율곡학파가 승리한 결과로 매듭지어졌으므로 조선성리학은 조선중화주의가 사상적 바탕이 되며 새로운 진경문화를 창출하게 되었다.[44] 이때에 三淵 김창흡(1653~1722)이 자신의 眞景詩 기틀을 마련하고 西浦 김만중(1637~1692)이 한글소설을 써냈으며 謙齋 정선(1676~1759)은 진경산수화를 확립했고, 觀我齋 조영석(1686~1761)이 풍속화풍을 정립한 진경문화들이 창달 되었다. 이들은 모두 율곡의 학과 맥을 잇는 조선성리학파의 사대부들이었다.[45] 본래 성리학은 우주자연과 인간의 근본문제를 탐구하는 철학적 유학

44) 智順任. 2009.「眞景山水畵와 朝鮮性理學」.『한국학연구』30. 고려대학교 한국학연구소. p.43.

45) 앞의 책. p.61.

인데, 조선성리학은 氣一元論의 입장인 花潭 서경덕(1489~1546)과 理氣二元論을 주장한 退溪 이황(1501~1570) 그리고 理氣一元論을 주장한 栗谷 이이(1536~1584)에 의해 절정을 이루었다.

우선 花潭의 자연관은 자연(天)과 더불어 사는 인간(人)을 이상으로 생각하는 관점이었기에 인간과 우주자연이 一氣의 작용에 의해 생성된 존재라는 만물일체관의 관념이다. 이 관념은 宋代 성리학자들의 萬物一體觀 또는 物我 一體觀과 서로 상통하는 것으로 氣一元論의 宇宙自然觀은 바로 유학에서 추구해 왔던 天人合一의 목표에 도달할 수 있는 근거를 마련해준다. 그리고 우리 인간은 자연과 하나라는 생각에서 인간이 자연과 더불어 살아가는 존재라는 생각에 도달하게 된다.[46] 천지자연 우주만물의 자연을 창조과정으로 보는 이론이 있다. 이 이론은 존재가치를 지닌 인간과 그 우주만물의 근원으로서 道의 관계가 어떠한가를 易經에 나타난 道의 포괄적 개념을 氣의 작용으로 풀어나간 이론이다.

"상리로서의 도를 세상 어디에나 스며있는 생명의 흐름으로 보라. 이 생명은 어디에서 왔으며 또 어디로 가는 것인가? 우리가 아는 지식의 영역을 넘어서 일종의 신비에 속하는 문제이다. 생명과 그 자체는 무한하다. 그래서 무한자로부터 무한한 생명이 오고 또 무한자에게 유한한 생명이 연속되어 뻗어 있다. 만물은 커다란 변화의 흐름 속에서 변천하는데, 그 과정은 다함이 없는 우주의 기원을 받아서, 끊임없이 모습을 바꾸며 자라나고 움직여 돌아감으로써 의리에 어긋남이 없이 生生不息

46) 앞의 책. p.185.

運轉不義한 것이다."[47]

이 끊임없는 창조적 진보의 과정이 바로 道이다. 道는 따지고 보면 善의 본질인데, 이 모든 원초적 자연과 생명이 모두 여기에서 유출되어 나온다. 이와 같이 원초에서 흘러나온 생명의 원동력은 모든 가치를 뛰어 넘기 때문에 선험적이다. 아니 초월적이요 나아가 善의 완성된 모습이다. 그것은 마치 하늘, 땅, 공기, 물을 진동시켜 울려 퍼지는 영원한 교향곡과 같이 자연은 쉬지 않고 '生生不息' 창조진행의 과정이고, 인간은 이 같은 자연의 진행 속에 천지자연이치의 도움으로 만물을 길러 자라게 '參贊化育' 하는 공동의 창조자로 생각하였다. 그러므로 우주자연과 인간은 둘이 아닌 하나로 곧 내재적 생명과 외재적 환경이 일관된 道로 융합되어서 이른바 '廣大和諧' 의 조화통일을 이룩할 수 있는 것이다.[48]

花潭의 뒤를 이은 退溪 이황은 陰陽動靜하는 작용으로서의 氣와 그 작용원리로서의 理를 통하여 이 세상의 모든 현상은 理와 氣가 같은 비중으로 작용한다는 理氣互發說의 입장이어서 이와 기는 서로 섞이지 않는다는 理氣二元論의 입장을 견지했다. 이러한 경지는 성리학이 조선에 토착화하여 조선성리학으로 발전하는 계기가 되었고 그의 이론적 핵심은 理의 능동성을 인정하는 主理論을 펼치게 된 것

47) Thomé H. Fang. 1976. *The Chinese View of Life*. The Union Press. Hong Kong pp.20~21.

48) 지순임. 1993.『산수화의 이해』. 일지사. p.33.

이다.[49] 그는 인간의 바람직한 품성인 仁어짐, 義의로움, 禮예의, 智지혜 등의 四端은 理에 의해 발현되고 반면에 喜기쁨, 怒노여움, 愛사랑, 樂즐거움, 哀슬픔, 惡미움, 慾욕심의 감정인 七情은 氣의 작용으로 나타난다고 보았다. 그리하여 인간의 인식능력을 충분히 발휘하여 사물의 이치를 탐구해야 한다는 것이다. 곧 格物致知하라는 뜻이다. 그러면 어떻게 탐구하는가? 사물에 직접 나아가서 그 사물의 이치를 탐구하라고 하였는데, 그것은 바로 '卽物窮理'해야 한다는 말이다. 본래 이치란 사물에 卽해 있는 것이지 허공에 매달려 있는 것이 아니기 때문이다.

이러한 退溪 이황의 사상은 栗谷 이이에 의해 계승되는데, 栗谷은 이전까지 이루어놓은 학문적성취로서의 성리학적 이념들을 현실사회에 직접 연결시켜 경험적 사실에 근거하는 주기론을 강조하였다. 이 관점을 진경산수화와 결부시켜보면, 자연 속에서 머물며 자연과 더불어 조화롭게 살아가는 삶을 이상적으로 여겼던 隱者의 면모를 지녔던 화담의 主氣論적 특성은 퇴계의 格物致知로 인간의 인식능력을 통해 자연사물의 이치를 바르게 파악해야하는데, 이를 위해 실제로 자연사물에 나아가서 그 이치를 탐구하는 '卽物窮理'의 경지에 도달하게 된 것이다.

그러므로 율곡의 유가적인 도덕적 관념이 산수 자연을 통해 修己致身할 수 있고, 문인사대부들의 樂山樂水의 실제 자연체험을 충족할 수 있는 산수자연을 찾아가는 계기가 되었을 것이다. 즉 율곡의 시대

49) 정옥자. 2002.『우리선비』. 현암사. p.11.

에는 자연산수를 실제 천리만리 경험하는 것이 중요시 되었고, 天人合一의 미적 경계를 감수하려는 노력의 일환으로 산수 유람이 권장되기도 하였을 것이다.

결국 조선 성리학적 입장에서 산수자연을 보는 관점은 우주만물 일체관에 입각하여 그 자연사물의 이치를 탐구하기위해 '卽物窮理'의 경지에서 실경산수를 직접 체험하며 그 산수자연을 매개로 天人合一의 미적경계에서 감수하려는 의지로 진경산수화가 그려지게 되었을 것이다.

이러한 사상이 토대가 되어 진경문화가 창출되었기 때문에 前代에 유행하였던 浙派畵風을 위시한 전통적 화풍들이 현저하게 쇠퇴하고 대신 南宗畵風과 그것을 토대로 발전한 眞景山水畵風이 풍미하게 되었다.[50] 특히 진경산수화를 최초로 창출해 낸 겸재는 三淵의 제자로 그가 이루어낸 진경시의 예술세계에서 영향을 크게 받아, 참다운 우리산수의 眞景을 대상으로 그 본질만을 취하는 간결한 구도로 산천을 음양으로 대비시켜 표현한 것이며, 같은 문하에 있던 평생지기 槎川 이병현(1671~1751)과 詩畵相看의 약속을 하고 詩와 그림을 서로 바꾸어 보면서 회화가 詩와 서로 보완되는 경지를 개척하기도 하였다. 거기에다가 겸재는 『周易』을 깊이 공부하여 『圖說經解』라는 저서까지 남긴 인물[51]로 당시 조선중화의식을 과감하게 실천하고 있던 三淵의 문하에서 혁신적인 自然觀에 절대적인 영향을 받고 자랐으므로

50) 안휘준. 1988. 『한국회화의 전통』. 문예출판사. p.142.
51) 오주석. 2002. 『옛 그림 읽기의 즐거움』. 솔출판사. p.212.

겸재는 일체의 선입관에서 벗어나 自然을 관조하되 거기에서 몸소 얻어진 이치를 『周易』에서 강조하고 있는 陰陽의 원리로 표현하게 되었을 것이다.[52)]

이렇게 창안된 새로운 기법들은 산수자연마다 각각 지니고 있는 특성이 다르므로 그 특성을 잘 살려 그 형상의 본질에 따라 소위 謙齋皴이라 말하는 垂直皴, 서릿발을 상징하는 霜鍔皴, 米點皴, 刷擦法 붓을 옆으로 문질러 그리는 墨擦法등을 활용하여 古法을 변화시키거나 새롭게 하여 진경산수화를 그려 나갔다.

겸재의 진경산수화는 자연인식을 철저히 하여 있는 그대로 개체적 현상으로 보고 즐기면서, 그것을 완상하는 태도에서 자연과 대화적인 관계를 유지하고자 하는 입장으로 자연이 지닌 성정의 진실성을 표현한 세계가 예술로 성립된 것이다. 그러면 겸재가 우리 산천의 실재 경치를 眞의 경지로 표현하기위해 皴法, 화면 구도, 그리고 음양 관계 등에서 스스로 얻어낸 창작방법은 무엇인지 고찰해 보자.

그림4<金剛山 萬物相>은 2006년에 금강산을 직접 찍은 사진이고, 그림5<斷髮嶺望金剛山>의 작품은 젖어 스며드는 듯한 米點 土山앞쪽에서 바라보는 白色 巖峯의 모습이 이 만물상 사진 右側바위산 부분과 거의 유사함을 발견할 수 있다. 사진속의 화강암巖峯은 기묘하게 생긴 산봉

[그림4] 그림 <金剛山 萬物相> 사진

52) 崔完秀. 1993.『謙齋鄭敾 眞景山水畵』. 汎友社. p.275.

[그림 5] 정선〈斷髮嶺望金剛山〉 絹本彩色, 34.3×39.0㎝ 辛卯年楓岳圖帖, 國立中央博物館 所藏

우리의 연결됨과 그 사이 사이에 초록색 짙은 나무들이 찬란하게 피어나고 있는 정경인데, <그림 5>의 표현은 단발령에서 바라보는 금강산 巖峯들을 북방계의 筆描로 예리하게 흐린 묵선으로 그린 후, 그 공간을 白色으로 칠했으며 사이의 나무들은 보일 듯 말 듯 조그마한 점묘로 희미하면서도 단순하게 음영처리로 표현하였다. 한편 앞의 土山은 남방계의 墨描로 물기가 번져나가는 듯한 米點들로 처리하여 앞산과 뒷산봉우리가 극단적인 陰陽對比를 이루고 있어 겸재로서는 새로운 화법으로 보여준 작품이다. 이 작품은 토산이 골산을 아래에서 포근하게 감싸고 있는 음양조화의 성리학적 우주관이 적용된 것으로 보아진다. 이 작품은 겸재 나이 35세에 단발령에 올라 처음 금강산을 그린 작품으로 槎川이 금강산 초입인 금화에 현감으로 부임한 이듬해인 1711년에 겸재를 초청하여 금강산 여행을 함께 한 뒤, 그 때 그린 작품이다. 이제까지 중국에서 대립적으로 발달해온 남종과 북종화법을 이상적으로 조화시켜 우리 산천의 표현에 알맞도록 만들어낸 획기적인 표현이다. 즉 북방화법의 근간인 筆描와 남방화법의 기본인 墨妙가 陰陽의 자연섭리에 따라 한 화면에서 조화를 이루게 하였다. 또한 화면구성법이나 剛硬한 線描와 淋漓한 墨法이 함께 조화를 이루는 筆墨法에서 고전을 바탕으로 한 대담한

創新임을 알 수 있다.[53)]

좌우지간 겸재는 기존의 화법들을 잘 이해하고, 기법수련이 몸에 밸 정도로 익숙하였기 때문에 이렇게 적재적소에 잘 응용하여 創新할 수 있는 기량을 지니고 있었고, 조선성리학이 자리 잡게 되어 진경시의 발달과 더불어 실재 자연경관을 체험하고 그 사물의 이치를 표현하는 眞景산수화가 요구되는 시대였기에 겸재는 자신의 創新할 수 있는 기량을 발휘할 수 있었던 것으로 생각된다.

다음으로는 강세황의 《松都紀行帖》에 수록되어있는 그림6<靈通洞口圖>인데, 이 작품은 南宗文人畵의 정통 화법인 간일고아한 筆墨法으로 표현한 산수화로 바위는 두드러진 서양화적 음영을 넣어 표현하였고, 뒤쪽 산들은 남종화풍의 미점으로 표현하였다. 그는 "회화에서 산수자연을 대상으로 그리는 산수화는 대상 그 자체가 크기 때문에 그리기가 어렵고, 또 실재의 산수풍경은 닮게 그리기가 어려워 그림 그리는 일이 어렵다. 그러므로 우리나라 實景山水를 그리는 것은 실재 實景과 혹시라도 다르게 그려진 것이 있을 때 그것을 숨기기가 어렵기 때문에 더 그리기가 어렵다. 그리고 實景을 직접 가서 보지 못하고 그리는 것도 닮게 그릴 수가 없어 어려운 것이다. 그것은 실제 보지 않고 억측으로 닮게 할 수

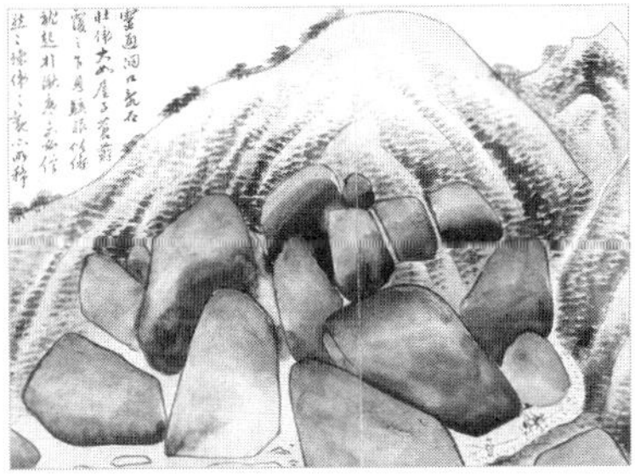
[그림 6] 강세황〈靈通洞口圖〉 화첩, 32.8×54㎝ 국립중앙박물관소장

53) 최완수. 1993.『謙齋鄭敾 眞景山水畵』. 汎友社. p.277.

가 없기 때문이다."[54]라고 하였다.

이러한 이론을 내세운 강세황은 일반적으로 직업 화가가 그렸던 세밀한 사생이 아니라 수묵으로 형상을 잡아내는 일종의 크로키 같은 작업으로 실물경관의 시각적 이미지를 나타냈는데, 잘 짜여 진 전체적인 구도, 얼핏 보아 거친듯하면서도 文氣가 넘치는 필치, 그리고 화면 전체를 압도하는 강렬한 분위기, 단일 시점에 의한 3차원적인 공간의 구축과 담채의 渲染에 의한 바위의 입체감 표현에서 볼 수 있듯이 西洋畵法을 부분적으로 채용하여 청아하면서 합리적인 南宗文人畵를 발전시키는 眞景畵風을 창출했던 것이다.

이상과 같이 강세황은 眞景에 대한 개념적 인식을 뚜렷하게 정착시켰고 본인작품도 주체성을 잃지 않은 서양화법의 수용과 선구적이며 참신한 작품을 남겼을 뿐 아니라 당시의 화가들 작품에 관해 개척자적인 회화비평을 하였는데, 작품상에 드러나는 필치, 화면의 구성, 소재와 표현기법 등을 평가하고, 또 문인적 취향으로는 자연스러움, 고상함, 운치, 특별한 맛 등을 화면전체에서 느낄 수 있는 정서로 강조하면서 자신의 미적 판단으로 작품들을 비평하여 기록에 남겼다.[55]

李麟祥(1710~1760)의 그림7 <雪松圖>는 落落長松의 늙은 소나무 두 그루가 바위위에 서 있는 모습을 통해 담담한 意趣를 화면위에 은

54) 유홍준. 1998.『조선시대 화론 연구』. 학고재. p.174("夫畵 莫亂於山水 以其大也 又莫難於寫眞景 以其難似也 又莫難於寫我國之眞境 以其難掩其矢眞也 又莫難於目所未見之境 以其不可臆度而取似也.")

55) 지순임. 1997.「강세황 산수화의 예술적 가치」.『미학예술학 연구』7집. p.22; 변영섭. 1988.『표암 강세황 연구』. 일지사. p.168.

은하게 펴 보인 작품이다.

본래 소나무와 바위는 모두 오랫동안 변치 않는 자연물로 과거를 현재까지 끊임없이 이어준다. 성리학에서 말하는 떳떳한 윤리(彝倫)라는 것 또한 시간을 따라 변하지 않는 소나무 같은 자연물이 상징하는 것이다. 소나무는 늙어 낙락장송이 되는데, 이 낙락장송의 소나무는 모진 눈서리나 비바람에도 쉽사리 흔들리지 않는다. 그래서 온 천지에 흰 눈이 날릴지라도 묵묵히 그 시련을 견디어내는 것이다. 또한 작품 아래쪽 구석에는 예리하게 각이 진 바위가 있다. 이 소나무와 바위는 작가 성품의 준엄한 일면과 동일시되어 이 작품에 드러난 것이기에, 비록 자연의 일부분인 소나무이지만 이 소나무는 인간 이인상의 자화상이라고도 볼 수 있다.[56)]

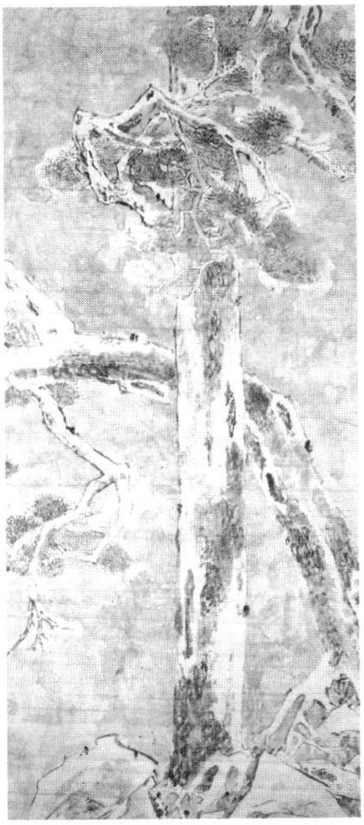

[그림 7] 이인상〈雪松圖〉 족자, 수묵 117.4×52.7㎝ 국립중앙박물관소장

이상의 고찰에서 보면 조선후기의 산수화는 조선성리학적 자연관에 의해서 진경산수화로 발달하였고, 그 견해는 두 유형이었음을 발견할 수 있다. 그 하나는 정선의 작품과 같이 직접체험한 산수를 그려 현장감, 현실감을 중요시하는 리얼리티를 추구했던 유형이고, 또 다른 하나는 강세황 과 이인문같이 문인화의 법도를 중시하는 가치기준

56) 오주석. 2002.『옛 그림 읽기의 즐거움』. 솔출판사. P.199.

에서 사생을 하되 남종화법으로 그리고, 산수 자연물에 내재하고 있는 상징성과 이치를 파악하여 天人合一하는 경계에서 物我一體되는 표현을 중요한 덕성으로 보는 회화유형이다. 이 유형들에서 보여주는 眞景山水들은 모두 소재의 선택에서 이미 실재의 實景을 사실적 묘사하는 것을 전제로 할 만큼 회화이론에서는 사실이론이 강도 높게 전개되었고, 이들이 논의한 사실이론은 단선적인 묘사이론이 아니라 대단히 차원 높은 卽物窮理의 理를 포함한 이론이었다. 그것은 동양화론의 전통에서 형성되었던 傳神의 정신을 지키는 가운데 事實性을 구현함으로서 眞實된 山水自然의 참 모습을 그려내는 眞境의 표현이었음을 알 수 있다.

4) 朝鮮 末期 · 20世紀 傳統山水畫의 試鍊을 통한 現實的 自然觀

조선 말기(1850~1910)의 산수화는 진경의 전통이 있었기 때문에 놀아볼 만하고 살아볼 만한 우리나라의 自然山水를 찾아 아름다운 정취로 표현하려는 예술미를 체험하게 하였지만, 정치적으로 매우 불안해서인지 조선후기에 뿌리내렸던 참신한 표현으로서의 진경산수화를 심화시키지 못하고 南宗畵에 치우친 화가의 내적인품이나 忘世의 탈속적인 경지를 주로 그렸기 때문에 결국은 회화의 매너리즘 현상을 초래하게 되었다. 이 시기의 산수화는 實景을 대상으로 그리기는 하지만, 정선이 발전시킨 眞景山水畵風과 직접적인 연관이 적고, 다만 우리나라에 실재하는 實景을 소재로 그렸다는 점에서만 일맥상통할 뿐 내용적으로는 대체로 南宗畵 일변도의 경향이었다. 그리하여 조선

말기의 산수화는 金正喜의 감화를 받았던 趙熙龍(1789~1866), 田琦(1825~1854)등 이른바 金正喜派의 작품들과 金秀哲(19세기), 洪世燮(1832~1884)등의 이색화풍, 그리고 張承業(1843~1897)의 작품들에서 그 주된 경향과 특색을 엿볼 수 있다.[57)]

이 시기 조희룡의 그림8<梅花書屋圖>작품을 예로 보면, 눈송이처럼 피어난 매화가 한 가운데의 書屋을 둘러싸고 있고 둥근 창의 걷혀진 휘장 사이로 선비의 자태가 엿보이고 있다. 後景의 눈 덮힌 산과 近景의 언덕과 혼연일체를 이루고 있다. 화면을 꽉 채우고도 번잡하지 않은 구도, 거칠고 어지러운 듯 하면서도 곱게 안정감을 주는 設彩法과 筆墨法 등은 이 작품을 더할 나위 없는 南宗畵로 격조 있게 승화시켜 주고 있다.

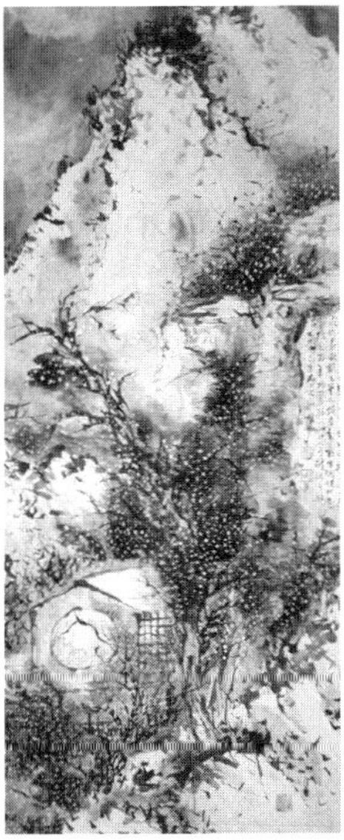

[그림 8] 〈梅花書屋圖〉 족자, 종이, 담채 106.1×45.6㎝ 간송미술관소장

또한 이러한 화풍은 근대 화단의 쌍벽이랄 수 있는 安中植과 趙錫晋에게도 전해졌다. 더구나 이 시기는 조선사회를 주도한 선비들과 다수의 지식계층 그리고 상인들이 주변국의 침략인 임진왜란과 병자호란을 손수 겪으면서 자신들의 의식을 크게 흔들어 놓았고 또한 중국문화와 성리학적 문화에 대한 일대 자각운동을 일으키게 하였다. 그리하여 우리 역사와 우리 강토 그리고 우리 민족에 대한 새로운 발견과

57) 안휘준. 1988.『한국회화의 전통』. 문예출판사. p.156.

이를 바탕으로 하는 한국적 예술을 창조해 내고자 한 운동이 부단히 전개되어 우리 미술에 대한 새로운 자각을 한 시기이다.[58]

그러므로 한국전통산수화는 조선중기까지는 면면히 이어오며 발전이 진행되다가 조선후기에 참신한 감각의 한국적 특성을 드러내며 진경산수화로 뿌리를 내려 우리의 독자적 특성을 보인 전통산수화로 자리매김을 하였으며, 말기에는 오히려 주춤하는 기색이더니 1910년 전후해서부터는 일본의 식민지정책이 본격적으로 구체화되고 이에 수반하여 한국의 전통문화를 말살하기위한 작업이 체계적으로 진행됨에 따라 혹심한 시련을 겪게 되었다. 특히 중국문화의 영향을 과장하고 한국문화의 독창성을 과소평가하여 일제 식민통치를 합리화하고자한 植民史觀의 파급은 한국문화의 전통을 의심하게하거나 거의 망각하게 하는 결과를 초래하게 되었다.[59] 그리고 이 시대에는 일본으로부터 日本化된 南畵와 인상파의 영향을 바탕으로 한, 서양화의 유입과 더불어 젊은 미술학도들에게 전달되고 있었다. 그럼에도 불구하고 한국산수화의 전통이 미약하게나마 이어질 수 있었던 것은 安中植과 趙錫晉 등에 의해 주도되었던 書畵協會[60]의 활동이 있었기 때문이다. 그리하여 우리 미술이 설자리를 잃어버리게 됨에 조선 후기에 뿌리내렸던 참신한 감각의 진경산수화 보다는 새로운 문인화풍의 부드러운 듯 강한 필묵법과 詩的인 정취 그리고 소박하면서 맑고 깨끗

---

58) 문명대. 1989.「한국미술사의 시대구분」.『한국학연구』제 1집. p.274.

59) 앞의책. p.26.

60) 書畵協會: 1918년 창설. 1921~1935년 일제탄압으로 15회 전시회 후 해산. 이는 일본의 朝鮮美術展覽會(鮮展)에 대응하는 民族的 繪畵運動의 모체임.

한 분위기를 특색으로하는 남종산수화풍으로 형식화의 길을 걷게 된 것이다. 이 형식화된 남종산수화풍은 대부분 주관적인 寫意를 드러내었기 때문에, 자기 양식의 형성보다 작가의 내적 인품이나 탈속적 경지를 주로 강조했다.[61] 결국 우리 미술은 설자리를 잃어버리고 일본미술의 전통과 일본을 통하여 받아들인 서구미술이 우리 미술계를 완전히 압도하게 되었으므로 전혀 낯선 異國的 양식이 우리 미술로 둔갑하게 되었다.[62] 그리하여 한국회화사의 근대적 변모는 중국화 중심에서 서구 중심의 새로운 세계질서로 일본을 통해 그 편입이 강제로 대행되면서 본격화되기 시작하였다.

그리하여 전통회화는 일제강점기를 통해 朝鮮畵와 日本畵가 공존할 수 있는 東洋畵로 명명하게 되었고, 조선화는 조선시대에 주류였던 남종문인화의 수묵전통을 민족주의 차원에서 계승함에 따라 定型山水畵와 實景山水畵 두 종류로 발전 전개된 것이다.

정형산수화는 남종산수화의 전통을 계승하여 許百鍊과 許健에 의해 호남화단을 중심으로 전개하면서 동양 산수화의 형식미와 고전미 추구에 주력하였고, 실경산수화는 서양 근대 풍경화의 시각을 도입하여 寫景山水畵로 변모하면서 우리 산천의 자연미 구현에 힘을 기울였다. 이러한 사경산수화는 구한말의 대가 安中植과 趙錫晋에게 전통화법을 배웠던 李象範 · 卞寬植 · 李用雨 · 盧壽鉉 허백련 裵濂등 근대 전통화단의 1세대들이 同硏社를 조직하고 新 · 舊書畵의 융합 · 발전

61) 홍선표. 1998.『조선시대회화사론』. 문예출판사. p.460.
62) 문명대. 1989.「한국미술사의 시대구분」.『한국학연구』1권. p.275.

을 도모하여 이룩한 것으로 官展이었던 朝鮮美術展覽會을 중심으로 한국근대산수화의 전통을 이을 수 있게 하였다.

20세기 중엽 경 해방과 "6 · 25"의 격변기를 겪으면서 서구문화가 물밀 듯이 밀려오게 되자 전통이 완전히 단절된 상태에서 한국적인 미술은 사라진 채 서구미술이 완전히 석권하게 되었다. 그리하여 우리 미술은 서구미술의 완전한 모방단계로 접어들게 되었는데, 앞 시대의 일본화에서 서구화로의 급작스러운 변모로 이른바 日本的 西歐化 美術의 모방이라는 기묘한 현상이 나타나게 된 것이다. 그래도 우리 조선화의 전통을 이은 민족회화의 원류라는 자의식의 강화와 더불어 1세대들을 중심으로 예술적 성취를 이루기 시작했다.

예술적 성취를 이룬 작가로 이상범은 그림10<山路情趣>에서 보는 바와 같이 나지막한 야산의 소박한 정취와 그곳에서 욕심 없이 살아가는 촌부의 모습을 은은한 담채와 짙은 점획의 차분한 조화에 토대를 둔 특유의 독창적인 형식을 통해 實景을 담아냄으로써, 우리 산천의 향토적 아름다움을 구현하고 한국근대산수화에서 성공적인 예술세계를 보여주었다.

이에 비해 변관식은 주로 금강산을 비롯한 명승절경을 통해 우리 강산의 호방한 풍류미를 積墨 과 波線의 힘찬 붓질에 의해 극적으로 엮어낸 또 다른 개성적 성과를 이룩했다. 그리고 노수현은 기암절벽이나 험준한 산봉우리 등을 치밀하고 단단한 형태로 나타내면서 자연의 빼어난 골격미와 웅장한 아름다움을 구현했는가 하면, 허백련은 고전적인 유현미를 질박한 사생미를 섞어가며 빛냈으며, 裵濂은 우리나라 산악의 장엄하고 유려한 연봉들을 수묵의 격조로 이상화시켰다.

이상에서 본 바와 같이 傳統畵壇 1, 2세대들은 1960년을 전후하여 자기 작품세계를 완성도 있게 표현하였고, 이와 같은 성과는 변모된 自然觀의 韓國 近代 山水畵의 傳統이 된 것이다. 특히 이상범과 변관식의 서로 대조되는 개성을 통해 각기 독특한 한국 산수화의 새로운 전형을 이룩했던 것은 1970년대의 寫景山水畵 성행을 촉진시켜 주는 기반이 되기도 했다. 이러한 사경산수화는 새롭게 開校하게 된 서울대와 홍익대 동양화과에서 1, 2세대에게 그 교육이 실시되면서 확산 전개되었다. 그리하여 한국적 산수화는 朝鮮 後期 眞景山水畵의 진경정신이 남종화법의 산수화와 함께 조선 말기를 거쳐 近代 定型山水畵와 寫景山水畵의 傳統을 계승하면서 화가자신의 樣式을 정립하기 위한 筆墨法, 自然景物에 대한 소재의 확장 등 다양한 양상을 보이며 현대에 이르게 되었다.

[그림 9] 이상범〈山路情趣〉 1960년 전반, 48×126㎝, 개인소장

4. 自然觀에 따른 山水畵의 現代的 意義

한국전통산수화의 자연관은 조선 초 · 중기에는 중국 송대 주자성리학의 理念과 畵風을 수용하면서 山水自然을 자신들의 修己致身하는 도구로서 樂山樂水하며, 우리 자연산수에 조화되는 정서로 안견의 <몽유도원도>같은 꿈속의 환상경과 현실경을 화가의 정감과 상상력

으로 그려내는가 하면, 강희안의 <고사관수도>같이 화가자신이 자연과 물아일체 되는 경지에서 高士를 그리고, 또한 김시의 <동자견려도> 같이 자연의 순리를 따르며 그 자연 속에서 소년이 나귀와 끌고 당기는 해학적인 산수화를 그렸던 것이다. 이 작품들은 모두 자연에 순응하며 자연을 통해 자기 동일화하는 物我一體的 자연관에 의해 그렸던 것이다.

조선후기에는 초 · 중기의 주자성리학을 朝鮮性理學으로 토착화 시켰기 때문에 산수자연을 보는 관점이 우주만물 일체관에 입각하여 여전히 山水自然을 자신들의 修己致身하는 도구로 樂山樂水한다하여도 그 자연사물이 지닌 이치를 탐구하기위해 '卽物窮理'의 경지에서 실경산수를 직접 체험하며 그 산수자연을 매개로 天人合一의 미적경계를 감수하려는 의지로 眞景山水畵가 그려지게 되었던 것이다. 그런데 이시기의 산수화유형은 겸재정선의 작품과 같이 직접체험한 산수를 그려 현장감, 현실감을 중요시하는 리얼리티를 추구했던 유형과 표암 강세황 같이 문인화의 법도를 중시하는 가치기준에서 사생을 하되 화법에 맞추어 그리고 산수 자연물이 상징하는 이치를 파악하여 天人合一하는 경계에서 物我一體되는 상징적 표현을 회화의 중요한 덕성이라 보는 유형이 있어 차별화되고 있었다.

본래 산수화를 그리게 된 출발로서의 개념부터 동아시아인들이 自然의 道를 체득하기 위해 그린 것이 사실이다. 그리하여 중국 최초의 산수화론을 기술한 宗炳(375~443)은 그의 「畵山水序」에서 늙어서 병이 들어 더 이상 산수를 유람할 수 없게 되자 그가 노닐던 산수의 경관을 그려서 자기 거실의 벽에 걸어 놓고 澄懷觀道했다고 하였다.

이러한 목적으로 그려진 산수화는 우리 인간에게 정신적인 위안과 활력을 돋우어 주는 역할을 한 것이다.

이에 우리의 자연관을 반영하는 韓國傳統山水畵는 실제 자연에 근거하여 자세히 관찰하고 자연의 본질을 드러내는 朝鮮性理學的 自然觀에 의한 眞景山水畵와 近代 定型山水畵, 寫景山水畵의 傳統이 오늘날 계승되어야 할 韓國山水畵의 傳統의 경지이다.

오늘날 대학생들만 보아도 서양회화를 한국화보다 많은 학생들이 전공을 택하고 교육을 받고 있으며 이론적으로도 서양회화 이론을 더 잘 이해하고 있는 실정이다. 이러한 때에 우리는 진정한 한국적인 독자성 있는 문화를 형성하려면 우리 예술이론을 심도 있게 연구할 필요가 있다. 실은 피카소(1881~1973)가 서양 입체파의 선구자로서 사물을 보는 자유롭고도 상상력 넘치는 시각을 이용해서 복합적인 화면을 구성하였음으로 서양회화사에 새로운 경지를 열었다고 하는 사실은 상식적으로도 대부분 알고 있다. 그러나 피카소의 작품은 종종 사물의 형상을 너무나 무리하게 왜곡시키는 부분이 있어 보는 이에게서 객관성을 배제하고 주관속의 일그러진 인상을 보여준다. 여기에서 사물형상의 왜곡이 신선하고 자극적이라고 평가하는 시각도 있지만 우리 한국인에게는 어딘가 편하지 않고 좀 지나치다싶은 개운치 않은 뒷맛을 남긴다.[63)]

진정한 입체파의 모범은 오히려 우리의 옛 산수 그림이라고 생각한다.

63) 오주석. 2002.『옛 그림 읽기의 즐거움』. 솔출판사. p.73.

우리 한국전통산수화는 규모도 훨씬 크거니와 결코 자연의 사실성을 희생시키거나 파괴하여 그것을 화가의 개인의식 속으로 환원 또는 침몰하게 하는 극단적인 방법을 사용하지 않는다. 자연이라는 대상이 살아 있고, 그 대상에 반응하는 인간도 자연과 함께 존재하는 중용적인 시각, 그것이 옛 그림속의 삼원법이 재현하고자하는 경계이다. 그리하여 옛 그림속의 산수는 보는 이로 하여금 대자연의 정기를 속속들이 추체험하게 하면서 보는 이의 마음에 크나큰 위안을 주었던 것이다. 우리 옛 산수화에서는 어디까지나 산수 자체가 주인공이고, 사람은 주인공인 山을 소중하게 한가운데 모셔두고 치켜다보고, 내려다보고, 비껴보고, 휘둘러봄으로써 산수의 다양한 실제 모습에 접근하려 한다. 얼핏 생각하면 다양한 시각이 뒤섞여 있어 작품전체가 매우 복잡하게 보일 것 같으나 오히려 마음이 평온하기 그지없다. 그것은 서양의 투시 원근법상의 논리로부터 벗어나, 수없이 많은 자잘한 여백들이 경물과 경물을 매개하기 때문에 우리의 시선이 그려진 대상을 따라 옮아 다니게 되어 오히려 산수 속의 공간들은 살아있는 공간이 되는 것이다.[64)]

그러므로 우리의 전통적 자연관은 자연을 修己致身하는 도구로서 樂山樂水만 할 것이 아니라 그 안에 내재되어있는 자연의 이치를 탐구하여 터득하는데 목적이 있었기 때문에 자연인식의 차원에서는 한 걸음 나아간 것이며 '卽物窮理'의 성리학적 자연관은 우리 고유한 전통적인 진경산수화를 형성하는데 그 영향을 크게 미친 自然觀이라 생

64) 앞의 책. p.73

각한다.

실제 조선후기 眞景山水畵의 전통이 있었기 때문에 다음 세대의 화가들은 직접 놀아볼 만하고 살아볼 만한 우리나라의 山水自然을 찾아 아름다운 정취로 표현하려고 직접체험하고 그 자연에 내재된 理致를 파악하여 산수화를 그리려 하였지만, 정치적으로 안정되지 못하여 전통으로 뿌리내렸던 진경산수화를 심화시키지 못하고 화가의 내적 인품이나 忘世의 탈속적인 경지를 주로 그리는 南宗畵에 치우쳐 그려졌기 때문에, 우리 미술의 위치가 혼란을 초래하게 되었다. 그 후 근대에 서양화를 수용함에 따라 자연관도 변화되어 서양의 풍경화적인 寫景山水 형태로 그리는 산수화가 그려지게 되었는데, 이 전통산수화형식은 남종산수화풍의 특색인 강한 필묵법이지만 부드러운 분위기의 詩的 情趣와 소박하면서 맑은 분위기의 산수화로 그리는 형식화의 길을 걷게 된 것이다. 이 형식화된 남종산수화풍은 대부분 주관적인 寫意를 드러내었기 때문에, 자기 양식의 형성보다 작가의 내적 인품이나 탈속한 경지를 주로 강조하며 작품으로 드러내었다

본래 전통이라는 개념이 어떤 특정한 상태로 고정되어 있는 것이 아니라 끊임없이 변화해 가는 어떤 경향을 말하는 것이다. 그리고 이 전통에는 후손들에게 계승할만한 가치가 있는 것과 그러하지 않는 것이 있으며, 한 국가로서 국가적 이익이나 정체성의 확립, 동질성의 확보 같은 시각에서 전통의 의미 등을 도출하여야한다.

20세기 근 · 현대 산수화는 동양화라는 이름 아래 남종산수화의 전통을 계승하는 定型山水畵와 서양근대 풍경화의 시감을 도입한 실경산수화가 寫景山水畵로 변모하면서 우리 산천의 自然美 구현에 힘쓰

는 한국근대전통산수화로 발전하게 되었다. 그리고는 8.15 해방과 6.25를 겪으면서 일본적 서구화 미술의 모방이라는 기묘한 현상이 나타나게 됨에 따라 조선 후기의 뿌리내렸던 한국산수화의 미적 특질이 희미해지는 시기에 다행하게도 民族繪畵의 원류라는 자의식이 작용하여 엘리트적 예술적 성취를 이루기 시작한 것이다. 이제 국적 있는 미술교육을 통해 조선 후기 眞景山水畵와 근대 寫景山水畵의 전통을 계승하면서도 화가들 자신의 새로운 창조의 세계를 구축하기 위한 노력을 하고 있는 것이다.

이와 같이 1970년대 한국산수화는 寫景山水畵를 중심으로 8.15해방 이후에 대학 교육을 통한 새로운 엘리트 작가들에 의해 주도되었으나 이들은 스승 세대와는 다른 서구적인 근대의 합리적 의식구조와 교양을 보유하고 생활환경과 방식도 다른 산업화된 도시 속에서 주로 영위했기 때문에 앞 시기와는 변별되는 새로운 시대적 감각과 정서를 보여주었다. 이러한 변모는 紙筆墨의 재료를 사용하여 우리 산천의 외양을 그려낸다는 측면에서 산수자연에 내재한 정신적 측면을 잊고 있다는 점에서 문제를 지니고 있었다.

이후 한국 산수화의 전통을 계승 · 발전시키고자 하는 강한 자의식을 토대로 모더니즘과 민중미술, 수묵운동과 채색운동의 대립적 열기 속에서 畵壇의 활동이 증대되고 미술인구가 나날이 증가하는 추세이지만 한국산수화의 수준이 향상되기만 하였다고 볼 수는 없는 실정이다. 그리하여 우리 한국전통산수화를 어떻게 현대적으로 발전시키며 물밀 듯이 밀려들어오는 서양의 풍경화와 추상화의 수용은 어떤 형태로 하여야 한국전통회화정신을 오늘에 되살리는 현대한국화로 창조해 낼 수 있을까를 고민하며 오늘에 이르고 있는 것이다.

창조적 사유과정에서 자연은 언제나 인간과 예술의 어머니였다. 자연환경에 따라 사람도 달라지고, 사람이 다르면 그 미의식도 달라진다. 미의식이란 심리학적 입장에서 보면 미적 태도 또는 의식과정을 말하지만, 철학적 관점에서 보면 미적가치와 관련된 직접적 체험을 의미한다. 앞으로 글로벌한 세계 속에서 우리 한국만의 특성을 드러내는 예술적 성취를 이루어야 진정한 문화국가로서 한국적 위상을 세울 수 있는 것이다.

인간은 자연과의 조화로운 삶을 영위할 때 비로소 문화적인 가치를 발견하게 되고, 또 이를 위한 생태학적 상상력도 발휘된다.

그런데 이제까지 전해 내려온 한국전통산수화가 조선성리학적인 자연관에 뿌리를 둔 진경산수화로부터 현대에 이르기까지 實景을 그리는 寫景山水畵이건 남종산수화의 전통을 계승하는 定型山水畵이건 간에 실제로 산수화작품에 표현하는 대상으로서 우리나라 산수자연의 형상이 그 작품의 대상인데, 이러한 대상으로서의 자연이 현대의 개발 산업으로 말미암아 기왕에 있었던 산을 골프장으로 만들고, 강과 바다에 인공물을 설치하는 등 자연에 여러 가지 변화를 초래하면서 그 환경이 많이 변모하게 되었다. 이러한 변화에 따라 자연생태계에도 변화가 생겼고, 그 형상도 이전과는 달라져 변화된 모습이며, 그 자연 속에서 생활하는 우리 인간도 서구선진문화의 영향으로 의식 주의 생활 문화를 바꾸어 놓았으며, 이에 따라 인생의 가치관도 달라져 우리가 생각하는 인간의 상상력도 다른 양상을 지니게 되었다.

그럼에도 불구하고 우리 전통산수화의 자연관은 여전히 자연자체를 모두 살아있는 생명체로 보고, 우주적 자연의 움직임에 따른 순환적 진리로서 자연자체의 자기조절능력을 최고로 인정하는 생태학적 자연관과도 일맥상통하는 관점에서 발전하여야 한다.

자연을 재현하는 양태의 예술인 산수화의 대상으로서 자연은 근·현대화되어가는 과정에서 보호되어야 하며 자연의 생명체를 소중히 생각하여 파괴하지 않는 범위 내에서 자연환경을 개발하고 발전해 나가야한다고 생각한다.

그리하여야 개발된 자연을 대상으로 지난시대의 전통산수화정신을 오늘에 되살려 현대적으로 예술세계를 성취할 수 있다고 생각한다. 이러한 예술세계는 예술정신의 내용적 측면과 형식적 측면에서 생태학적 상상력과 관련하여 보면, 우선 이제까지 연구된 우리 전통산수화에 내재된 자연관의 산수화정신과 자연애호 정신을 현대적으로 이어가면서 형식적 측면에서는 자연 환경적 변화를 고려하여 오늘날에 맞는 자연에 현대적 옷을 입혀 표현하여야 올바른 우리회화예술문화를 창출해 낼 수 있는 것이다.

결국은 인간과 자연이 더불어 살아가는 존재라는 것을 인식하여 현대적인 자연환경을 아끼고 보호하는 마음으로 개발하고, 그 개발된 자연을 통해 생태적 상상력을 발휘하여 국제적으로 보편적이면서 한국적 독자성이 드러나는 한국현대예술을 창조해야만 우리의 자연관이 현대적 의의를 찾으리라 생각한다.

5. 맺음말

생태학적 상상력에 초점을 맞춘 한국 전통산수화의 자연관과 그 현대적 의의는 인간이 자연과 공동체라는 의식을 가지고 자연만물의 꽃이라 할 수 있는 인간이 한국전통산수화가 형성될 때 지니고 있었던 자연과 예술의 정신을 오늘날의 예술창조정신으로 되살려지기만 한다면 한국예술은 국제적으로 보편적이면서 독자적 특수성을 지닌 예술문화국가로 우뚝 설 수 있으리라 생각한다.

본래 山水畵는 동양인이 지니고 있는 자연관을 높은 차원으로 승화시킨 예술적 표현으로서 창의력의 대표적 표현체이면서 다른 예술장르보다 인간의 사상이나 철학적 생각들을 보다 다양하게 작품에 담아왔을 뿐만 아니라, 인간의 창의성을 민감하게 반영하면서 東洋人의 美意識을 나타내는 데 첨단을 걸어온 회화이다.

이 산수화의 한국적 전통은 산수화를 최초로 그리기 시작한 시기부터 중국의 영향권 내에서 예술정신과 주요한 미술양식을 수용할 수밖에 없어 그 영향이 컸음에도 불구하고 우리 선조들은 우리에게 알맞은 것만을 선별하여 수용하였고, 높은 文化的 獨自性에 기인된 진경산수화를 창안해 내어 土着的 美感 속에서 한국산수화전통의 뿌리를 내리게 하였음을 알 수 있다. 이는 중국을 둘러싼 다른 민족들의 경우처럼 中國化되지 않았다는 사실인데, 恣意的인 어떠한 수용에도 불구하고 한반도의 자연조건이나 환경에 同化하려는 한국전통산수화의 自然順理와 物我一體 사상에 따르는 自然觀 때문이었음을 알 수 있었다.

이러한 자연관은 조선시대에 성리학을 기반으로 성립·발전되어 조선후기에는 조선성리학으로 토착화되어 그 사상적 기반을 갖추었기 때문에 산수자연을 보는 관점이 자연과 나 그리고 우주만물이 일체라는 생각에 자연사물의 이치를 '卽物窮理'의 경지에서 탐구하기 위하여 우리한국의 실경산수를 직접 몸으로 체험하며 그 산수자연을 매개로 天人合一의 미적경계에서 감수하려는 관점이었다. 이 자연관은 조선 초·중기에 山水自然에서 樂山樂水하며 自身의 性情을 陶冶하고 自然의 順理에 따라 상상력을 동원하여 物我一體되어 자연과 동화되는 즐거움의 하나로 <몽유도원도><고사관수도><동자견려도>를 그리는 문인적 기질의 화가들이 있었고, 이는 사대부교양의 하나로 자리 잡게 되었다.

조선후기에는 조선 성리학적 입장이 뿌리내려진 상태이어서 율곡의 유가적인 도덕적 관념이 산수 자연을 통해 修己致身할 수 있고, 문인들이 실제 자연을 체험할 산수자연을 찾아가 樂山樂水하는 계기를 마련하였기에, 이들에 의한 眞景詩와 더불어 겸재의 眞景山水畵가 창출되었던 것이다. 이렇게 창출된 진경산수화의 전통정신이 우리의 전통으로 오늘날까지 계승되어야 했을 터인데, 조선말기에 여전히 놀아볼 만하고 살아볼 만한 우리의 自然山水를 찾아 실제 체험한 自然實景을 그렸지만, 정치적으로 안정되지 못하여 진경산수화의 정신을 심화시키지 못하고 南宗畵에 치우친 화가의 내적인품이나 탈속적인 경지를 주로 그렸기 때문에 결국은 회화의 매너리즘 현상을 초래하게 되었다. 이후 망국의 한과 더불어 미술은 설자리를 잃어버리고 일본미술의 전통과 일본을 통하여 받아들인 서구미술이 우리 미술계를 완전히 압도하게 되었으므로 전혀 낯선 양식이 우리 미술로 드러나게 되었다.

그리하여 한국회화사의 근대적 변모는 중국화 중심에서 서구 중심의 새로운 세계질서로 일본을 통해 그 편입이 강제로 대행되면서 본격화되기 시작하였고 전통회화는 일제강점기를 통해 朝鮮畵와 日本畵가 공존할 수 있는 東洋畵로 명명하게 되었으며, 조선화는 조선시대에 주류였던 남종문인화의 수묵전통을 계승함에 따라 남종화기법의 定型山水畵와 實景을 중심으로 그리는 寫景山水畵 두 종류로 발전 전개되었다.

이러한 현실에서 우리 전통산수화의 자연관이 현대적으로 의의를 찾으려면 여전히 자연자체를 모두 살아있는 생명체로 보고, 우주적 자연의 움직임에 따른 순환적 진리로서 자연자체의 자기조절능력을 최고로 인정하는 생태학적 자연관의 관점에서 현대적으로 개발하고, 또 그에 따라 자연대상이 변모되었다할지라도 전통적 자연관에 따라 지난시대의 전통산수화정신을 오늘에 되살리며 현대적인 자연의 옷을 입힌 표현형식의 한국적 예술세계를 성취할 때, 비로소 자랑할 만한 우리회화예술문화를 창출해 낼 수 있는 것이다.

결국 우리는 인간과 자연이 더불어 살아가는 존재라는 것을 인식하여 현대적인 자연환경을 아끼고 보호하는 마음으로 개발하고, 그 개발된 자연에 내재하고 있는 이치를 파악하여 화가의 수양을 통한 상상력을 발휘한 회화 작품을 창조해 낸다면 독자적 특수성을 돋보이게 하는 한국예술세계가 될 것이므로 우리 전통산수화의 자연관이 현대적으로 그 의의를 찾으리라 생각한다.

참고문헌

郭 熙.『林泉高致』.『管子』.「水地」.『老子』.「道德經」

서거정.『四佳集』 文集 卷1. 서경덕.『花潭集』. 신숙주.『保閑齋集』 文集 卷14

李賢老.「賦詩」. 鄭麟趾等撰.『高麗史』 卷122.「列傳」 卷35. 方技篇 李寧條

賀天健. 1988.『中國山水畵 美學問題』. 法仁文化社.

고영진. 2003.「조성성리학의 흐름」.『조선성리학의 세계』. 국립중앙박물관.

김병종. 1989.『중국회화의 조형의식』. 서울대출판부.

笠原仲二.『中國人の 自然觀と 美意識』. 創文社. 昭和57年

문명대. 1989.「한국미술사의 시대구분」.『한국학연구』 1권.

方東美. 1985.『中國人生哲學』. 黎明文化事業公社.

변영섭. 1988.『표암 강세황 연구』. 일지사.

福永光司.『藝術論集』. 朝日新聞社刊. 昭和52年

徐復觀.『中國藝術情神』. 學生書局. 中華民國70年

安輝濬. 1988.『韓國繪畵의 傳統』. 文藝出版社.

______. 李炳漢 共著. 1991.『安堅과 夢遊桃源圖』. 예경산업사.

______. 2000.『한국 회화사 연구』. 시공사.

______. 2000.『한국회화의 이해』. 시공사.

______. 2008.『한국미술의 美』. 효형출판.

伍蠡甫編.『山水與美學』. 丹靑藝術叢書 圖書有限公司. 中華民國 76年.
오주석. 2002.『옛 그림 읽기의 즐거움』. 솔출판사.
유홍준. 1998.『조선시대 화론 연구』. 학고재.
이상현. 2008.『전통회화의 색』. 결출판사.
全海宗. 1979.「歷史上의 韓國人의 對外觀」.『韓國과 中國』. 知識産業社.
정대환. 1992.『조선 성리학연구』. 강원대출판부.
정옥자. 2002.『우리선비』. 현암사.
鄭　昶. 1975.『中國畵學全史』. 中華書局.
조요한. 1994.『예술철학』. 미술문화.
竹內敏雄.『美學事典』. 東京 弘文堂. 昭和52年.
智順任. 1993.『산수화의 이해』. 일지사.
______. 1997.「강세황 산수화의 예술적 가치」.『미학예술학 연구』 7집.
______. 2005.『중국화론으로 본 회화미학』. 미술문화.
______. 2009.「眞景山水畵와 朝鮮性理學」.『한국학연구』 30. 고려대학교. 한국학연구소.
洪善杓. 1999.『朝鮮時代繪畵史論』. 文藝出版社.
崔完秀. 1993.『謙齋鄭敾 眞景山水畵』. 汎友社.
______. 1994.「朝鮮王朝 書畵史 槪說」.『澗松文化』 46 韓國民族美術研究所.
Chang Chung Yuan. 1963. *Crcativity and Taoism*. The Julian Press Inc.
Evelyn B. McCune. 1982. *The Arts of Korea: Illustrated History*.

Aaia Humanities Press. Berkeley.
George Rowley. 1976. *Principles of Chinese Painting*. Princenton University Press.
M. Sullivan. 1979. *The Arts of China*. University of Califonia.
Thomé H. Fang. 1970. *The Chinese View of Life*. The Union Press. Hong Kong.
______________. 1983. *Creativity in Man and Nature*. Linking Publishing Co. Ltd.

韓國 傳統書藝에 內在된 生態的 思惟

김광욱 (계명대학교 서예과)

韓國 傳統書藝에 內在된 生態的 思惟

김광욱 (계명대학교 서예과)

1. 序言

'書藝'는 글씨의 예술이다. 즉, 문자를 매개로 하여 자신의 사상과 정감을 예술적으로 표현하는 장르이다. 이를 광의적 측면에서 보면 藝와 道와 法과 學의 의미를 동시에 지니고 있으며, 협의적 측면에서 보면 書藝 · 書道 · 書法 · 書學으로 분류할 수 있다. 협의적 개념에서의 '書藝'는 審美를 추구하고, '書道'는 人格陶冶와 修養을 지향하며, '書法'은 法則과 理致를 중시하고, '書學'은 實技와 理論을 종합적으로 탐구하는 학문이다.

이렇듯 서예는 예 · 도 · 법 · 학을 통해 형태의 아름다움을 탐색하는 동시에, 정신적으로 고상한 인격완성을 추구하는 데 그 의의가 있다. 물론 이러한 개념설정은 時空에 따라서 해석의 차이도 있다. 한국에서는 '서예', 중국에서 '서법', 일본에서는 '서도'라 지칭한다. 이것은 특정 국가나 주창자가 지향하는 바에 따라 용어가 상이할 뿐, 내

용적으로는 대동소이하다.[1)]

고대로부터 동아시아 한자문화권에서 한국은 중국 · 일본과 역사적으로 일정한 관련을 지니고 있으며, 정치 · 사상 · 문화 · 사회 전반의 지속적인 교류와 영향은 예술방면에서도 두드러진다. 특히 한자를 매개로 한 서예 분야는 3국간의 역사적 교류관계에 의해 더욱 친밀하다고 할 수 있다. 그리하여 세 나라는 공통점과 상이점이 혼재의 양상을 보이고 있다. 그 가운데서도 본고는 한국을 중심으로 한국 전통서예의 생태적 사유를 고찰하고자 한다.

한국의 전통서예는 실용의 목적에서 출발하여 점차 예술서예로 전이되었다. 물론 실용에서 시발하였더라도 이미 그 가운데 예술성을 쉽게 찾아볼 수 있다. 그래서 실용성과 예술성을 명확하게 가늠할 수 없을 뿐더러, 구분할 성질의 것도 아니다. 굳이 한국 전통서예의 전개양상을 순차적으로 나열하자면 實用→藝術→實用中藝術로 정리할 수 있겠다.

한국의 전통서예는 크게 기록의 수단, 수양의 방법, 심미의 대상으로써 다양하게 활용되었다. 즉, 학습과정에서 경전과 시문을 기록하는 일에서부터 각종 공문서나 서신 등에 이르기까지 광범위하게 쓰였고, 글씨를 쓰면서 정신을 집중시키는 동시에 심신의 안정을 도모하는 역할도 하였으며, 단순한 書寫뿐만 아니라 아름다움을 추구함으로써 고상한 심미취향을 지향하였던 것이다.

한국의 전통서예는 삼국시대부터 오늘날에 이르기까지 우리민족의

---

1) 金光郁. 2007.『書藝學概論』. 啓明大學校出版部. pp.20~21. 참조.

정서와 특성에 맞도록 소화하여 萌芽 · 變化 · 定着되었다. 삼국시대는 '三國體'의 萌芽期로, 통일신라시대는 纖穠한 '統一新羅體'의 分化期로, 고려시대는 沈着한 '高麗體'의 形成期로, 조선시대는 典雅한 '朝鮮體'의 擡頭 · 成立 · 確立期로 구분할 수 있다. 특히 훈민정음의 창제로 인해 우리 고유의 한글서체가 새롭게 탄생되었으며, 한글서예는 창제이후 급속도로 전파되면서 작금에 이르기까지 찬란한 문예의 꽃을 피우고 있다.

이러한 역사적 변천과정에서 한국의 전통서예는 이른바 생태적 사유를 지향해왔다. 즉, 서예로써 藝術에 도달할 수 있다는 '以書致藝論', 서예로써 道理에 도달할 수 있다는 '以書致道論', 서예로써 法則에 도달할 수 있다는 '以書致法論', 서예로써 學問에 도달할 수 있다는 '以書致學論' 등이다. 우리는 이러한 한국 전통서예의 생태사상을 통해 우리 선조들이 남겨놓은 우수한 정신유산의 가치와 계승의 필요성을 인식해야 하겠다.

2. 韓國 傳統書藝의 展開樣相

한국의 전통서예는 한자의 도입과 함께 그 맥락을 같이한다. 초창기에는 분명히 중국의 서예를 수용하였다고 볼 수 있다. 이러한 과정에서 나타난 현상은 서체를 약간의 변형된 형태로, 또는 일부 윤색에 불과한 경향이 있으며, 비록 우리의 것으로 재창조하였더라도 중국서예의 흔적을 쉽게 엿볼 수 있다. 그렇지만 한국의 서예가 단순히 중국

서예의 모방에만 그친 것이 아니라, 점차 자체의 특성에 맞도록 변화·정착되었던 것이다.

먼저 삼국시대의 서예는 '三國體'의 萌芽期로 高句麗는 雄渾[2)]한 '高句麗體'가, 百濟는 沖澹[3)]한 '百濟體'가, 新羅는 淸奇[4)]한 '新羅體'로 각각 發芽되었다고 하겠다. 나아가 통일신라시대에는 신라의 사신과 유학생 및 승려들에 의해서 당나라 문화가 적극적으로 전래되었는데, 특히 王羲之(321~379)와 '唐三大家' 중 한 사람인 歐陽詢(557~641)의 書法이 風靡하면서, 통일신라의 서예는 크게 도약하여 金生(711~791)을 비롯한 많은 명가들이 배출되었다. 그 가운데 당나라에 유학한 崔致遠(857~?)의 귀국으로 서풍의 유입과 내재적 興起에 더욱 박차를 가했다. 따라서 통일신라시대의 서예는 纖穠[5)]한 '統一新羅體'로 分化되었다고 하겠다.

고려는 중기에 이르기까지 주로 당나라 서풍의 영향이 많이 작용하였다. 고려전기의 서예는 통일신라의 맥을 이어 왕희지와 구양순의 필법이 상당부분을 차지하고 있었다. 고려시대 文宗 때에는 서예인을 '吏屬職'으로 두었음은 주목할 만한 사실이다. 그리고 仁宗 때에는 과거의 하나인 잡과에 '明書業'을 두었다. 그들을 양성하는 기관으로

---

2) 雄渾: 웅혼은 힘차고 거리낌이 없음을 나타내는 것으로, 氣力과 圓熟을 겸한 상태를 의미한다.

3) 沖澹: 충담은 깨끗하고 慾氣가 없으며, 부드럽고 和氣가 있음을 의미한다.

4) 淸奇: 정기는 淸新하고 奇妙함을 이르는 말로, 정신하기만 하면 연약함에 이를 수 있으므로, 奇巧가 곁들어져 있는 것을 의미한다.

5) 纖穠: 섬농은 纖細한 것과 豊滿한 것이, 조화를 이루어서 나타나는 아름다움을 의미한다.

는 成均館 내에 '書學博士'가 있었고, 胥吏로는 각 관서마다 書令史 · 書藝 · 試書藝 · 書手 등이 있어 서사를 담당하였다. 이러한 제도의 완비는 서예의 보편화를 촉진시켰다.

어떤 새로운 서체나 서풍은 돌발적으로 일어나는 현상이 아니라, 반드시 그 前期나 前人들의 영향 하에서 새로움이 부가되는 것이다. 즉 고려는 통일신라로부터, 통일신라는 삼국의 토대 위에서 점진적으로 계승 · 정착되었다고 볼 수 있다. 그러므로 고려시대는 한 · 중 서예의 융화기라고 할 수 있다. 이러한 과정이 점차 변화하면서 한국의 서예가 토착화되었던 것으로 간주된다. 따라서 고려시대는 沈着[6]한 '高麗體'의 形成期라 하겠다.

조선전기는 정치적인 안정과 문화의 발달로 서적의 편찬사업이 본격적으로 착수되었는데, 이것은 서예의 발전과도 유관하다. 그 이유는 활자본이든 필사본이든지 모두 寫字를 통해서 제작되었기 때문이다. 즉 어떠한 서체로 할 것이며, 누가 쓸 것인가의 문제가 편찬사업에서도 관심의 대상으로 부상하였다. 集賢殿을 중심으로 한 편찬사업은, 이후 弘文館과 奎章閣으로 계승되면서 발전의 전기를 마련하였다. 조선전기에는 承文院에서 '寫字官'을 두었는데, 이들은 문관들에게 글씨 쓰기를 장려하기 위하여 명필의 글씨를 쓰게 하는 일과, 글씨를 베끼거나 바로잡는 일을 담당하였으며, 代書의 역할도 하였다. 이러한 제도는 고려에 비하여 수적으로 증대되었으며, 문관들에게도 글

6) 沈着: 침착은 動搖하지 않고 眞摯함을 뜻하며, 진지한 가운데 超脫하여 輕薄하게 떠돌지 않는 풍격을 의미한다.

씨를 적극적으로 권장하는 계기가 되었다. 또한 조선시대에 접어들어 私學이 발흥하면서 지방 도처에까지 '書堂'의 보급이 더욱 성행하였다. '서당'은 학문을 가르치는 교육기관이지만, 서예 교육도 병행하였으므로 서당의 확산은 서예를 보급·촉진하는 하나의 원동력이 되기도 하였다.

대체로 조선전기 서단의 경향은 크게 왕희지의 서풍, 趙孟頫(1254~1322)의 서풍이, 성리학적 사유에 근거를 둔 朝鮮風과 융화하면서 다양한 서풍들이 蔓延하였다고 볼 수 있다. 따라서 조선전기는 典雅[7]한 朝鮮體가 형성되는 기반으로, '조선체'의 擡頭期라 하겠다. 아울러 한글창제에 따라 한글서예도 본격적으로 흥기하였고 볼 수 있다.

조선중기의 서예는 크게 조선전기의 여풍이 지속되는 가운데 점차적으로 明代의 서풍을 섭렵하였다. 이런 상황에서 '사자관' 출신의 石峯 韓濩(1543~1605)가 등장하였는데, 그는 중국과 한국의 서풍을 융합하여 마침내 '石峯體'를 창안하였다. 그 결과 조선중기는 '석봉체'를 위시한 '조선체'가 서단을 풍미하게 되었다. '조선체'는 중국의 영향 하에서도 조선인의 독특한 형질이 내재된 端雅典重한 풍격을 지니고 있어, 당시 문인·사대부들의 취향에도 부합되었다. 더구나 李滉(1501~1570) 이후 성리학자들은 필획의 端重함과 筆意의 純正함을 중시하였으므로, '조선체'가 서단의 주류로 도약하는 계기가 되었다. 한편 조선중기에 이르면서 서예이론서들이 등장하게 되었

7) 典雅: 전아는 典型的이고 優雅함을 의미한다.

다. 李壽長(1663~1733)은 「墨池揀金」을, 李溆(1662~1723)는 「筆訣」을 저술하였다. 이들은 다양한 서체에 관한 것은 물론, 역대 한·중 서가들에 대한 비평도 겸하여 書論書인 동시에 서예비평서로서 한국 서예학사에서 매우 중요한 가치를 지닌다.

요컨대, 조선중기의 서예는 '松雪體'를 위시한 전기 서예의 餘風과 '석봉체'가 유행하는 가운데 '조선체'가 성립되면서, 여러 서체가 혼재의 양상을 보인다. 이들 서체는 대체로 진나라 왕희지나 원나라 조맹부의 서풍을 근간으로 하고 있지만, 한호를 비롯한 많은 서가들은 독창적인 예술세계를 개진하여, 우리나라는 물론 중국과 일본에까지 書名을 떨치기도 하였다. 따라서 조선중기는 典雅한 '조선체'의 成立期라 하겠다.

조선후기의 영·정조 대에는 숭문정책으로 인하여 문예부흥의 기운이 문화의 전반에 걸쳐 새로운 양상으로 전개되었다. 특히 청대의 실학사상과 금석학·고증학의 유입으로 문학은 물론, 예술전반에 이르기까지 새로운 기틀을 형성하는 요인이 되었다. 청조에서는 학문의 공리공론을 반대하여 실학과 고증학이 일어나고, 그 한 분야로서 금석학도 발흥되었다. 이러한 새로운 학풍은 19세기 초반에 이르면서 조선의 朴齊家(1750~?)와 그의 제자 秋史 金正喜(1786~1856)에게 계승되었고, 이때에 비로소 학문으로 심화·결실을 맺었다. 또한 청조의 예원을 풍미한 시·서·화 겸수의 문인취향은 조선의 학예에 영향을 미치면서 김정희가 '三絶'의 고봉을 이루게 되고, 다시 그의 문하에서 무수한 제자가 배출되었는데, 그 가운데 중인출신의 시·서·화 삼절의 藝人들이 다수를 점하고 있다.[8)]

이러한 '文藝論'은 조선후기는 물론 오늘에 이르기까지 문예전반에 걸쳐 광범위하게 적용되고 있다. 우리가 특히 김정희에 대해 주목을 요하는 것은, 선행 실학자들의 실증적 연구방법을 계승하면서도 민족문화에의 침잠을 통하여 주체적 인식을 선명히 하고, 金石과 典故 등에 대한 격조 높은 학문성을 보여주었다는 점이다.

한편 조선후기는 서론의 성숙기로 이론방면에도 많은 저술이 집필되었다. 李匡師(1705~1777)의 「書訣」, 金相肅(1717~1792)의 「筆訣」, 李奎象의 「書家錄」, 김정희의 「書論」 등이 대표적인 이론서들이다. 이 가운데 「서결」·「필결」·「서론」은 전문적인 서예이론서이며, 「서가록」은 서가들에 대한 비평서이다. 이 밖에도 실록과 개인문집에 단편적인 서평들이 다수 전해지는데, 이러한 사실들은 당시 서예를 단순히 기법에만 국한하지 않고, '書藝學'의 개념으로 인식했다는 점을 입증해 준다.

결국 조선후기의 서예는 '조선체'의 맥이 이어지면서 李匡師, 姜世晃(1712~1791), 申緯(1769~1845) 등 여러 서가들이 一家를 이루었다. 더구나 김정희는 중국과 조선의 다양한 서풍을 두루 섭렵하고, 축적한 지식과 진보적 심미관으로 독자적인 예술세계를 창출하였다. 따라서 조선후기의 서예는 典雅한 '조선체'의 確立期라 하겠다.

8) 鄭玉子. 1990.『朝鮮後期 文學思想史』. 서울大學校出版部. p.115. 참조.

3. 韓國 傳統書藝의 生態思想

1) 以書致藝論

'以書致藝論'은 서예로써 예술에 도달할 수 있다는 논리이다. 이는 우선 '遊於藝'의 사상에 근거한다. 유가에서 글씨는 '六藝' 가운데 하나였으며, '遊於藝'라고 하여 藝에서 自適한다는 사상이 문인·사대부들의 의식에 침잠해 있었다. 인간은 항상 긴장의 연속생활만으로 지속할 수 없다. 각자 자기 나름대로의 취미생활을 영위함으로써 성정의 여유를 가져야 풍요로운 인생을 향유할 수 있다. 이와 관련하여 李穡(1328~1396)의 書藝詩 「琴碁書畵, 吾俗謂之四藝, 作四絶, 書.」를 살펴보자.

浮雲字體竟難同　부운 같은 자체는 끝내 함께하기 어려운데
眞草紛紛儘逞雄　진서와 초서가 어지러이 굳세고 웅건함을 다하였네.
肥瘦短長俱媚嫵　살찌고 여의고 짧고 긴 것을 아름답게 갖추었지만
只愁跳出六書中[9]　단지 육서 속에서 벗어날까 근심되는구나.

이색은 詩題에서 우리나라 풍속 가운데 '四藝'를 '琴碁書畵'라고 하였다. 이것은 당시 지식층의 예술에 대한 보편인식이었다. 이러한 배경은 다양하게 해석될 수 있지만 크게 두 가지로 귀납할 수 있다. 즉, 유학과 과거이다. 고려는 유학을 현실적인 학문의 수단으로 삼았

9) 李穡. 1990.『牧隱藁』. 民族文化推進會. p.66.

고, 유학은 지배층 가운데 문인들의 실용과 교양 및 사상의 일부를 형성하였던 것이다. 그리고 과거는 詩 · 文 · 經傳으로 선발하였으며, 특히 잡과 가운데 전문직인 明書業도 있었다.[10] 유학과 과거는 문인들의 실용적인 필수조건이었다. 이러한 사회적 분위기가 결국 문인들 사이에서 보다 진보된 예술적 경지로 전환 · 발전되어 왔다.

起 · 承句를 보면 초서의 글자체는 正字를 설명한 六書의 원리와 다른 것을 말하고, 眞草가 분분한 모습이 부운과 자체가 함께한 모습을 가리키는 내용이다. 轉句에서 '肥瘦短長'은 운필법의 하나이다. 서예는 문자의 형식미를 빌려 정감과 뜻을 표현하는 예술이다. 형식미의 요소에는 用筆 · 結構 · 章法 등 다방면으로 나타난다. 용필에는 藏露 · 方圓 · 曲直 · 肥瘦 · 大小 · 長短 등이 있다. 그 가운데 비수와 장단은 용필에서 매우 중요한 역할을 하는데, 이것은 부드러운 毛筆에 의해서만 가능하다. 즉 하나의 필획에서 굵고 가늠이 어느 정도이며, 얼마나 길고 짧은가의 문제는 조형미를 좌우하는 관건이 된다.

이 시를 통해서 우리는 '琴 · 碁 · 書 · 畵'가 고려시대에 '四藝' 가운데 하나라는 사실을 認知할 수 있다. 글씨를 단순히 기능으로만 보지 않고 '藝'로 보아 '書의 예술'로 인식한 점은 한국 서론사에서 매우 중요한 의미를 갖는다. '藝'는 기술보다 고차원적인 것으로 자유로운 정신세계까지를 포함한다. 즉 '技'와 '氣'가 동시에 작용하여 발현되는 경지이다. 이러한 관점에서 한국의 전통서예는 서예로써 예술의 경지까지 지향했다는 것을 미루어 짐작할 수 있다.

---

10) 許興植. 1987.「儒學과 科擧」.『韓國史硏究入門』. 知識産業社. p.200.

또한 '以書致藝' 는 서예를 통해 餘他의 예술을 상호 감지할 수 있다는 의미를 내포한다. 濯纓 金馹孫(1464~1498)은『濯纓集』에서 李宗準(?~1499)의 그림에 대하여 평하기를, "나는 글씨와 그림은 알 수 없지만, 그래도 능히 정신으로써 그 묘한 점을 알아내었다. 서 · 화 · 시 · 문은 거의 같은 이치로서 가슴 가운데 간직된 두엄풀이니, 가슴 속에 이 두엄풀이 없다면 어찌 이러한 좋은 꽃을 피울 수 있으리오!"[11] 라고 하여 書 · 畵 · 詩 · 文은 거의 동일한 양상이라고 보았다.

서예는 無形의 繪畵이고, 無聲의 音樂이며, 종이를 무대로 한 舞踊이며, 선으로 구성된 建築에 비유할 수 있다. 예컨대 서예와 동양화는 用筆 · 用墨 · 章法의 원리가 근사한 점으로 미루어 볼 때 서로 互用 · 援用할 수 있다. 또한 서예와 음악은 韻律美가 작품에서 생명과도 같다. 이것은 종이 위에 나타나는 點과 線, 運筆의 遲速緩急 · 輕重太細 · 曲直剛柔, 먹색의 濃淡 · 飛白 · 潑墨 등은 운율을 표현하므로 음악과 통한다. 그리고 서예와 무용은 動的인 美라는 점에서 공통점을 찾을 수 있다. 서예는 원래 停止한 예술이지만, 고요한 가운데 움직이는 '靜中動' 과 '動中靜' 의 원리를 동시에 내포하고 있다. 또한 서예와 건축은 직선과 곡선의 운동성에 의해 운율미가 나타나며, 양자는 結構와 布置의 원리가 흡사하다. 그래서 서예는 회화의 直觀美, 음악의 韻律美, 무용의 律動美, 건축의 空間美를 함께 공유하고 있으며, 이러한 유기적인 관계를 통하여 한국의 전통서예는 '以書致藝' 를 실현

11) 金馹孫. 1988.「書仲勻畫」.『濯纓集』. 民族文化推進會, p.217. ("余不知書畵, 猶能以精神會其妙. 書畵詩文, 殆一樣胸中之土苴也, 胸中無所有, 何能發其華也.")

했다고 하겠다.

2) 以藝致道論

'以書致道論'은 서예로써 道理를 깨우칠 수 있다는 논리로, '道藝一致'의 사상에 근거한다. 다음의 李滉이 지은 「習書」를 음미해 보자.

字法從來心法餘	字法은 예로부터 心法의 나머지이니
習書非是要名書	글씨를 익히는 것은 명필을 구함이 아니다.
蒼羲制作自神妙	창힐과 복희가 만든 것은 저절로 신묘하였으니
魏晉風流寧放疎	위 · 진의 풍류인들 어찌 방탕하고 성글겠는가!
學步吳興憂失故	오흥[조맹부]을 배우다간 옛것을 잃을까 걱정되고
效颦東海恐成虛	동해[장필]를 흉내 내다간 허황될까 두렵구나.
但令點劃皆存一	다만 점 · 획은 모두 存心 · 主一이니
不係人間浪毁譽[12]	사람들이 멋대로 비방하고 칭찬함과는 관계없네.

首聯에서 '心法'으로부터 '字法'이 나온다고 한 것은 글씨가 형태보다 정신을 상위개념으로 본 것이며, '習書'란 '名書'를 요구하는 것이 아니라고 하였다. 여기에서 이황의 서예관을 확연하게 가늠할 수 있다. 아울러 이황은 조맹부의 연미한 서풍을 경시했으며, 字法을 心法의 하위개념으로 보았다. 또한 魏 · 晉까지의 서풍을 중시했으며, 時俗만 쫓는 것을 경계하면서 주체성을 강조했다. 그리고 일점 · 일획은 存心 · 主一이니 소홀히 하지 말고 정성을 다하라고 하였다. 그래

12) 李滉. 1989.『退溪集』. 民族文化推進會. p.110.

서 이황의 필법은 대개 勁健하고 方嚴한 것으로 집약할 수 있다. 이러한 이황의 서예관은 이후 유학자들에게 이어진 동시에, 서예가들에게도 좋은 귀감이 되고 있다. 결국 이황은 글씨를 쓰는 행위가 특별한 것이 아닌 인격실현의 餘事인 동시에 '道藝一致'로 승화시켜 나갔다고 할 수 있다. 따라서 서예를 성리학의 심성수양과 관련지은 이황의 서예관을 통하여 한국의 전통서예는 '以書致道'를 지향하고 있음을 인식할 수 있다.

또한 '以書致道論'은 人性敎育的 측면에서 두드러진다. 沈翼雲(1734~?)의 『百一集』에 수록된 金相肅(1717~1792)의 「筆訣 · 跋」 가운데 주요 내용을 살펴보자.

> "무릇 글씨를 쓴다는 것은 마음이 붓에 들어가는 것이니, 마음의 손가락이 필관을 견고하게 잡아야 한다. 글씨를 쓸 때는 살펴서 자세히 하고, 운필은 온화하면서 느리게 써야한다. 이에 마음은 專一해야 하고, 전일하면 둘이 되지 아니하고, 둘이 되지 않으면 미혹되지 아니하며, 미혹되지 않으면 즐거우며, 즐거우면 싫증나지 아니하고, 싫증나지 않으면 오래갈 수 있고, 오래갈 수 있으면 곧 거기에서 성취된다. 마음은 붓에 전달하고, 붓이 종이에 전달하면, 종이는 받아서 글씨를 이루니, 소리와 기식이 없어도 덕은 거기에서 존재한다. …(중략)… 손에서 도모하지 말고 마음에서 도모해야 하니, 마음이 발동하면 손은 저절로 움직인다. …(중략)… 혹은 크게 혹은 작게, 혹은 짧게 혹은 길게 하되, 의식적으로 만들지 않고 그 필세를 따르면 공교로움이 생긴다. 옛것을 배우지 않아도 옛 법에 저절로 이르고, 시속을 버리지 않아도 시속의 습관이 저절로 없어진다. …(중략)… 마음에 얻은 것 없이 외형을 요구하여 한갓 옛 글씨를 취하여 이를 법칙으로 여겨 부지런히 본받으면, 부지런히 하여도 이룰 수 없고 노력하더라도 권태로움이 생겨난다. …(중략)…

첫째로 중요함은 마음이 바른 것이고, 둘째로 중요함은 손의 익숙함이다. …(중략)… 그런 까닭으로 마음이 진실로 바르다 해도 손이 익숙하지 않으면 안 되니, 익혀 완성하는 길은 오직 손을 익숙하게 하는 데 있다."[13)]

김상숙은 글씨 쓰는 비결에 있어서 마음을 우선으로 도모하고 손으로 전달하길 요구하였다. 그래서 손으로 쓰는 데 신경 쓰지 말고 마음의 발동을 우선시한다. 그러면서도 한편으로는 마음만 바르다고 되는 것이 아니라 손의 익숙함도 강조하였다. 즉, 손을 통해 마음으로까지 전달될 수 있다는 지론이다. 서예를 통하여 마음까지 다스리는 역설적 논리인 것이다. 이러한 관점을 통해서도 서예의 '以書致道的' 기능을 엿볼 수 있다.

3) 以書致法論

'以書致法論'은 서예로써 法則에 도달할 수 있다는 논리로, '道法自然'의 사상에 準據한다. 서예의 형상에는 자연의 법칙이 내재하며, 모든 것은 자연의 이치를 따른다. 초목이 생기는 것도 자연이며, 춘하

13) 金相肅. 「筆訣 · 跋」. 沈翼雲. 『百一集』. 서울大學校 奎章閣所藏. 木版本. 7339, pp.2-33~2-35. ("凡爲書者, 心入于筆. 其下筆也, 審而詳, 其動筆也, 和而緩. 於是, 心乃一, 一則不貳, 不貳則不惑, 不惑則樂, 樂則不厭, 不厭則久, 久乃成焉. 心傳于筆, 筆傳于紙, 紙受成識, 未有聲息, 德乃存焉. …(中略)… 不謀于手, 而謀于心, 心以發焉, 手自行焉. …(中略)… 或大或小, 或短或長, 不以意造, 隨其勢也. 而巧生焉. 不學于古, 而古法自至, 不棄于俗, 而俗習自祛焉. …(中略)… 無得於心, 要求於外, 徒取古書, 是則而效, 勤而無成, 勞而生倦. …(中略)… 一要心正, 二要手熟. …(中略)… 故曰, 心固正, 手不可以不熟, 習成之道, 惟在手熟之而已矣.")

추동이 순환하는 것도 자연이다. 사람이 걸어가야 할 길도 자연을 따르는 것이 가장 이상적이듯이, 서예도 筆法을 통해 자연의 순리를 본받고 체득할 수 있다. 洪良浩(1724~1802)는 서예란 조화의 자취로 곧 자연의 법칙에 따라서 발현된 것이라고 보았다.

> "서예란 무엇인가? 조화의 자취이다. 상형에서 시작할 때부터 또한 그 자연의 이치를 따랐을 뿐이다. 그러나 이른바 이치란 塊然한 하나의 圈物일 뿐만 아니라, 대개 條理와 文理의 찬연함이 있는 것이 陰陽形氣의 가운데를 행하는 것이다."[14)]

그는 서예의 정의를 내리면서 근본적으로 자연의 이치를 따른 것임을 천명한다. 이로써 본다면 한국의 전통서예는 '以書致法'의 사유를 중시하며, 이러한 사유는 서예를 통하여 자연의 이치까지 이해하고 체득하려는 인식도 내포하는 것이라 하겠다.

아울러 '以書致法'의 논리는 '法古創新'의 원리도 포함하고 있다. 法이 있으면 반드시 變化가 있듯이 모든 예술에서는 법고와 창신이 항상 공존하게 마련이다. 서예에서 법고와 창신의 관계는 주로 창작활동에서 실현된다. 이른바 '법고'란 객관적 규율인 동시에 형식적인 법칙을 말한다. 예컨대 서예에서 用筆法 · 結構法 · 章法 · 用墨法 등 서법의 전반을 '법고'라 하며, 반면 '창신'은 주관적이고 내용적인 심미적 변화를 뜻한다. 그것은 작가의 성정 · 개성 · 취향 · 목적에 따

14) 洪良浩. 2000.「答宋德文論書書」.『耳溪集』卷15. 民族文化推進會. p.262. ("書者何. 造化之跡也. 始起於象形, 亦循其自然之理耳. 然所謂理者, 非塊然一圈物而已, 蓋有條理文理之粲然者, 行乎陰陽形氣之中.")

라 형식미를 달리 추구하는 新意이기도 하다. 서예에서 법은 바른 길이면서 목적을 위한 수단이므로 無法→有法→無法中有法의 단계로 확장된다. 법고와 창신의 관계에 대하여 朴趾源(1737~1805)은 다음과 같이 피력하였다.

"아! 옛것을 본받는 자는 옛 자취에 병들고, 창신하는 자는 不經을 근심한다. 진실로 옛것을 본받되 변화를 알고, 새로운 것을 만들되 典據에 능하다면 지금의 글은 오히려 옛날의 글과 같다."[15)]

새로움은 과거의 형상을 기반으로 자기만의 형상을 창조하는 것으로, 옛것의 장점을 수용하면서 옛것에 집착하지 않아야 자기만의 예술세계를 창조할 수 있다. 즉 通古의 과정을 거친 變今의 세계인 것이다. 그러므로 참다운 창작을 위해서는 예술가의 수양 · 풍부한 경험 · 진보적인 세계관 · 광범위한 문화지식 · 숙련된 예술기교를 두루 갖추어야 한다. 결국 한국 전통서예의 심미사유는 법고의 과정을 통해 법에 도달하고 법을 체득하며, 나아가 법고를 통한 창작을 유도하고 있으며, 이러한 사유는 '以書致法'의 서예사상을 형성하였다고 볼 수 있다.

4) 以書致學論

'以書致學論'은 서예로써 學問에 도달할 수 있다는 논리이다. 역

---

15) 朴趾源.「楚亭集序」.『燕巖集』卷1. 1974. 景仁文化社. p.12. ("噫, 法古者病泥跡, 創新者患不經. 苟能法古而知變, 創新而能典, 今之文猶古之文也.")

대로 '서예학'은 주요한 하나의 학문영역으로 여겨져 왔다. 李匡師(1705~1777)는 「書訣」후편에서 글씨를 쓰는 조건으로 학문의 성취를 강조하였다.

> "무릇 배우는 자는 모름지기 재주와 학문이 근면과 독실함을 겸해야 이룰 수 있다. 재주를 믿는 것은 배움을 정교하게 하는 것만 못하니, 배움을 정교하게 하려면 반드시 공부를 독실하게 해야 한다. 어찌 글씨만 그러하리오! 만사가 모두 그러하다. …(중략)… 글자의 획은 마음의 바탕에서 근원하고, 뜻이 이름은 학문의 量에서 생기는 것이니, 반드시 통명·정직하고 박학하여 문채가 있는 선비가 된 다음에야 도를 말할 수 있는 것이다. 그렇지 못하면 비록 재주와 필력이 있다 하더라도 끝내 글씨장이가 되어 비속함을 넘어 현묘한 극치에 통하기를 바라더라도 이룰 수 없으니, 이 또한 알지 않을 수 없다."[16]

이광사는 글씨를 쓰는 요건으로 통명·정직하고 박학하여 문채의 선비가 되기를 요구하였다. 글씨는 마음에서 비롯되고 마음은 학문적 도량을 갖추어야 하는 것이다. 그래서 글씨를 잘 쓰려면 학문을 독실하게 해야 한다. 이는 곧 글씨를 통해서 학문에까지 도달해야 하며, 도달할 수 있다는 역설적 논리이다.

---

16) 李匡師. 『圓嶠書訣』. 서울大學校 奎章閣所藏. 寫本. 刊年未詳. 도서번호 가람 古 754Y55w. 마이크로필름 M/F85-16-297-G. pp.47~48. ("凡學者, 須才學與勤篤相兼, 乃可成. 恃才不如精學, 精學必須篤功. 豈徒筆藝, 萬事皆然. …(中略)… 字畫源於心術, 意致生於識量, 必待通明正直, 博學有文之士, 然後可以語道. 苟不能然, 雖有才力, 終爲書匠, 以求超俗陋而通玄極, 則末也, 此亦不可不知也.")

4. 結語

서예는 과거에 문인 · 사대부들의 이상적 지표의 한 분야인 만큼, 현대인의 삶과도 무관하지 않다. 그것은 문자예술을 매개체로 한 소통의 장을 마련할 수 있을 뿐만 아니라, 여가선용과 獨樂에도 매우 큰 강점을 내포하고 있다. 그리고 서예는 예술영역에서 전통성과 독창성을 공유하면서, 현대생활에 충분한 미적향수를 제공할 수 있는 역량이 있다. 전통적 예술성을 차치하고라도, 실용적으로도 아름다운 題字 · 懸板 · 製品名 · 商號 등은 우리의 생활에 청량제 역할을 하며, 상품의 가치를 한층 더 북돋아 주는 역할을 한다.

현 사회는 기계화 · 정보화의 물결로 급속도로 범람하고 있다. 그럴수록 상대적으로 느림의 미학인 手藝作業의 중요성이 절실히 요구되는 시점이다. 藝術은 技術처럼 활동목적이 製造的 · 反復的 · 複寫的 · 拘束的이 아니라, 創造的 · 個性的 · 思惟的 · 自由的인 것이다. 그러므로 예술과 기술은 의미부여의 형식이 있고, 없고의 차이이다. 또 다른 방면으로 서예는 인성판단과 심리치료에도 적극 활용되고 있는 실정이다.

우리 선조들의 훌륭한 문예전승과 새로운 문화의 다양화를 위해서는 서예교육이 필수적이다. 수 년 전까지도 실행하였듯이, 서예교육은 公敎育의 정규과목으로 개설하여 충실한 문화인을 양성하는 데 일익을 담당해야 할 것이다. 과거 없는 현재가 없듯이, 우리의 누적된 문화를 홀시하는 미래의 문명사회는 분명히 각박하고 피폐할 수밖에 없을 것이다. 문화와 문명은 괴리될 수 없는 상생과 동행의 여정이다.

우리 것에 대하여 바로 이해하려면 선조들이 가졌던 예술에 대한 제반인식과, 주변 사항들과의 상관관계를 통섭해야 한다. 우리 서예의 전통을 발견 · 이해하려면 우선 그 시대와 그 예술을 만든 상태로 되돌아가 그들의 사유와 가치관 및 그 시대를 조명해야 한다. 특히 한국 전통 서예관에서 '以書致藝' · '以書致道' · '以書致法' · '以書致學'의 思惟는 오늘날에도 여전히 유효한 전형적인 서예의 생태사상인 것이다. 따라서 한국 전통서예에 내재된 이러한 생태적 사유를 통하여 서예의 효능과 위상이 올바르게 전승 · 발전되어야 할 것이다.

우리의 전통은 단순히 전승의 개념만이 아니라, 시대에 적절한 새로운 '變'을 위한 것이다. 역사는 항상 반복되는 경향이 있지만, 실제 그 성질과 표현 상태는 서로 다르다. 한국의 서예문화를 지속적으로 연구 · 교육하여 생활 속에 활용하는 동시에, 세계에 보급하는 데 박차를 가해야 할 것이다. 왜냐하면 우리의 文藝는 바로 우리의 역사이고 철학이며 사상이기 때문이다.

참고문헌

金馹孫. 1988.『濯纓集』. 民族文化推進會.

朴趾源. 1974.『燕巖集』卷1. 景仁文化社.

沈翼雲.『百一集』. 서울大學校 奎章閣所藏. 木版本.

李匡師.『圓嶠書訣』. 서울大學校 奎章閣所藏. 寫本. 刊年未詳.

李　穡. 1990.『牧隱藁』. 民族文化推進會.

李　滉. 1989.『退溪集』. 民族文化推進會.

洪良浩. 2000.『耳溪集』卷15. 民族文化推進會.

金光郁. 2006.「韓國의 論書詩 研究」. 檀國大學校 大學院 博士學位 請求論文.

______. 2006.『韓國書藝詩研究』. 啓明大學校出版部.

______. 2007.『書藝學概論』. 啓明大學校出版部.

______. 2009.『韓國書藝學史』. 啓明大學校出版部.

鄭玉子. 1990.『朝鮮後期 文學思想史』. 서울大學校出版部.

許興植. 1987.『韓國史研究入門』. 知識産業社.

성곽 도시, 대구(Taegu) 답사기:

독특한 역사현장을 보존하기에 너무 늦은 것이 아닌가?

James Grayson (University of Sheffield, UK)

성곽 도시, 대구(Taegu) 답사기:
독특한 역사현장을 보존하기에 너무 늦은 것이 아닌가?

James Grayson (셰필드대학교 동아시아학부)

1. 도입(Introduction)

한국의 예술과 건축 미(美)에 대하여 검토한 '현실의 예술화, 예술의 현실화'의 주제와 관련한 이번 발표회에 다수의 훌륭한 학술적인 논문들이 제출되었다. 그러나 본 논문은 그러한 성격의 논문이 아니다. 즉 학술적 성격의 논문이 아니다. 현재 필자는 한국 예술에 대한 학문적 분석이나 그 양상에 대한 연구를 못하고 있는 실정이다. 이 글은 시(市)와 지역 정책 입안자들, 그리고 시청 직원들이 급변하는 현대 사회의 맥락에서 특별한 도시인 대구의 문화적, 역사적 보존을 위하여 적절한 행동을 취할 것을 기탄없이 청원하는 논문이다. 또한 본 논문에서 필자는 대구의 지역 경제를 유지, 발전시키면서 여하히 지방 역사와 문화가 보존될 수 있는가에 대한 몇 가지 제안도 함께 하고자 한다.

2. 개관(General Thoughts)

동아시아의 어떠한 나라도 20세기 후반 동안 대한민국이 겪었던 것처럼 그렇게 급속하면서도 근본적인 사회경제적 변화를 겪지는 않았다. 파국적인 내전(한국 전쟁)에서 벗어난 한국은 1960년대 이후부터 줄곧 사회문화적 변화를 수반하는 미증유의 그리고 지속적인 수준의 경제 성장을 경험하였다. 이러한 사회문화적 변화의 상징은 다수 사람들의 주요 교통수단으로써 자동차의 광범위한 사용, 담벼락으로 둘러 처진 정원을 지닌 주택에서 고층 빌딩의 아파트에서 영위해 나가는 삶으로의 변화, 그리고 마루에 앉는 좌식 문화에서 의자에 앉는 좌식 내지는 입식 문화로의 변화 등으로 나타났다. 이러한 새로운 문화적 특징들의 첫 번째와 두 번째는 대한민국 경제 발달과 유지의 배후 동인 역할을 해온 대규모 건설 계획(프로젝트)와 서로 연계 되어 있다. 세 번째 특징은 광범위한 공간의 사용이 '현대적'으로 보인다는 공간 사용의 변화된 이해 내지는 느낌과 관련이 있다.

1960년대 이후, 대한민국의 주요 건축물들과 건축물 단지들이 잘 보존되어 왔다는 것은 주지의 사실이다. 이는 주요한 역사적 건축 문화 요소들을 보존해야 하는 국가적 필요성을 반영해 주는 것이라 할 수 있다. 그리하여, 한국 정부는 1960년대 불국사(the Pulguk-sa temple)의 중건과 21세기 초 이후 경복궁(Kyŏngbok Palace) 중수에 많은 비용을 들였다. 일반적으로, 일상적인 가옥들과 작업장(회사 건물 등) 같은 일반적 건축물들은 보존되지 않았으며, 서울의 삼청동과 같은 지역들을 제외하고는 인근 전체 주택지와 마을들은 명백히 보존되지 않았다.

보존/보호의 원칙은 역사적 건축 환경의 보존이 자연 환경의 보호와 반드시 분리되지 않아야 한다는 것이다. 지난 10년 동안, 대규모 건설 계획의 시행을 통하여 한국 도시 건설 환경의 인간적 측면, 역사적 특성, 그리고 동시에 자연환경에 가해진 공격은 충격적이다. 여기서, 우리들은 현재 대대적으로 보수하고 있는 대구 중심부로 연계되는 길을 10차로 도로와, 팔공산을 통과하는 더 많은 터널과 그 주변의 도로 체계를 건설한 결과로 나타난 팔공산의 지속적인 훼손에 대해서만 생각할 뿐이다.

유의점: 도시와 지역 개발을 위한 계획을 입안할 때 자연과 문화의 보존은 반드시 함께 연계 되어야만 한다고 명백히 주장한다.

3. 지리적 배경(The Geographical Setting)

다른 도시 혹은 다른 인간 정착지와 마찬가지로 대구도 특별한 지리적 배경을 지니고 있는데, 그것은 사회문화적 삶과 그 역사에 영향을 미친다. 지리적 배경은 또한 일반적 사회생활에 미적인 측면을 제공하기도 한다. 그것이 예술과 같은 것은 아니지만, 현존 사회의 '미'에 대한 배경을 제공한다. 대구 지역의 두 가지 지배적인 특징은 산과 강이다. 그 광경은 내가 판단하기로는, 높은 콘크리트 구조물과 지나치게 넓은 도로들과는 반대되는 미적 아름다움 곧 자연 세계의 미감을 제공해주고 있다. 사실상 대구 지역은 하나의 분지 지역인데, 북쪽으로는 거대한 팔공산 능선이, 그 남쪽으로는 앞산이라는 적절한 명칭의 산이 내려다보고 있는 형국이다. 사실 대덕산의 대중적 이름인 앞산(즉 앞에 있는 산)은 우리들에게 직접적으로 무엇인가를 말해주고 있다; 전통적인 한국의 가옥들은 남향이어서 사람들은 거주하는 곳에서 솟아 있어 볼 수 있는 첫 번째 것을 '앞산(즉 앞에 있는 산)'으로 불렀다. 그러한 이례적인 자연적 특징의 시각을 보존하는 것은 도시 생활의 아름다움의 중요한 한 부분을 이룬다.

그와 마찬가지로, 대규모 강들 즉 대구 분지가 위치해 있는 금호강, 금호강이 주요 지류인 낙동강은 도시 삶을 영위하는데 중요한 자연적 배경이 된다. 우즈(Ouse)강을 끼고 있는 잉글랜드의 요크(York)시나, 대규모 운하 분지를 지닌 잉글랜드의 링컨(Lincoln)시를 가 본 사람은 누구나 현대 도시 생활의 아름다움을 고양시키는데 물이 얼마나 중요한 것인가를 곧 이해할 것이다. 한국에서도 청계천 복원사업이 서울 중심부의 도시 생활의 미적 아름다움을 극적으로 바꾸어 놓았다.

4. 역사적 배경(The Historical Setting)

고고학 연구는 기원전 2000년 중반 이후 금호 분지에 사람들이 거주하였다는 것을 보여주고 있다. 같은 시기 첫 세기 내에 달구벌이라 불리는 도시 국가(부족연맹체)가 분지를 지배하였고 마침내는 6세기 어느 시기인가에 신라에 흡수되었다. 그 이후 금호 분지 중심부에는 중요한 도시 정착지가 항상 존재해 왔다. 알려진 바대로 대구는 경상도 지역을 지배한 중요한 중심지였으며, 조선시대 말엽까지 한반도의 세 번째로 가장 중요한 도시였다. 대구는 결코 소규모 지방 도시가 아니다. 대구는 한국의 수도였던 한양의 뒤를 이어 두 개의 중요한 도시 중 하나였다. 그것은 안동과 같은 양반(귀족적) 중심지나 문화적 중심지가 아니라 행정적, 군사적, 그리고 상업적 중심지로서 중요하였다. 이러한 면에서 그 규모를 따져볼 때 대구는 독특한 지역이다.

5. 내부 도시의 독특성(The Uniqueness of the Inner City)

[사진 1] 달성고 대구부 읍성 위치

사진1: 이 구글 얼스 지도는 두 가지 요점을 설명해준다; 첫 번째는 현대 대구시는 지역의 자연적 지형 특히 산맥(산 능선)에 의해 명확히 구분된다는 사실이며, 두 번째는 현대 도시의 내부 지역의 설계도상에 지역의 중요한 역사적 거주지 흔적이 여전히 잔존한다는 것이다. 나는 이 사진을 셰필드 대학교 학부생들에게 한국사를 가르칠 때 사용해왔는데, 그것은 이 사진이 20세기 말까지의 한국 역사를 너무나 잘 그리고 너무나 생생하게 요약하고 있기 때문이다.

이 사진을 자세히 살펴보자. 왼쪽 편으로, 우리 눈에 띄는 첫 번째 것은 대규모로 불규칙하게 형성된 형태 – 역사적으로 '달구벌'이라고 알려진 달성 요새, 즉 철기시대 도시인 녹색반점이다. 이곳은 금호분지에서 중요한 도시 정착의 역사가 시작된 지역이다. 이제 우리의 눈을 중앙으로 옮기면, 우리는 희미하게 원형 도로망의 윤곽을 볼 수 있는데, 이것은 반월당 지역에서 시작하여 북으로 대구 철도역으로 나아가 시계반대 방향으로 우리가 처음 출발한 지점과 연결될 때까지 대략 서쪽 방향으로 나아간다. 물론 이것은 조선시대 중후반기 동안 성곽도시 대구의 유적지이며, 아마도 고려시대 동안 대구의 성곽과 도시 지역의 위치를 나타내 줄 수 있을지도 모른다.

십리의 거리(약 4킬로미터)나 되는 도시 성곽은 오늘날 지도상에 네 개의 거리 이름 즉 동성로(East Wall Street), 북성로(North Wall Street), 서성로(West Wall Street) 및 남성로(South Wall Street)라는 그 흔적을 남기고 있다.

그러나 그 이상의 것이 존재한다. 우리는 남–북 방향을 가로 지르는 내부 거리가 남성로와 교차하는 곳에서 도시의 주요 문인 남문의 유적지를 발견할 수 있다. 이곳은 종로(종 거리)인데, 이는 후기 전통시기 주요 도로 축이었다. 그 이름은 또한 우리에게 이 거리를 따라 도시의 네 문의 개폐(開閉)를 알리기 위해 사용된 종을 보관했었던 종각(종 보관용 별관)이 위치해 있었음을 이야기 해 주고 있다. 만약 우리가 북성로와 교차하거나 북성로가 끝나는 지점까지 이 길을 따라가게 되면, 성곽 도시의 북쪽 문 유적지를 발견할 수 있다.

남성로의 대중적 이름인 약전 골목 혹은 현재 공식적인 명칭인 약령 시장 또한 이 지역 역사에 대한 중요한 것을 전해주는데, 이 경우는 대구의 상업사에 대한 것이다. 이곳은 현재 의료 행위와 약재 판매의 측면에서 전통적 의약(한약) 사업의 중심지이다. 한 때 이 지역은 한국에서 한약의 최대 규모 '시장'이었다.

종로에서 동쪽으로 조금 떨어진 남문 유적지 바로 위에는 진 골목이라 불리는 길쭉한 골목길이 있는데, 이것은 옛 성곽 도시 지역의 동쪽 길이의 거의 반을 차지하고 있다. 이 좁은 골목길은 전통적인 한국 주거 뒷골목 향수를 그대로 내포하고 있으며, 또한 이전 성곽 도시 지역에 남아 있는 대규모 역사적 주거단지를 포함하고 있다. 그것은 또한 한국 현대사의 중요성도 담고 있다. 20세기 초 한국의 국가 빚을 청산하기 위하여 벌인 국채보상운동과 관련하여 오늘날 대구에서 많은 것들이 행해졌다. 이 운동은 대구에서 시작되었고 남성들이 주도하였다. 그러나 여성들 주도하에서도 이 운동이 병행되었는데, 그 시작이 바로 여기 진 골목에서 비롯되었다.

이제 돌아가 달성(요새)를 보도록 하자. 골목길이 나 있는데 그것은 남동방향에 위치해 있는 성의 북동쪽으로부터 시작하여 남성로 바로 바깥까지 이어져 동성로 바로 넘어서 사라진다. 많은 측면에서 이것은 성곽 도시 유적지의 가장 흥미로운 역사적 특징을 지니고 있는데, 그것은 이 골목길이 수도에서 한국의 남동부 해안에 위치한 동래까지 연결되는 도로 유적지이기 때문에 그러하다. 그 주변 지역을 둘러싸고 일어난 모든 개발 상황을 고려할 때 이러한 '하찮은' 유적이 온전히 남아 있다는 사실은 놀라운 일이다.

그러나 그 이상의 것이 존재한다. 조선 병탄 직후, 일본 제국주의자들은 대구의 당시 현존 도시 설계도 위에 신도시 계획을 세우려고 시도하였다. 대구에 놓인 철로는 신도시의 초점이 되었다. 지도상에서 여러분은 반월당 지역에서 시작하여 대구역 앞 대광장에 이르러 그 정점에 달하는 옛 성곽 도시(그 성벽들은 일제의 공식적인 병탄 이전에 허물어진)의 동쪽 지역을 가로지르고 있는 하나의 대규모 거리를 볼 수 있다. 이러한 도시 축의 재조정은 이례적인 것이었다. 일본인들이 철로를 부설할 때는 어디에서나 단순히 구도시에서 멀리 떨어져 위치한 철로 역에 초점을 맞춘 신도시를 건설하였다. 이러한 새로운 형태의 도시 건설 계획의 예들은 서울(일본이 건설한 도시는 용산 역 근처에 세워졌음), 수원, 그리고 심지어 만주의 선양(심양 瀋陽)조차도 그러하였다.

만약 우리가 지금 그 도시 성곽 유적지 주변을 돌아본다면 우리는 매우 다른 중요한 어떤 것을 알 수 있을 것이다. 이전 성곽 도시 지역 내의 거리들과 골목길들은 꾸불꾸불하고 곡선인 반면에 종전 도시 성곽의 북쪽과 동쪽 지역으로 난 비슷한 거리들과 골목길들은 직선이면서 네모나다. 성벽의 북쪽 지역은 시의 새로운 일본인 상업 지역의 명소가 되었으며, 동쪽 지역은 일본인들의 새로운 거주 지역 및 행정 지역이 되있나. 여기에서 다시 지명은 우리로 하여금 그 지역에 무엇이 있었는지에 대한 단서를 제공해준다. 교동은 이 지역이 종전 지역의 유교 사당 및 교육의 장 곧 향교의 터였다는 것을 말해주며, 동시에 공평동은 일제 시기 최고 재판소가 최근까지 그곳에 위치해 있었다는 것을 상기시켜 준다.

다시 우리가 남성로 정남쪽 지역을 본다면, 이번에 우리는 '근대화'

라는 현대적 표준에 맞추기 위하여 도시의 외관을 변경하기 위한 또 다른 시도의 흔적을 엿볼 수 있다. 여기 거대한 현대식 동-서 축 도로가 있는데, 그 도로는 도시의 중심부를 가로 질러 원래의 성곽 도시 지역 외부에 위치해 있는 역사적 성곽 도시 지역의 일부분을 갈라놓고 있다. 그 전체 넓이가 10차선 너비의 길이라니! 이와 관련하여 언급해야 할 가장 이례적인 것은 영국에서 자동차 도로(한국에서 고속도로)는 일반적으로 6차선 넓이의 도로라는 점이다. 많은 면에서 옛 성곽 외부 지역은 성곽 내부 지역만큼이나 역사적으로 흥미롭다. 여기에는 일상적인 가정집, 회사 및 시장뿐만 아니라 아주 유복한 종류의 가정집들도 위치해 있었다. 최근 성벽 바로 외부의 네 채의 집과 그 인근의 로마 가톨릭 교회(즉 성당)이 문인, 사업가, 그리고 군인들의 거주지로서 역사적 중요성을 지니는 것으로 확인되었다. 현재 이 지역은 최근 대구의 주요 쇼핑 지구 재배치를 위한 일환으로 거대한 백화점 건물 건축으로 인한 중대한 위협에 노출되어 있다.

유의점: 대구시의 역사적 핵심(지역)을 보존하기 위한 어떠한 계획도 본래 성곽 도시 유적지 그 너머에 위치해 있는 외부 변두리 지역을 반드시 보존해야만 한다.

6. 2010년 대구 재방문(Revisiting Taegu, 2010)

1980년 감리교 선교사로서 그리고 대학 교수로서 대구에 일하고 있을 당시, 나는 대구 역사 유적지에 대한 단편의 안내서와 레스토랑,

다방, 가게 그리고 대구의 다른 흥미로운 점들에 대한 소개서를 집필했다. 『대구 안내서』라는 제하의 그 책은 왕립 아시아 협회 한국 지회와 계명대학교 출판부에 의해 공동 출판되었고 3쇄를 찍었다. 이 책을 저술하기 위하여 나는 옛 도시 유적지 주변을 광범위하게 답사하였고, 그 결과 보존되어 온 옛 가옥들과 다른 옛 건물들을 특별히 언급하였다. 그 책 집필 후 나는 특별히 진 골목과 조선시대 지방 수령들과 관련 있는 건물들에 초점을 맞춘 옛 도시 주변 관광(투어)에 왕립 아시아 협회(RAS) 회원들을 인도하였다. 나는 또한 튼튼하게 건축된 많은 일제 시기 건물들을 지적하였다. 비록 1987년 한국을 떠난 후 수시로 다시 한국에 돌아왔고 두 번의 경우 한국에서 오랜 기간 동안 연구 생활을 보냈지만 나는 항상 서울에서만 살았다. 20년 이상 한국 체류 기간 중 처음으로 작년에 대구에서 5개월 이상 머물렀다. 대구 체류 첫 번째 날에 나는 대구의 옛 도시 지역에 들렀고 엄청난 충격을 받았다.

나는 무엇보다도 처마 밑에 행복을 의미하는 희(喜)자 모양의 커다란 벽돌 모자이크가 있는 대규모 전통 한옥을 보러 갔다. 그러나 나는 대경실색하였다. 그 유적지는 현재 대규모 주차장으로 변모 해 있었다. 그 다음 며칠에 걸쳐 나는 도시 중심부 지역 주변을 돌아다녔고 사라진 성곽 도시 지역 내외의 수많은 역사적 건물들을 주목하였다. 도시 성곽 외부에 있는 이러한 건물들에는 공평동 소재 법원 건물, 현 시청 건물 자리에 있던 대규모 일본식 격투기 도장, 그리고 일제시기 도지사 관사 등이 포함된다. 도시 성곽 유적지 내에 있던 수많은 전통적인 한국 가옥들(한옥)이 파괴되었으며, 성당으로 재사용되었던 일제시기 사원은 보다 더 현대적인 교회 건물로 대체되었고, 진 골목은 많은 가옥들이 방치되어 있고 골목 동쪽 지역이 조잡한 콘크리트 구조물들로 대체되었기 때문에 현재 위기에 처한 듯하다.

7. '옛 대구' 조사하기(Taking Stock of 'Old Taegu')

이러한 충격으로 나는 종전 성곽 도시 지역 내에 남아 있는 모든 옛 구조물들을 조사해야겠다는 다짐을 하게 되었다. 그리하여 2010년 3월에서 6월 사이 나는 옛 도시 유적지 주변을 샅샅이 답사하였으며, 건물의 위치, 상태, 그리고 양식 등을 수작업 지도상에 메모하였다. 그 다음 이러한 정보는 1,000:1 축적 지도로 옮겨졌고 내가 역사적 관심사가 있는 것으로 확인한 230개의 건물들에 대한 각각의 보고서를 작성하게 되었다. 필자는 처음에 현존하고 있는 한국식 집 즉 한옥에 대한 것만을 기록하려고 의도하였다. 그러나 필자는 곧 옛 성곽 도시와 그 주변 지역들이 근대 이전과 근대 이후의 한국 사회사와 관련된 중요 사료들을 풍부하게 포함하고 있다는 것을 깨닫게 되었다. 그래서 나는 연구 조사 범위를 일제시기 건물뿐만 아니라 한국전쟁 시기 이후의 건물들까지로 확대하기로 하였다.

이러한 현장 조사를 마친 후 필자는 다음과 같은 결론 혹은 관찰 결과를 얻게 되었다.

1) 성곽 도시 지역의 전반적인 인구 감소 현상이 진행되어 왔다. 모든 시기의 많은 가옥들이 방치 되었는데 심지어 커다란 정원이 딸린

대규모 현대식 3층 가옥조차도 그러하였다.

2) 역사적인 한옥 양식의 건축물들은 종종 상업적 목적, 주로 레스토랑으로 전환되었다. 만약 그 사업이 실패하면 그러한 건축물들은 곧 허물어져 일반적으로 주차장이 되었다.

3) 이전 성곽 도시 지역에 남아 있는 전통적 한국식 뒷골목의 유일한 대규모 사례에 속하는 진 골목은 그 건물들의 황폐화로 인하여 사라질 위기에 처해 있으며, 동시에 보다 더 많은 콘크리트 구조물들의 건축 위협 하에 놓여 있다.

4) 성곽 도시 지역을 가로지른 무분별한 소방 도로는 많은 옛 건축물들의 일부를 훼손시키고 있다.

5) 종전 성곽 도시 유적지 내외에 있던 대부분의 주요 일제시기 건축물들이 허물어져 내려 한국 현대사의 주요 시기에 대한 중요한 유형적 기록을 앗아가 버렸다.

6) 현재 성곽 도시 유적지의 외부에는 붕괴의 위협에 노출되어 있어 보존되어져야만 하는 역사적으로, 건축학적으로 중요한 건물들이 있다.

7) 성곽 도시 지역 자체와 내부 그리고 그 주변 지역은 고고학적으로 중요하다. 왜냐하면 그 지역들이 고려시대와 조선시대의 사회사를 내포하고 있기 때문이다. 5년 전 셰필드에서 빅토리아 시기 건물의 재건축을 계기로 중세 시기의 우물과 가옥터 그리고 소로(골목길)을 발견하였다. 건물의 재건축은 중세 건물 유적지역의 철저한 고고학적 발굴이 행해시기 전까지 중단되었다. 고고학적 연구와 발굴이 없었다면, 셰필드의 중요한 지방사가 영원히 파괴되었을지도 모른다. 우아

하면서도 중요한 지표면 아래의 유산에 대한 파괴가 지금 대구에서 자행되고 있다.

유의점: 옛 성곽 도시 내부와 주변에 어떠한 건축이 행해지기 전에 대규모 넓이의 지표 발굴, 고고학적 유적지 조사와 발굴이 반드시 선행되어야만 한다.

8. 무엇이 남았는가?(What Remains?)

비록 역사적 건물들 혹은 역사적 흥밋거리를 지닌 건물들의 광범위한 파괴 사실을 고려한다 하더라도, 나의 사이트-서베이 방식(site-survey method: 발갈이 방식) 조사는 이전 성곽 도시 유적지 내에 대략 230개의 건축물들이 여전히 남아 있음을 보여주었다. 성곽 도시 지역 외부와 그 주변지역에 놓여 있는 유사한 역사적 고고학적 관심사를 지닌 더 많은 건축물들이 있다. 과거에 대한 이러한 유물들의 규모는 한국에서 서울을 제외하고는 (대구가) 독특하다.

[사진 2] 약령 5길 160

사진 2와 3: 약령 5길 160번지 주요 중심 축 도로 위에 위치해 있는 이 건물은 대구 성곽 도시 지역에 남아 있는 최대 규모의 전근대 구조물이다. 그것은 현재 폐기 상태이며 심각한 붕괴의 위험에 처해 있다. 건물 전

[사진 3] 약령길 175 / 약령 5길 160

면의 양식은 서울에 있는 많은 대규모 비왕실 건축 구조물들과 유사하다; 우리는 이 건물이 고위직 인사의 거주지이거나, 일종의 시민 행정 기능을 담당했던 것으로 추측하고 있다.

사진 4와 5: 이 건물은 약령 5길 168의 이전 건물에서 동쪽으로 약 몇 미터 떨어져 위치해 있다. 내가 2010년 초 봄에 그 건물을 처음 보았을 때, 그 건물은 여전히 레스토랑으로 이용되고 있었다. 나의 두 번째 방문 기간이 끝나갈 무렵 그곳은 문을 닫았다. 그 건물은 건축학적 측면에서 규모면에서뿐만 아니라 그것이 가지고 있는 이중의 안뜰과 건물

[사진 4] 약령 5길 128

[사진 5] 약령 5길 168

의 멋진 상세도 측면에서도 흥미롭다. 온돌(온돌 구들) 사용을 위한 세 개의 현존 굴뚝은 아름답고 아주 높은 건축 구조물이다. 이러한 설명은 또한 그 집 주위의 벽돌로 지어진 담에 대해서도 마찬가지이다. 불행하게도 이번 봄에 지어진 콘크리트 건축물이 남쪽 방향의 집 담과 굴뚝의 지반을 약화시켰다. 골목길 주변의 다른 건물들도 똑 같은 관심사의 대상이다. 사진 5에서 보는 것처럼, 앞에서 설명한 건물 뒤 북쪽으로 약령 길 175번지에 위치해 있는 앞의 건물 크기와 비슷한 거의 다 쓰러져가는 건물이 하나 있다. 그 건물은 계명대학교가 소유하고 있다.

사진 6: 옛 도시 북부 지역에 속하는 동-서 도로인 경상 감상로(299번지)에 위치해 있는 이 건물은 두 개의 가장 중요한 현존 일제 시기 건물 가운데 하나이다. 신(新)르네상스 양식으로 1930년대 지어진 그 건물은 무영당(茂英堂) 백화점이었는데, 그것은 오래전에 사라진 반월당 백화점처럼 일본인 소유가 아니라 한국인 소유의 사업체였다. 그것은 또한 판유리 창문을 지닌 대구 최초의 건물 중 하나였다. 현재 그것이 위험에 처해 있다는 것을 믿지 않는다 하더라도 그것의 보존은 건축사, 사회사 및 상업사의 중요 부분을 보존하기 위해 필수적이다.

[사진 6] 경상감상로 299 - 무영당 백과점 건물

사진 7과 8: 북성 1길 68번지와 경상 감상로와 나란히 뒷골목에 위치해 있는 이 건물은 명백히 폐기된 상태이다. 건물의

[사진 7] 북성로 1길 68

[사진 8] 북성로 1길 68

이례적인 디자인 즉 둥근 타워와의 조합과 둥근 창문을 사용한 것은 1920년대 말과 1930년대 동안 유럽과 북 아메리카에서 유행하던 '현대적' 양식의 영향을 받았음을 명백히 보여준다. 그것은 대구에서는 독특한 것이며, 사진 6에서 본 무영당 백화점 건물의 신르네상스 양식과도 대조를 이루고 있으며, 같은 시기까지 거슬러 올라가는 이전 상업은행 건물(여기에서는 설명하지 않았음)과도 대조를 보이고 있다.

우리는 북성로 소재 일본식 단층과 2층짜리 가게, 북성로와 서성로 구석 소재 2층짜리 중국식 상업 건물, 많은 일본식 여인숙을 지닌 구도시 부동지역의 향촌동 지역에 있는 뒷골목, 전형적인 성모양의 정면 형대를 띤 종로의 구세군 예배당, 그리고 종로숯불갈비집이 있는 종로의 아주 널찍한 정원이 딸린 대규모 저택을 포함한 많은 다른 건축물들을 언급할 수 있다. 이러한 일련의 건물은 역사적 관심사뿐만 아니라 사회적 관심사도 지니고 있다. 중국식 가게는 대구에서는 이례적인데, 이는 대구와 같은 인종적 공동체 내의 상업적 풍토를 반영하는 것이다. 사실 철로역에서부터 거리를 가로 질러 소재하고 있는 일본식 여인숙들은 한국전쟁기와 이후 1950년대 후반기 동안 한국의 문학적 예술적 공동체의 터줏대감 역할을 했다. 레스토랑으로 변신한 종로 소재 대저택은 1970년대 소방차 진입을 위한 무분별한 소방도로 계획으로 훼손을 당하여, 건물의 특징과 아름다움을 뽐내던 지붕 처마의 일부가 잘려나갔다.

이 사건은 도시 계획이 도시 주변의 문화적, 건축학적 특징에 민감해야만 한다는 사실을 상기시켜준다.

9. 무엇을 해야만 하는가?(What Can Be Done?)

필자는 다음과 같은 확고한 결론을 내리게 되었다. 즉 종전 성곽도시 지역 내에 속하는 단지 산발적인 몇 개의 건물이 아니라 이전 성곽도시 전체 지역과 그 주변 지역 모두가 보존되어져야만 한다. 사이트-서베이식 연구 방법을 진행하는 동안 필자는 대구광역시청 및 중구청과 긴밀히 교류하였다. 나는 그들의 도의적 원조와 내 작업을 수행함에 확고한 지원을 해준데 대해 감사하고 싶다. 그들과의 초기 대화에서 나는 그들이 이미 내가 갖고 있는 것과 같은 방향을 생각하고 있다는 것과 그것들을 보완하기 위한 일부 조치들이 이미 취해졌다는 것을 알고 기뻐하였다. 그러한 조치들 가운데는 약령시장의 약재시장 지역을 당해 지역의 관광 활성화를 위한 다양한 시설 창출을 수반하게 될 문화특구로 지명한 것도 포함되어 있다. 그와 함께 동성로 전

지역이 차 없는 거리로 지정되었다. 특수한 포장용 돌이 남동과 북동의 봉수대 유적지와 동문 유적지뿐만 아니라 성곽 본래의 위치를 나타내기 위하여 깔렸다.

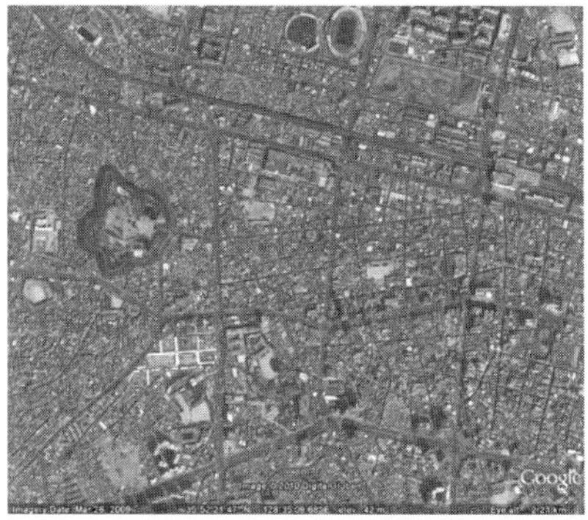

[사진 9] 읍성 경제 및 관광 개발

사진 9: 나는 대구시청과 지역 구청(즉 중구청)에 두 가지 중요한 정책을 추천하고자 한다:

1) 옛 성곽 도시의 내부 핵심지역과 그 바로 인근 주변 지역은 하나의 단일체로서 곧 하나의 '문화촌'으로 보존되어야만 한다. 그리고

2) 달성공원에서 시작하여, 옛 남-북 거리 유적지 소재 뒷골목을 계속해서 따라 내려와, 역사적인 선교사 건축물(선교사 박물관)을 지닌 동산지역으로 들어가, 성곽 도시 지역과 그 인근 지역에 바탕 한 '문화촌'으로 나아가는 대규모 관광단지가 조성되어야만 한다.

10. 관광 단지(The Tourist Circuit)

역으로 이러한 세안들을 취하기 위해서, 관광단지는 대구의 전체 내부 도시 지역을 다양한 역사적, 문화적, 사회적 그리고 건축학적 관심사를 지닌 지역들과 함께 연계를 함으로써 역사적, 문화적 관심 지역으로 만들 것이다. 이렇게 확대된 지역은 대구 전체 도시를 위한 관광 허브를 형성할 것이다. 관련 골목길을 따라 위치한 역사적 가치를 지닌 가옥들은 보존되어야만 하며, 관광 길을 따라 소재한 건축물들은 레스토랑, 숙박시설, 지방 공예 가게들로 이용되어야만 한다. 이는 역사적 관심 지역과 함께 연계된 또 하나의 지속적인 상업적 회랑을 창출하게 될 것이다.

11. 문화촌: 개발 정책의 원칙들(The Cultural Village: Principles of Development Policy)

성곽 도시와 그 주변 지역을 하나의 응집력을 지닌 '문화촌'으로 지명하는 것은 이러한 측면에서 한국에서 행해지는 첫 시도가 될 것이며, 한국의 다른 역사적 도시들의 비슷한 개발 사례를 위한 하나의 선례를 남길 수 있을 것이다. 이러한 개발 유형의 종전 사례들을 찾는 정책 입안가들은 요크(York), 링컨(Lincoln), 노리치(Norwich)와 같은 잉글랜드 도시들에서 어떤 정책들이 시행되었는지를 세심하게 관찰해야만 한다. 이러한 도시들은 그들 지방 경제의 상업적, 산업적 부문들을 유지해오고 발달시켜 온 중요한 관광지들이다.

성곽 도시 지역과 그 인근지역을 문화촌으로 개발하기 위해서는 세 가지 문제들을 고려할 필요가 있다:

1) 현존 사업과 상업은 새로운 '문화촌' 사업이 조성, 시작된다 하더라도 유지되고 지원될 필요성이 있다.

2) 성곽 도시 지역은 내부 도시 거주자들의 어려움을 해소시키기 위해서 인구 유입이 필요하며,

3) 재개발은 밤에는 문을 닫는 테마 파크가 아닌 하나의 살아 있는 환경을 조성하는 내부 도시 지역을 조성해야만 한다. 그리고

4) 특정 유적지의 재개발 사업에서 건축 작업이 행해지기 전에는 전근대시기 대구의 지하에 매장된 특정한 역사적 증거들(사료들)을 보존하기 위하여 반드시 고고학적 유적지 조사와 발굴이 선행되어야만 한다.

12. 문화촌: 정책 제시(The Cultural Village: Policy Suggestions)

아래의 아이디어들은 '문화촌' 조성과 관련된 내용들을 제시한 것이다.

1) 더 많은 레스토랑과 다방을 지닌 남성로 지역의 진일보 한 개발과,

2) 지역 혹은 특화된 음식으로 차별화된 레스토랑, 지역 공예의 특징을 살린 특별 생산품들이나 수공업 가게들, 그리고 다방과 커피 하우스가 있는 레스토랑을 지닌 전체 종로 지역의 개발, 부문별로 중국에 더 많은 초점을 맞출 수 있도록 하기위하여 종로를 따라 형성된 현존 중국 공동체에 더 많은 것들이 행해져야만 한다.

3) 진 골목은 현존 가옥들을 외국인과 내국인 관광객을 위한 레스토랑이나 한국식 '조반제공 숙박(즉 민박: bed and breakfast)' 시설로 이용하는 개발을 해야만 한다. 골목의 동쪽에 자리한 현재의 콘크리트 구조물들은 철거하여 전통적 양식으로 지어진 현대식 건물들로

대체되어야 한다.

4) 향촌동 지역은 관광객을 위한 숙박 지역으로(대구역과의 접근성과 양호한 상태의 많은 수의 현존하는 20세기 초 숙박시설로 인하여), 그리고 20세기 전반 한국 예술사에 공헌한 문화 지역으로서 재개발해야만 한다. 나아가 한 건물은 지역의 역사를 제시해 줄 수 있도록, 그리고 예술 전시회나 작가들의 많은 시와 산문을 읽을 수 있도록 디자인 된 새로운 모습으로 거듭나야만 한다.

5) 사진 2와 3에서 언급한 것과 같은 대규모 건축물들은 전통 혹은 현대 한국 음악, 드라마 및 춤과 같은 특별 혹은 야간 공연을 개최하기 위한 공연장으로 이용되어 질 수 있다.

6) 현재 주차장으로 이용되고 있는 많은 유적지들은 성곽 도시 지역의 온전한 답사를 원하는 관광객을 유치하기 위하여 '조반제공 숙박' 시설로 이용할 수 있는 현대식 설비를 갖춘 전통적 양식의 숙박시설을 건조함으로써 재개발 할 수 있다.

7) 앞의 개발 정책 원칙 2)와 위의 제시 6)과 같이 주차장과 주위 인근 지역들은 현존 전통적 건물들을 고도의 현대식 가정 시설을 갖춘 것으로 혁신하거나, 혹은 한국적 건축 전통과 일치하는 양식으로 뜰이 딸린 대규모 현대식 가옥을 건축함으로써 현대식 주거 지역으로 탈바꿈 시켜야만 한다. 이러한 건축과 혁신은 성곽 도시 지역의 인구 희소 문제를 해소하는 데 도움을 줄 수 있다. 이 지역의 높은 밀도의 인구 정착은 그 소유물을 가치 있게 할 것이며, 성곽 도시 지역의 문화적 자원 발달을 촉진시키는 데도 도움이 될 것이다.

종선 성곽 도시 내부와 주변의 디자인, 건축, 혁신 활동들은 주요 건설 회사들이 대구지역에 투자하도록 하는 자극이 될 수 있을 것이며, 고층의 아파트촌 이외의 거주 지역 건설을 생각하도록 하는 자극제가 될 수도 있을 것이다. 이러한 회사들은 성곽 도시 내부에 주차장과 열린 공간을 포함한 고도의 그러나 저층의 도시 디자인에 대한 혁신적 사고를 요청받게 될 것이다.

8) 성곽 도시 지역 내의 교통은 그곳에 거주하거나 일하고 있는 사람들에 한정될 필요성이 있을 것이다. 결론적으로 옛 성곽 도시 전체 지역에서 운행되는 소규모 공공 운송 수단 예를 들면 현대식의 소규모 시가 전차(tram)와 같은 것들을 위한 관련 법 조항이 마련되어야만 한다. 다층 주차장 시설도 성곽 도시 지역 바로 외부에 건설되어야만 하는데, 그렇게 되면 그 시설이 사람들을 성곽 도시 지역으로 운송하는 소규모 공공 운송 체계 역할을 하게 될 것이다. 내부 지역의 공공 운송 수단은 셰필드의 도시들에서처럼 사람들로 하여금 그 운송수단을 이용하게 하고 내부 도시로 유인하게끔 고무시키기 위해서 무료로 이용할 수 있어야 한다.

9) 성곽 도시 지역 내부와 주변 지역의 모든 새로운 건축은 한국의 전통에 어울리는 양식으로 조성되어야 하며, 결국 전통 양식과 어울리는 유사한 형태로 새로운 전면을 가지게 될 모든 콘크리트 구조물들을 위해 소요될 수 있는 기금 조성이 있어야만 한다.

대구의 독특한 내부 도시 지역, 옛 성곽 도시, 그리고 그 주변지역들이 보존될 뿐만 아니라, 도시에 문화적 자극제와 함께 경제적 자극도 제공할 수 있기를 희망한다. 몇 가지 점에 있어서, 대구는 도시와 경제 발달을 위한 하나의 새로운 모델을 제공할 수 있다. 이러한 개발에 있어서 키워드는 '환경'과 '미학'이어야만 한다. 우리는 삶을 영위하는 데 아름다운 역사와 조화를 이루며, 물질적, 문화적 환경과 유관한 현대적 도시를 창출하기를 원한다. 우리는 1960년대의 '건설 국가' 심리에서 21세기에 적합한 문화적, 환경적 '망딸리떼'로의 전환을 원하고 있다.

개설서(General Reading)

거리문화시민연대. 2007. 『대구新택리지』. 大邱. 거리문화시민연대.

James H. Grayson, et al, *Taegu Guide*. Taegu, Royal Asiatic Society, Korea Branch / Keimyung University Press, 1980. Reprinted, 1980, revised 1982.

(번역: 계명대학교 교양학부 외래교수, 남철호)

전통 오브제의 현대적 재생의 사례

석용진 (동양화가)

전통 오브제의 현대적 재생의 사례

석용진 (동양화가)

인간의 감각은 자연의 일부로서 생존해 왔던 경험과 정보의 누적, 그리고 문명이 생겨난 이래 그 문명 전체로부터 얻어진 것이다. 특히 예술은 한 시대의 역사적 상황을 반영하는 것으로, 인간이 미의식을 갖게 된 이후부터 오랫동안 역사 발전과 문화의 변천 속도와 함께 꾸준히 그 모습을 변화시켜 왔다.

한국을 위시한 극동은 서양과는 달리 문자를 중심으로 하는 예술이 특히 발달하였는데, 문인화 양식의 그림과 서예는 지배계급인 식자층의 사대부들에 의해 그 위상이 항상 모든 예술의 수위에 놓여 있었다. 특히 서예는 전 인류역사상 그 유례를 찾아보기 힘든 철학과 예술관 위에서 발전한 독특한 영역으로, 그림에까지 지대한 영향을 미쳐 그림을 그릴 때의 필선筆線과 묘법描法까지도 서예의 필법에 따르게끔 하였다. 그리고 이러한 경향은 서화동원書畵同原 혹은 서화동근書畵同根이라는 철학관을 바탕으로 서화書畵는 따로 분리해서 설명할 수 없는 불가분不可分의 관계로까지 발전되었다.

그러나 19세기 말 서구열강의 동양에 대한 침탈은 부분이 전체를 반영한다는 동양식 사고 대신 서양의 요소환원주의식의 이분법적인 의식을 동양에 심어줌으로써, 동양은 서양과는 다른 축으로 새롭게 도약할 수 있는 기회를 놓치게 된다.

그 중에서 우리는 일본의 강제 합병으로 말미암아 그 폐해가 더 말할 나위 없을 정도였다. 이러한 황폐함 위에 1945년 해방 이후 급격하게 밀려 들어온 서양식 교육과 문물은 한동안 우리를 혼란케 하고 민족의 정체성을 흔들어 놓았다. 이러한 경향은 전통의 서화예술에도 그대로 반영되어 대학에서의 수업도 한국화니 서양화니 하는 분류와 함께 서예도 따로 분리되기에 이르렀다. 이러한 교육제도는 특히 서예를 비롯하여 각종 전승공예를 도태시켰다. 서양식 위주의 학과 분류와 예술관 아래, 서예는 예술이 아니라는 의식과 맞물려 정식 학과조차 없는 현실에서 서숙이나 서예학원을 통한 취미로서의 영역으로 떨어지고 말았다.

서예는 19세기 후반 산업혁명으로부터 시작된 문화의 급격한 변화와 그리고 이렇게 변화한 20세기 현대인의 다양한 욕구와 시각, 감성 등을 충족시키기에는 사실 부족해 보이기도 한다. 또한 고전의 모방과 답습을 통한 취미 위주의 서예는 비슷한 분위기와 동일한 작품체제의 공모전을 양산시킴으로써 그 폐해와 가치절하라는 더욱 심각한 문제를 낳아 타 예술 영역의 작가들에 의한 외면과 함께 화랑에서 전시조차 거부되는 현실에 처하게 되었다.

이러한 현실적 외면은, 서예만큼 심각한 것은 아니지만 한국화라고 불리는 우리의 전통회화에도 여실히 드러난다. 기존의 서화라고 불리는 양식의 그림은 문인화라는 이름하에, 현재 서예와 더불어 각 서예 학원에서 취미생 위주의 모방작품을 생산하는, 그야말로 이름뿐인 저급한 문인화로 전락한 지 오래다. 스며들고 번지는 먹의 특성과 상징적이면서도 함축적인 작가의 정신세계를 더욱 강조한 수묵사의화水墨思意畵는 겨우 몇 명의 작가들에 의해 현대화와 더불어 그 정신을 이어가고 있는 실정이다.

서구화되고 감각화된 현대인들의 욕구는 우리의 전통서화예술보다는 세련된 색상과 진일보한 디자인, 경이적인 속도로 발전하는 매스미디어, 다양한 예술 사조로 대변되는 현대 서양의 모더니즘 예술 쪽에 더 비중을 두고 있다. 이러한 경향은 해방 이후 대학 위주의 한국화단에도 영향을 미쳐 먹과 두터운 색채의 혼용, 마대, 삼베 혹은 캔버스와 같은, 바탕의 사용, 아크릴, 괏슈와 같은 서양의 안료까지도 사용하는 지금의 한국화는, 우리 전통회화니 서양화니 하는 이분법적인 분류로는 도저치 구별하기 힘든 지점까지 와있다.

그러나 한편으로 우리의 전통을 계승하고 정체성을 확립하기 위한 새로운 모색은 해방 이후 길지 않은 시간에도 불구하고 꾸준하고도 다양하게 이루어져 왔다. 작가들은 수묵에 대한 새로운 해석과 실험은 물론 다양한 재료와 기법의 한국화를 통해 어느덧 새로운 가닥을 이루어가는 시점에 와 있다. 우리의 정체성을 회복하고 새로운 서화의 방향을 제시하는 다양한 시도 가운데 전통 오브제의 현대적 재생 사례를 통해 현재 작가들의 고뇌와 성과를 함께 살펴보는 기회를 가져본다.

오브제(object)는 본래 물건, 물체, 객체 등의 의미를 지닌 프랑스어이나 초현실주의에서는 이것을 전용轉用, 즉 독특한 표현 개념을 부여하여 구체적인 예술의 방법으로 삼았다.[1] 본래 예술과는 아무런 관계가 없는 물건을 일단 오브제로 사용하게 되면, 그 본래의 용도나 기능은 잃어버리고 우리가 미처 체험하지 못했던 어떤 연상 작용이나 기묘한 효과와 상징성을 얻을 수 있다. 이러한 오브제의 역할은 조형과 그 사상에 중대한 변화를 일으키게 하고 심지어는 회화와 조각을 접근시켜 그 경계마저 모호하게 만들었다.

이렇게 초현실주의 작가들에 의해 정리된 오브제의 개념은 12가지로 분류되지만, 우리 작가들에 의해 사용된 오브제는 크게 자연물과 인공물로 대별할 수 있고 또한 그것들은 다시 작품의 부분으로 사용된 것과 작품자체의 바탕으로 사용한 것으로 구분할 수 있다.

그러나 여기에서는 이러한 것들을 서화로 구별하지 않고 함께 다루기로 한다. 먼저 자연물의 경우에는 그 사례가 많지 않은데 고목의 일부분이나 돌, 자개 등이 그것이다. 70년대에서 80년대 안동숙은 오래 묵고 부식되어 떨어져 나온 고목의 일부에 가벼운 채색을 하여 오랜 세월 풍상을 이겨온 세월의 모습을 표현하여 그윽하고 오래된 신화나 전설의 한 장면을 표현하고 있다. 그것은 오브제 자체의 단독으로나 화면의 채색과 더불어 존재할 수 있다.

그리고 윤쌍웅은 추상화 작업에서 오래 묵은 나무 편을 도입하여 기존의 단순 평면에서 벗어나 전후공간에 입체성을 적극적으로 개입시키고 있다. 김윤섭은 그의 작품을 "고목과 톱밥, 호분, 아크릴 물감

---

1) 월간미술편. 1989.『세계미술용어사전』. 중앙일보사.

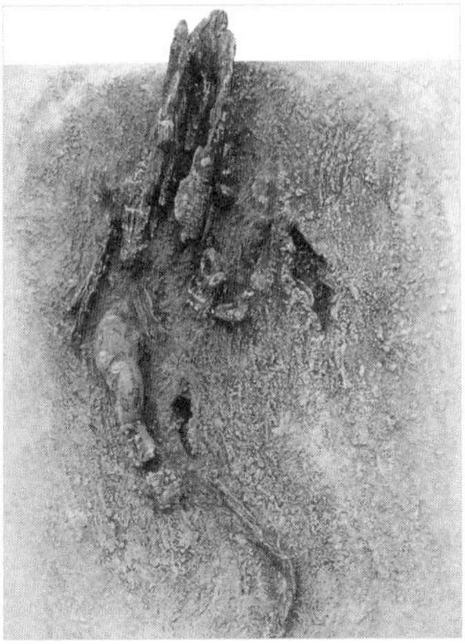

[도1]

들이 가끔은 신비스러운 색깔과 괴기스런 형태의 마티에르로 이야기의 구체성을 도우면서 끊임없는 이야기보따리를 풀어 나가고 있기에, 그의 그림은 작품의 살갗에 마음을 부비는 이의 상상력을 하염없이 가동시키는 신비함이 있는 것이다" 라고 설명하고 있다. (도1)

또 이민주의 경우, 비구상의 수묵 위에 자개를 붙여 우리가 어린 시절 보아왔던 자개장의 이미지와 연결되면서도 또 다른 감회를 자아내게 한다.

돌을 작품의 부분에 이용한 작가로는 박진희를 들 수 있는데 평론가인 박영택은 "그의 작품은 현대미술이 지향하는 다차원적인 공간 개념과 동양적 사유를 중심으로 계승되어온 동양회화의 공간 개념을 작품 속에 구현하고자 한다" 라고 말하고, 이어서 "그림으로 포착할 수 없는, 인간의 신체와 눈으로 실측될 수 없는 공간에 돌맹이 몇 개가 떠 있는데 그 모습이 마치 전통화에서 작게 위치한 인간을 연상시킨다"고 표현한다. (도2)

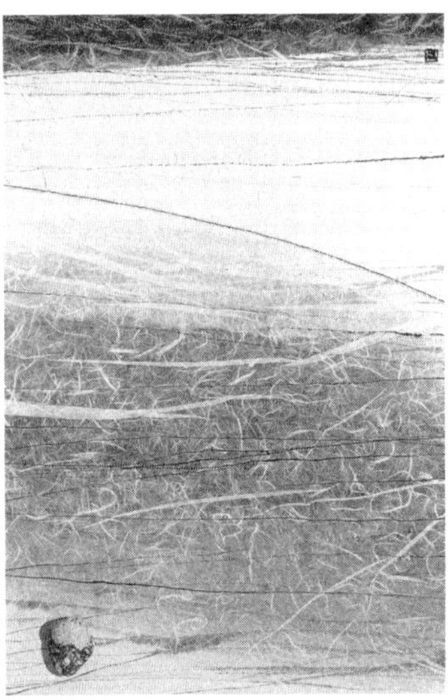

[도2]

서예의 경우에는 양상철과 석용진

[도3]

의 경우를 볼 수 있는데, 양상철은 <한라장관>이라는 작품에서 글씨 윗부분에, 나이테의 모양이 산을 연상시키는 느티나무 판재를 덧대어 자연의 일부로써 나무의 세월을 산과 연결시키고 있다.(도3) 또 석용진은 강석江石 위에 문자나 그림을 새기고 그것을 건축자재인 폐유로폼 위에 부착함으로써 자연과 인공, 문자를 통한 인간의 의식을 한데 묶으려는 시도를 보인다. 그의 개인전 지서에 "영생에 대한 욕망과는 모순되게도, 사라져가고 오래 묵은 것들은 그 세월만큼이나 아름다움을 가진다. 묵은 삼베 조각보나 오래된 한지, 출토되어 나온 청동기나 도자기편, 손때가 묻는 목재가구 등은 방금 만들어져 나온 새것들과는 확연히 다른 멋과 슬픔, 미묘한 어떤 아름다움을

[도4]

보여준다. 그러한 아름다움은 우리가 만든 인공물뿐만 아니라 오랜 세월 바람에 마모되고 풍화된 바위나, 얼마나 오랫동안 자라왔는지 고사되기 시작하여 몇 잎 남지 않은 어느 계곡의 소나무 한 그루에도 보여진다. 따라서 그의 작업은 이러한 세월이 만들어 낸 마모되고 묵은 맛을 자연스럽게 드러내거나 오래되고 박식된 나무판이나 돌 위에 슬쩍 얹혀가는 것이 그 바탕이다" 라고 표현한 것은 전통 오브제에 대한 그의 생각을 단적으로 드러낸다. (도4)

[도 5]

또한 석용진은 강원도의 너와집 지붕으로 사용한 판석을 작품의 바탕으로 삼아 일련의 새김작품을 몇 년 동안 지속해 왔다.(도5)

다음으로는 인공물에 관한 것인데 금속으로 이루어진 것과 나무로 만든 것, 불에 구워진 도자기류, 조각보, 한지를 이용한 것, 부채, 새끼줄 등 그 종류가 다양하다.

먼저 금속으로 이루어진 것으로는 우리의 놋쇠로 만들어진 꽹가리, 징, 놋그릇, 놋숟가락 등이 있는데, 석용진은 그러한 것들을 바탕으로 하여 그 위에 글씨나 그림을 새기고 그 위에 질산동을 처리하여 마치 갓 출토된 청동기 시대의 유물을 보는 듯한 감회에 빠져들게 한다. (도6, 7)

[도6]

[도7]

다음으로는 나무로 만든 종류인데 많은 작가들이 이를 이용한 작품을 만들고 있다.

먼저 그러한 오브제를 바탕으로 사용한 작가로는 권정찬을 들 수 있는데, 그는 나무로 된 가래나 주걱 혹은 물동이 뚜껑을 바탕으로 하여 민화풍의 해학적인 다양한 작품을 하였는데, 이는 어린 시절의 고향에 대한 향수와 오래된 신화와 전설로 우리의 정신을 이끌고 있다. 이러한 오브제는 장이나 궤, 상床의 상판 등 고가구의 일부 판재와 더불이 한국화뿐만 아니라 서양화 작가들까지 사용하고 있는 가장 대표적인 바탕 오브제라고 할 수 있다. 여기에 해당되는 작가로는 김동광, 이목을 등이 있다.

또한 나무로 이루어진 대표적인 오브제의 하나로 우리의 문살이 있는데 이것을 이용하는 작가로는 성창경과 이재진이 있다.

성창경은 스스로의 작품제작 배경을 "특히 우리 민족 고유의 문살

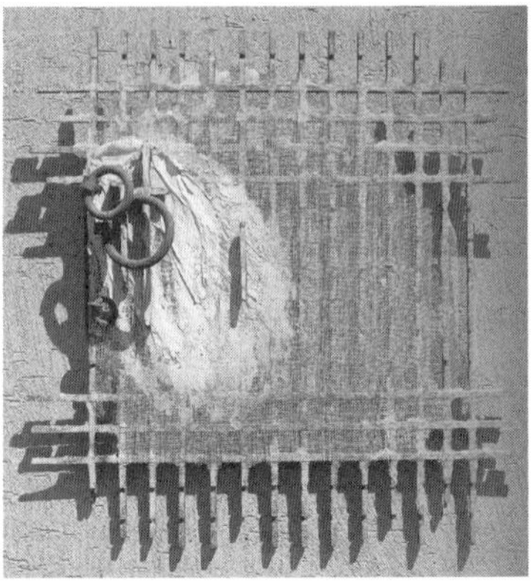

[도8]

과 문고리와 창호지가 주재로서 민족의 얼과 향수를 짙게 풍겨, 잃어가고 퇴색되어 가는 우리 전통 한옥문의 멋을 되살려 한국적 이미지가 풍기는 순수 예술을 찾아보려고 했다"라고 설명하고 있다. (도8)

문틀과 더불어 우리의 한옥을 이루는 기본적인 요소로서 마루틀이 있는데 석용진은 오래 묵은 마루판 위에 음각으로 새기고 상감한 다음 다시 그것을 샌딩하여 마루판의 결을 드러냄으로써 오랜 세월동안 풍상에 마모된 듯한 느낌을 표현하고 있다. 그는 우연한 기회에 금방 새겨진 칼의 흔적과 생경한 상감표현을 샌딩이라는 부식과정을 통해 오래 묵어 풍화된 흔적의 느낌을 자연스럽게 표현하고 있다.

[도9]

우리 주변에 흔히 존재했던 또 하나의 오브제로서 키나 부채 등을 들 수 있는데, 이재복은 슬픈 역사라는 일련의 작품을 통해 고서, 한지, 키, 부채살 등의 오브제를 사용하고 있다. 미술평론가인 유재길은 "이재복은 현대적 조형 언어로 한국화를 새롭게 보여준 중견 화가이다. 그는 10

여 년 넘게 고서를 이용한 콜라주 기법의 회화와 오브제 작업을 지속해 왔다. 그동안 제작된 <슬픈 역사> 연작은 민족의 정체성 탐구를 조형화시킨 독창적 조형작업으로 주목받는다" 라고 표현하고 있다. (도9)

이상으로 나무로 이루어진 인공물 오브제를 이용한 작품들을 살펴보았는데, 그것들은 단순히 한 가지의 오브제뿐만 아니라 여러 오브제와 다양한 기법의 혼합재료로 대부분 완성된다.

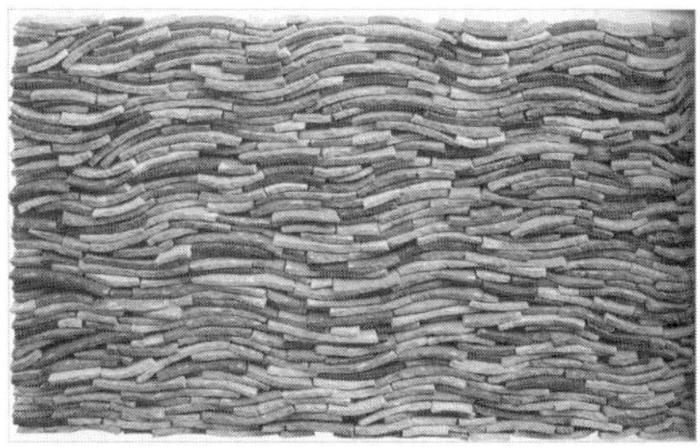

[도10]

그 외의 오브제로는 천이나 한지, 도자기 등을 들 수 있는데, 특히 한지의 경우에는 한지 자체를 오브제로 사용하기도 하였지만 딱지를 접어 바탕으로 사용한다든지 돌이나 도자기 편 등의 모양으로 만들어 채색을 한 경우도 있다. <시간의 집적> 이라는 제목 하에 장두일의 작품들은, 한지로 옹기 편을 만들어 채색을 하고 그것들을 하나하나 쌓아 작품을 완성시켜 나갔다. 정성은 말할 나위도 없거니와 그 작품들은 우리들의 유년기 정서와 쌓아올린 돌담, 어느 절간의 굴뚝을 연상시키기에 부족함이 없다. 미술 평론가 고충환은 그의 작품을 "근작에서의 옹기 편 작업은 갑작스레 이루어진 것이 아니라 문제의식과 개념이 발전된 것으로서, 부분적인 응용의 수준을 넘어 옹기 편 자체가 갖는 독자적인 언어의 가능성을 극대화한 것으로 보인다. 그리고 그 언어는 전래하는 민족 정서의 원형질을, 그 정서의 속살을 드러낸다." 라고 표현한다. (도10)

또한 정미현은 한지로 문고리나 다듬이 방망이 등을 만들어 오브제

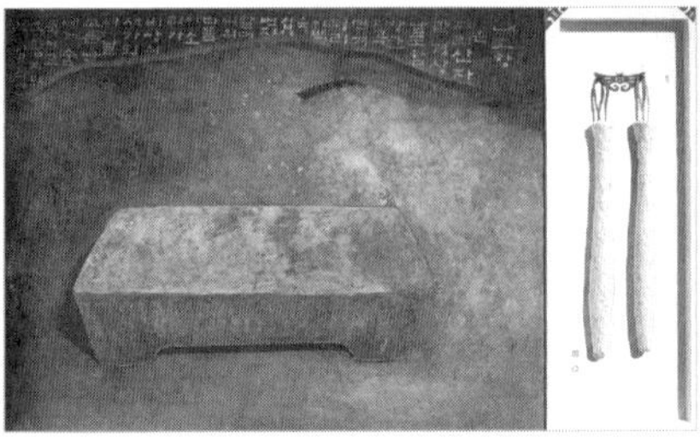

[도 11]

로 사용한다. 화가 정명희는 “정미현의 작업에 나타나는 일련의 오브제들은 다분히 여성적이다....(중략)다듬이 방망이와 바느질에 쓰이는 골무 따위 등, 그의 작품에 구석구석 살아 숨쉬는 사임당의 체취는 일견 한국성의 새로운 지평을 예견하게 하며, 즐겨 쓰고 있는 오방색의 다양한 표현과 어눌해 보이기까지 한 선들과 엉켜 신선함을 주는 것도 그 때문일 것이다”라고 그의 작품을 묘사하고 있다. (도11)

[도 12]

또 다른 작가로는 김학일이 있는데, 그는 한지로 돌을 만들어 수묵으로 채색한 다음 오브제로 사용하고 있다. (도12)

다른 오브제의 하나로 천을 들 수 있는데 광목이나 삼베 혹은 조각보 등이 있다. 그러나 천의 경우에는 그것이 오브제인지 혹은 캔버스나 화선지를 대용한 바탕재료인지 그 구분이 모호한 경우가 많다.

[도 13]

손지아는 문인화 작품의 마무리에 실을 이용한 박음질과 조각천을 여백 곳곳에 덧붙여 전통조각보의 이미

지를 떠올리게 하고 있다. (도13)

또 고기현은 화판 위에 조각보를 올리고 박음질을 하거나 그림을 그려 한국 여성 문화의 이미지를 보여주고 있다. (도14)

[도 14]

그 외의 재료로 석용진은 젖동이에 사용하는 테라코타 뚜껑이나 오래된 기와를 오브제로 삼아 그 위에 새기거나 그림을 그리기도 하고, 김병옥은 종이 위에 먹이 묻은 붓을 오브제로 사용하기도 했다. (도15)

[도 15]

이와 같이 전통 오브제의 현대적 재생사례를 작가별, 재료별로 살펴보았다. 물론 미니멀 아트처럼 오브제와 재료의 경계선이 모호한 경우도 있지만, 가급적 오브제의 경우에 한하였음을 밝혀둔다.

여러 작가들의 오브제 사용 경우를 살펴보아 알겠지만 우리 전통 오브제의 사용은, 서양의 초현실주의 화가들이 사용한 목적과는 다소간 차이를 보이고 있다.

그들의 목적이 우리가 미처 체험하지 못한 어떤 연상 작용이나 기묘한 효과, 상징성 등에 있다면 오늘날 우리 작가들의 목적은 고향, 민족 등에 기반을 둔, 우리의 정체성을 확고히 하거나 유년시절의 정서를 끌어내는데 그 주안점을 두는 것 같다. 특히 초현실주의 화가들이

나 다다이즘 작가들에 의한 레디메이드 오브제 등은 그 자체가 작품의 수단이자 목적이 되지만 우리 작가들의 경우에는 대대수가 그것들을 하나의 바탕, 즉 우리의 정신과 민족성이 깃들어 있는 토양으로 인식한다는 것이다.

해방 이후의 서구화는 민족의 정체성과 집단 무의식에 혼란을 야기시켰지만 한편으로는 많은 작가들에 의해 우리의 정신과 정서에 걸맞은 조형어법의 실험이 이루어지도록 하는 동력원이 되었다.

이러한 오브제의 사용 예는 극히 일부분일뿐이다. 서화에서의 오브제 사용과 더불어 수많은 재료와 기법의 경우, 심지어는 서양화와 설치 미술까지 감안한다면 우리 미술은 짧은 시간 안에 우리만의 정체성과 철학관을 확립하리라 본다.

참고문헌

월간미술편. 1989. 『세계미술용어사전』. 중앙일보사.

월간미술세계. 2005. 『대한민국현대미술작가총서』. 월간미술세계.

< 전통 오브제의 현대적 재생의 사례표>

구분	종류	작가	사용오브제
자연물	나무	안동숙	고목
		윤쌍웅	고목
		양상철	느티나무 판재
	자개	이민주	자개
	돌	석용진	강석, 너와지붕판석
		박진희	돌
인공물	나무	권정찬	가래, 주걱, 물동이뚜껑
		김동광	장, 궤, 상의 상판
		성창경	문살
		이재진	문살
		석용진	마루판
		이재복	키, 부챗살
	금속	석용진	꽹가리, 징, 놋그릇
	한지	장두일	한지로 만든 옹기편
		정미현	한지로 만든 문고리, 다듬이방망이
		김학일	한지로 만든 돌
	천	손지아	실, 조각천
		고기현	실, 조각보
	도자기	석용진	도판, 테라코타의 뚜껑, 기와
	기타	한병옥	붓, 새끼줄

익숙하며 낯선 건축적 실험

– '우리안의 미래 연수원'의 건축사례를 중심으로 –

이일훈 (건축연구소 후리)

익숙하며 낯선 건축적 실험
- '우리안의 미래 연수원'의 건축사례를 중심으로 -

이일훈 (건축연구소 후리)

1. 들어가는 말

경기도 가평군에 위치한 '우리안의 미래 연수원'은 강의·세미나·음악회·모임활동 등을 할 수 있도록 만들어진 시설이다. 시설은 강의용 시설과 단기간의 숙박시설 그리고 관리시설로 구성되어 있다. 일반적으로 연수원시설은 모든 기능을 집약시켜 대형화된 단일 건물로 만드는 추세이지만, '우리 안의 미래 연수원'은 각기 작은 단위의 건축물로 구성하는 방법을 택하고 있다. 연수원은 10채의 건축물로 구성되어 있다. 각 건물들의 기능은 다르지만 건축구조방식·난방방식·건축 재료는 모두 같다.

건축의 구조방식은 목재와 목재를 철물로 연결하는 후인장(post-tension)방식의 목구조이다.

난방방식은 버려지는 쓰레기를 태워서 얻어지는 열을 이용하는 바닥난방식이다. 목구조방식과 열 기계는 모두 기술적 특허를 획득하였다. 연수원 건축에 사용된 주재료는 목재와 흙이다. 연수원의 모습은 언뜻 보면 목재와 흙을 사용한 측면에서 전통건축을 연상시켜 오래된 것처럼 익숙하다. 그것은 자연재료가 주는 친근함에서 오는 느낌일 것이다.

'우리안의 미래 연수원'의 건축에는 친근함과 함께하는 여러 가지의 기술적 시도가 있다. 그 실험은 낯설어 보이지만 익숙하고, 익숙해 보이면서도 낯선 건축적 실험들이다. '우리안의 미래 연수원'의 건축이야기는 단행본(『불편을 위하여』, 키와채, 2008)으로 출간되었다.

2. '우리안의 미래 연수원'의 공간구성

2-1 배치

연수원의 배치는 10개의 단위건축물이 가운데 길을 중심으로 흩어져 있다. 각 건물들은 길과 접하는 사이에 열린 마당을 갖고 있다. 이는 마치 오래된 작은 마을을 닮은 형국이다. 단지의 중앙 부분에는 단지의 관리・사무와 운영에 필요한 시설인 살림채와 교육용 공동시설인 여름채와 겨울채가 자리 잡고 있으며, 숙소기능의 나눔채들은 주변에 배치되어 있다. 따라서 이용자들은 프로그램에 따라 각 건물의 내부와 외부공간을 이동할 때의 동선이 길다. 단위건축물 사이에는 외부를 적극적으로 남겨놓은 몇 가지 외부공간장치들이 있다.

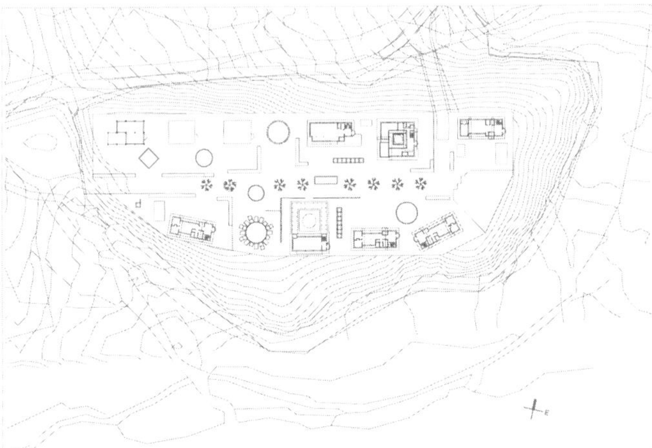

1. 살림채
2. 겨울채
3. 여름채
4. 나눔채
5. 지원시설
6. 볼록자리
7. 우묵자리
8. 억새구릉

〈그림 1〉 배치도

[사진 1] 항공사진

〈그림 2〉 배치도

2-2 건축

2-2-1 여름채

여름채는 외부공간을 적극적으로 이용하려는 의지를 강조한 명칭이다. 여름채는 내부공간과 외부공간을 동시에 지니고 있지만, 외부공간의 확보에 훨씬 적극적인 공간구성방식을 보여준다. 열주로 형성된 회랑이 중정을 감싸고 있다. 여름채의 중심공간은 중정으로 외부공간이 여름채의 중심이 된다. 중정은 반외부공간으로 둘러싸인 외부공간으로 강연·공연 등의 각종 행사에 활용성이 높다. 이는 불특정한 여러 프로그램의 행위를 폭넓게 수용하는 마당을 건축화시킨 경우다. 중정과 연결되어 있는 내부공간을 개방하면 공간의 활용가능성은 더 커진다.

[사진 2] 여름채

[사진 3] 여름채

2-2-2 겨울채

겨울채는 내부공간의 쓰임을 강조한 명칭이다. 연수원의 단위건물 중에서 가장 큰 내부공간을 지닌다. 주로 외부활동에 장애를 받는 겨울철이나 우천시에 쓰기에 적당한 공간이다. 긴 툇마루를 만들어 외부공간과의 연결을 도모한다. 여름채가 겨울에도 쓰이듯이 겨울채 또한 넓은 내부공간이 필요한 여름에도 유용하다.

[사진 4] 겨울채

2-2-3 살림채

살림채는 운영·관리자들이 사용하는 시설과 연수원 공동 다목적실로 구성되어있다. 여러 기능의 방들은 가운데 마당을 중심으로 배치되어 있다. 살림채에는 바닥난방의 장점을 적극적으로 활용한 온실이 설치되어 있는데 이는 국제원예학회가 세계최초로 인정한 1619년의 하이델부르크 온실보다 170년이나 앞선 조선의 온실에서 아이디어를 얻은 것이다. 겨울에 바닥을 데워 채소를 기르던 사실은 1450년대의 의관 전순의가 지은 '산가요록'에 기록되어있다.

[사진 5] 살림채 온실

2-2-4 나눔채

나눔채는 숙소기능으로 구성되어있다. 공동방(거실)과 침실로 구성되어 있으며 2층에는 목조로 만든 평지붕 위에 복토하여 잔디를 심은 옥상정원이 있다. 2층의 한 방은 외부공간(잔디지붕)을 통해 연결되는 별채의 형식을 취하고 있다. 나눔채는 연수원 시설 중 주거형 건축에 가장 가깝다. 따라서 단기거주형의 프로그램 운영시에 유용하다. 나눔채의 정·후면에는 내·외부공간의 개방적 연결을 돕는 툇마루가 설치되어 있다.

[사진 6] 나눔채

2-3 외부공간장치들

2-3-1 볼록자리

볼록자리(凸)는 터온실공사시 나온 흙-지표에 노출된 적이 없는 땅속에 있던 흙-을 볼록하게 쌓아놓은 자리다. 이는 일정한 형태로 구획만하고 아무런 인위적 행위를 하지 않는 장소인데, 자연의 변화를 관찰·기록하기 위한 장치로 쓰인다. 볼록자리에서 자라는 식물들은 바람에 날려 오거나 조류에 의해 옮겨진 것이다. 일정한 기간을 기록하여 자연 스스로 변하는 한 장소의 모습을 연수원 교육 자료로 활용할 것을 제안한 것이다.

[사진 7] 볼록자리

2-3-2 우묵자리

우묵자리(凹)는 연수원단지의 전체 지형과 건축을 다루는 방식이 전반적으로 양성적 형태에 치우치는 것을 고려하여 만든 음성적 지형이다. 지표에서 드러나지 않는 음성적 형태로 연수원의 외부공간의 요소들 다양하게 구성하려는 의도이다. 지면에서 움푹하게 패인 지형을 경험하는 것은 외부공간에 대한 인식을 새롭게 할 것이다.

[사진 8] 우묵자리

2-3-4 억새구릉

억새구릉은 단지 진입부에서 보게 되는 가장 먼 거리의 시점이다. 이는 감상되는 풍경으로서의 시각적 종점에 해당된다. 요점식재를 하기에 적당한 시점이지만 그럴 경우 주변 숲과의 이질감이 우려되었기에 자연스런 구릉을 만들고 산에서 자라는 억새를 심어 주변과의 조화를 꾀하고 있다. 밭에서 자라는 옥수수·조·수수 등을 심어 경작하는 모습을 보는 것도 좋겠다는 의도다.

2-3-5 상징조형물

상징조형물은 연수원 입구에 세워져있는 목재조형물이다. 수직과 수평의 목재결구방식을 조형언어로 삼는다. 연수원의 모든 건축물의 목재결구방식을 압축하여 보여준다. 말하자면 집짓는 방식(구법)이 조형물에 그대로 드러난 것이다.

[사진 9] 상징조형물

3. 몇 가지 의미 있는 실험들

3-1 난방에너지 공급방식

'우리안의 미래 연수원'의 난방에 필요한 에너지는, 버려지는 자원을 재활용한다는 취지로 개발된 '분자로'라는 소각장치를 통해 얻는다. '분자로(分子爐)'는 버려지는 목재(간벌한 나무, 폐기된 목재, 이용가치 없는 목재 등)를 주로 태워 열에너지를 얻는 장치다. 내부소각장치에는 폐비닐 등의 생활쓰레기 등을 분리 투입하여 다이옥신의 발생을 최소화시키며 기화된 기체를 다시 태워 높은 열을 얻도록 고안된 장치다. 목재만을 상용할 수도 있고, 목재와 폐비닐 등을 동시에 태울 수도 있다. '분자로'에서 얻어지는 열에 의해 데워진 온수는 바닥난방 또는 생활온수로 쓰인다. '분자로'에는 작동과정에서 얻어지는 열을 사용하여 조리를 할 수 있는 장치를 부착할 수도 있다. 건물에 필요한 난방에너지를 전적으로 화석에너지에 의존하는 상황에서, 이런 식의 재활용에너지를 사용한다는 것은 의미가 있다.

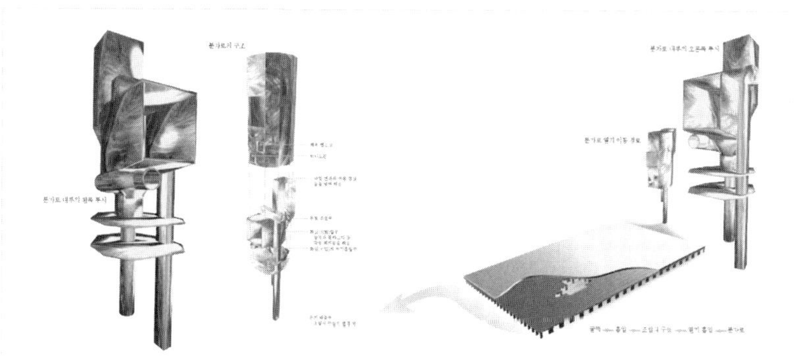

〈그림 3〉 분자로 설명도

3-2 목구조의 단순한 결구방식

전통적 목구조방식인 이음과 맞춤은 뛰어난 결구방식이다. 하지만 현대의 목조건축에 적용하면 고비용이 발생한다. '우리안의 미래 연수원' 에서 채택한 후인장(post-tension)방식은 단순한 고정방식이다. 목재의 기술적 활용은 디자인과 가공방법에 있어 무한한 잠재력을 갖지만, 복잡한 가공기술일수록 고비용의 발생이 문제다. 후인장 목재결구 방식의 단순성은 그 반대방향의 시도다. '우리안의 미래 연수원' 에서 사용된 목재는 각재로 제재하지 않은 원형의 통나무이다. 각재는 목구조건축의 디자인을 다채롭게 하는데 좋지만 근본적으로 원형의 목재보다 강도가 낮다. 같은 단면적이라면 각재보다 통나무의 구조적 내성이 크다. 또한 목조건축에 사용된 목재는 부식되지만 않으면 해체 후 재사용이 가능하다. 목재자원의 저장인 셈이다. 그런 면에서 원형 통나무의 사용은 목재자원의 축적 효과가 크다.

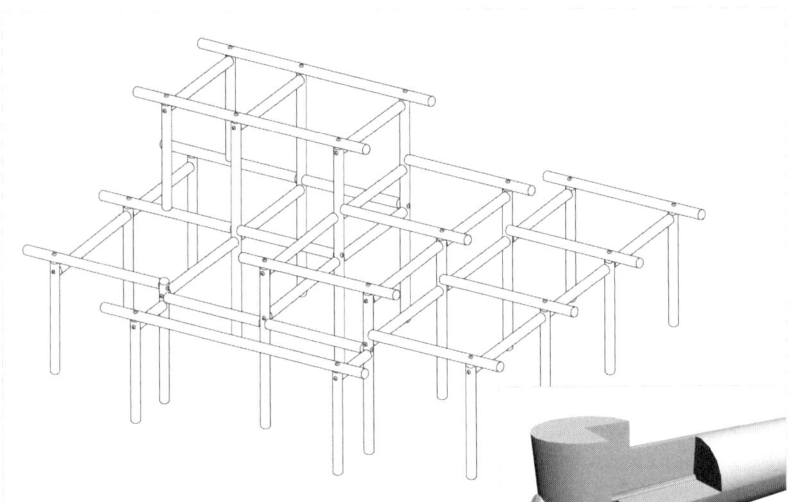

〈 그림 4,5 〉 목구조(후인장)결구방식 설명도

3-3 잔디지붕-목조 평지붕

지붕에 복토를 하거나 녹화를 하면 건물의 에너지 보존효과가 크다. 일반적인 철근콘크리트 건물에서의 옥상녹화공사는 비교적 수월하지만 목조건축물에서는 지붕의 복토·녹화 등이 매우 어려운데, 목조평지붕의 경우, 빗물처리에서 많은 기술적 문제가 따르기 때문이다. 하지만 평지붕을 만들고 이를 녹화 할 경우 에너지의 절약은 물론, 지붕의 접근성과 활용도도 높아진다. '우리안의 미래 연수원' 에서는 목재로 된 평지붕을 만들고 잔디를 심어서 이를 활동공간으로 사용한다. 기술적으로는 방수공사에서 많은 실험이 계속되고 있다.

3-4 전통적 재료의 사용

목재의 표면은 부식이 따른다. 특히 외부에 노출된 부분은 더 많은 부식이 따른다. 옻나무에서 얻는 천연재료인 옻칠은 부식을 방지하는 좋은 도료이지만 그동안 주로 공예분야에서 많이 쓰였다. '우리안의 미래 연수원' 에서는 내·외부의 목재(기둥·보·서까래·툇마루·창호 등)노출면을 옻칠로 마감하였다. 내부마감재료 중 방바닥에 사용된 장판은 삼베와 옻칠을 결합시켜 제작한 것으로 옻칠 색상의 다양성과 삼베의 질감에 대한 여러 가지 시도가 병행되었다.

3-5 폐자재를 이용한 포장

'우리안의 미래 연수원' 단지의 도로포장은 산업쓰레기를 재활용한 포장이다. 포장에 사용된 재료는 토목공사에 쓰이는 콘크리트패널의 생산과정에서 나오는 불량패널을 재사용한 것이다. 불량패널은 토목구조용으로는 부적합하지만 포장재로 쓰기에는 아무 문제가 없다. 특히 불량패널은 그 자체가 쓰레기여서 폐기하는데도 많은 비용이 따른다. 하지만 포장재로 활용하면 강도도 충분하며, 무엇보다 지표로 물이 스며들어 패널과 패널 사이로 식물이 자라는 친환경 포장재가 된다.

4. 설계방법론 '채나눔'

필자는 '채나눔'이라 이름 붙인 설계방법론을 주창하고 시도해왔다. '채나눔'의 근저는 전통적 건축을 포함하는 삶의 지혜에 있고, 그 지혜는 삶의 방식에서 온다. 필자는 현대건축의 양상이 모두 지혜롭다고 생각하지 않는다. 이제 건축은 구조물로서의 집이 아니라 생각하는 방식과 사는 방식에 대해 물어야 한다고 생각한다.

'우리안의 미래 연수원'이 '채나눔'의 모든 것을 구현하고 있다고 보기는 어렵지만 채나눔이 주장하는 맥락과는 닿아 있다고 생각한다. '채나눔' 주장을 간략하게 기술한다.

4-1 불편하게 살기

건축의 주체는 인간이다. 인간은 어떻게 살아야 하는가. 편하게 살려하는 욕망이 문명·문화의 흐름을 주도한 것은 사실이나 그것이 반드시 바람직하지는 않다는 지적은 끊임없이 제기되어 왔다. 환경파괴와 오염·공해·화석에너지의 고갈 등의 문제는 결국 편하게 살기의 후유증이다. 건축 또한 그러한 지적에서 자유롭지 않다. 그럼 이에 대한 대안은 무엇일까? 바로 불편하게 사는 것이다. 물론 불편하게 사는 일은 힘들다. 그러나 본질적으로 친환경 건축·생태적 건축·지속가능한 건축은 편리보다는 불편을 전제로 할 때 그 가능성이 커지고 의미가 확장된다. 불편하게 살기는 임상적 불편함을 강제하는 것이 아니라 자발적 불편함을 삶의 방식에 근간으로 놓자는 권유다.

4-2 밖에 살기

건축공간은 내부공간과 외부공간으로 구성된다. 현대건축공간의 구축기술은 불가능한 것이 없어 보인다. 초고층과 초대형의 추세는 그 끝을 모른다. 그럴수록 건축은 외부공간을 잃어버리고 내부공간을 지향한다. 거대한 내부공간에 시간과 계절을 담아 놓고, 각종 인공적 설비로 자연요소를 연출한다. 그러면서 사용자들은 자연을 잃어버렸다고 탄식한다. 건축은 기후조건에 어울릴 수 있는 장치가 있을수록 좋은 건축이지만 현대건축은 그렇지 못하다. 농촌주택이 도심형아파트를 닮아가는 현상이 그 단적인 폐해다. 외부공간으로 설계된 발코니를 내부화시키고 사라진 외부공간을 동경하는 모순이 건축을 슬프게 한다. 가능한대로 밖을 많이 거느린 공간이 여유로운 건축이다. 밖에 살기는 외부공간과 쓰임을 확장시키자는 뜻이다.

4-3 늘려 살기

사회적 의사소통방식이 발달할수록 모든 종류의 동선도 짧아진다. 고속도로·초고속열차 등의 교통수단이 대표적 예다. 대규모 건축에서의 동선계획도 본질적으로 이와 다르지 않다. 동선은 짧을수록 좋다는 근대건축의 주장은 초고층·대규모의 건물에서는 적절한지 모르지만 모든 건축에 통용될 명제는 아니다. 특히 주거·교육·종교·문화시설 등에서의 동선개념은 재고할 문제다. 공간은 사람이 만들지만 공간은 다시 인간의 사유에 영향을 미친다. 삶의 방식이란 결국 사유의 문제다. 이처럼 사유가 깃드는 건축공간을 만들기 위해서는 같은 양의 공간이라면 가능한 한 흩어지게 배치하고, 동선도 멀리 떼어놓자는 주장이다. 그러나 건축은 사회적 제약과 물리적 조건에 지배를 받는다. 따라서 일정한 한계가 정해져 있는 경우의 건축계획에서 동선을 길게 늘리는 것은 물리적으로 쉽지 않다. 특히 단일건물 속에서의 동선은 더욱 그렇다. 문제는 모든 종류의 동선을 단축하는 것이 아니라 길게 늘리는 동선도 필요하다는 것이다. 이 방에서 저 방으로의 거리가 좀 더 벌어져 있어 한 걸음 두 걸음 더 걸으면 좋지 않은가.

'채나눔'의 '불편하게 살기', '밖에 살기', '늘려 살기'는 인간·공간·시간에 대한 건축적 인식방향을 전환할 것을 권유한다. '편하게만 살려고 하지 말자', '안-내부공간-에서만 살려고 하지 말자', '모든 동선을 짧게 연결하려고만 하지 말자'로 바꾸어 이해하면 좋겠다.

위의 주장은 건축적 배치 · 형태를 통해서 한 덩어리 보다는 가급적 여러 덩어리로 나뉘어 구성되는 결과로 표현된다. 내부공간은 가급적 홑켜 공간을 지향한다. 홑켜 공간은 채광 · 통풍 · 환기 등의 쾌적성을 확보하는데 매우 유리하다.

각 공간들을 연결하는 방법에서도 내부공간 ↔ 내부공간의 방법보다는 내부공간 ↔ 외부공간 ↔ 내부공간의 방법을 택한다. 내부공간과 내부공간 사이에 적절하게 개입되어 있는 외부공간은 단순한 외부가 아닌, 내부공간과 의도적으로 연계된 외부공간으로 건축적 영역을 확장시키며 공간배치의 다양성을 갖는다. 또한 단위 채가 지니는 규모가 비교적 적기 때문에 지형을 활용하는 자세에서 조금 더 유연하다.

형태적인 분리 · 분할을 통한 '채나눔' 이 아닌 경우도 있다. 홑켜로 구성된 공간들이 연속되거나 단일한 형태 속에 외부공간이 확보된 경우도 있을 수 있다.

5. 맺는 말

미래사회에 대한 고민은 여러 가지이며 그것은 우리 만의 문제가 아니다. 그 중 하나가 화석에너지의 고갈 문제인데 화석에너지를 가장 많이 사용하는 분야가 건축에서의 난방이기 때문이다.

'우리안의 미래 연수원' 은 난방에너지에 대한 고민에서 출발한 프로젝트다. 버려지는 쓰레기를 이용하여 재활용에너지를 얻는 '분자로' 방식과 함께 목구조 결구방식과 마감재료 등에 관한 여러 가지 시도가 함께 어우러져 있다. 그 시도들은 아직도 진행-일부 보수 및 교체공사- 중이다. 그 시도는 힘들고 '불편' 하다. 우리가 미래사회의 지속가능성과 환경문제와 생태적 삶을 걱정한다면 그러한 문제의 시발점이 어디서 온 것인가를 물어야 할 것이다. 오늘 이 사회가 겪는 문제가 편안함과 편리성만을 추구한 결과인 것은 누구도 부인하지 못한다. 그렇다면 대안은 권유할 만한 '불편' 을 어떻게 건축화시키며, 나아가 이를 삶의 방식으로 승화시키는 방법과 철학에 대한 모색에 있을 것이다. '우리안의 미래 연수원' 은 그 의도를 담고 계속 실험 중인, '불편' 한 연수원이다. 그 '불편' 은 자발적인 것이다.

멀지 않은 미래도 예측하기가 점점 어려워지고 있다. 한정된 자원을 소비하는 제반 분야에서 권유할 만한 '불편' 을 실천하지 않는다면, 어느 날 갑자기 우리는 원치 않는 '불편함' 을 강요당하게 될지 모른다.

【 저자 소개 】

크리스찬 일리아스(Christian F. R. Illies)

E-mail : christian.illies@uni-banberg.de

After his studies of biology, physics, philosophy, and history of art in Heidelberg and Konstanz (Diplom-Biologe 1989), Christian Illies continued his studies of philosophy in Paris and as a Rhodes-Scholar in Oxford where he got his DPhil in 1995. From 1995 to 2002, he was a Hochschulassistent at Essen University. In 1999, he went to the University of Notre Dame (Indiana) as a Visiting Assistant Professor, and was affiliated with the European College of Liberal Arts (ECLA) between 2001 and 2002. In 2002 he completed his Habilitation at the Technical University Aachen. At the same year, he became Universitairdocent of philosophy and ethics of technology at the Technical University Eindhoven where he co-organized the Center of Excellence for Ethics in Technology of the three Dutch technical universities. From 2006 to 2008, Christian Illies was KIVI-NIRIA Professor for Philosophy of Culture and Technology at the Technical University Delft. Since 2008 he holds the chair for philosophy at the Otto-Friedrich University Bamberg/ Germany.
His research focuses on ethics and meta-ethics, philosophy of biology, philosophical anthropology, and philosophy of culture and technology. He is the author of Darwin (Freiburg 1999, co-authored with V. Hösle), The Grounds of Ethical Judgement (Oxford 2003), and Philosophische Anthropologie im biologischen Zeitalter (Frankfurt 2006).

최미정 E-mail : mjc294@kmu.ac.kr

서울대학교 국문학과를 졸업하고 동대학원 국문학 전공으로 문학박사 학위를 받았다. 현재 계명대학교 한국어문학과 교수로 재직 중이다. 저서로는 『고려속요의 전승 연구』가 있으며, 요즘은 조선 중기의 문학 현상을 중심으로 논문을 발표하고 있다. 최근 논문으로는 「충신연주지사에서의 주체와 타자」, 「국경 논의를 바라보는 근대 · 탈근대 그리고 대안적 근대성론의 관점」 등이 있다.

심경호 E-mail : sim1223@korea.ac.kr

1975년에 서울대학교 인문대학에 입학하여 1979년에 국어국문학과를 졸업하고, 1981년에 동대학원 국문학전공 석사학위를 취득했다. 이후 1983년부터 1988년까지 일본 교토대학 문학연구과 중국문학전공의 박사과정에 유학하고, 1989년 1월에 교토대학에서 「조선시대 한문학과 시경론」으로 문학박사학위를 취득했다. 1990년 이후로 한국정신문화연구원(현 한국학중앙연구원)과 강원대학교 인문대학 국문학과의 조교수를 거쳐 1995년 9월부터 고려대학교 문과대학 한문학과 교수로 재직 중이다. 2010년에는 일본 메이지(明治)대학 문학부 객원교수를 겸하였다. 국내에서 성산학술상(2002년), 우호인문학상(2010년)을 수상하고, 일본에서 시라카와 시즈카 기념 동양문자문화학술상(2006년)을 수상한 바 있다. 한국학술진흥재단(현 한국과학연구재단)선정 제1회 인문사회과학분야 우수학자이기 하다.
저서로 『강화학파의 문학과 사상』(1-4, 공저), 『한국한시의 이해』, 『국문학연구와 문헌학』, 『김시습평전』, 『산문기행』, 『한시의 세계』, 『간찰』, 『한학입문』, 『내면기행』 등이 있고, 역서로 『원중랑전집』(10책, 공저), 『증보역주지천선생집』(4책, 공역), 『서포만필』(2책) 등이 있다.

히나타 가즈마사(日向 一雅) E-mail : hinat030@kisc.meiji.ac.jp

1942년 야마나시현 출생이며 야마나시대학(山梨大学) 문학부 졸업 후, 동경대학에서 석 · 박사학위 취득하였다. 1978년 관동학원여자단기대학 조교수, 1987년 성심여자대학 교수를 역임한 후, 1992년부터 현재까지 메이지대학 교수로 재직 중이다. 2000년 「겐지이야기의 준거와 화형

(源氏物語の準拠と話型)』으로 무라사키시기부(紫式部) 학술상을 수상하였다. 주요저서로 『겐지이야기의 시발-기리쓰보권 논집(源氏物語の始発-桐壺巻論集)』(2006), 한국어역 『겐지이야기의 세계(源氏物語の世界)』(2006), 『겐지이야기-그 세계와 문화(源氏物語-その世界と文化-)』(2004)외 다수가 있다.

지순임 E-mail : chee@smu.ac.kr

상명대학교 미술교육과를 졸업하고, 홍익대학교 대학원 미학미술사학과에서 미학전공으로 인문학 석사와 철학박사학위를 받았다. 현재 상명대학교 조형예술학부 미술학과 교수로 재직 중이다. 주된 관심사는 중국의 화론과 한국의 회화이론이다. 주요저서로는 『산수화의 이해』(일지사), 『중국화론으로 본 회화미학』(미술문화)등이 있고, 논문으로는 「진경산수화와 조선성리학」, 「사군자그림의 회화미학적 접근」 등 다수가 있다.

김광욱 E-mail : kyk762@kmu.ac.kr

단국대학교 대학원에서 한문학으로 문학박사학위를 취득하였다. 현재 계명대학교 미술대학 서예과 교수로 재직 중이다. 저서로는 『한국서예시연구』, 『서예학개론』, 『한국서예학사』가 있고, 편역서 『서법연구』와 편저로 『행초서미학』이 있다.

제임스 그레이슨(James Grayson) E-mail : j.h.grayson@sheffield.ac.kr

Trained as an anthropologist, James H. Grayson served as an educational missionary of the United Methodist Church USA in Korea from 1971 to 1987, and taught at Keimyung University during the late 1970s and early 1980s. From 1987 until his retirement in 2009, he was Professor of Modern Korean Studies in The University of Sheffield, England. His research has focussed on the anthropological study of religion, especially Christianity.

석용진

영남대학교 미술대학 회화과 졸업하고 89 제1회 대한민국 서예대전 대상 수상, 05 제1회 서울서예비엔날레 특별상(서울, 공평아트센터)을 수상하였다. 현재 영남한국화회, 대한민국 현대한국화회, 물파 동인이며, 지금까지 개인전을 34회 가졌다. 주요 전시회로는 동아시아 문자예술의 현재진(서울.예술의 진당) Art of Ink in America(L.A), 한국미술100인초대선(대구, 인터불고호텔 갤러리), 독일 · 한국 묵향초대전(독일, Berlin), 대구아트페어 (대구, 엑스코), Miami Scop Art Fair (USA Miami), 서울아트페스티발(서울, 노보텔앰버서더), Asia Top Gallery Hotel Art Pair(HongKong), Sound & Image Multisensory Echo전(대구, 경북대학교미술관), SOAF(서울, 코엑스) 등이 있다.

이일훈 E-mail : eilhoon@freearchi.com

한양대학교 건축공학과를 졸업하고 건축설계 실무경험을 쌓으면서 건축평론을 병행했다. 경기대건축전문대학원 대우교수와 문화관광부 정책자문위원을 역임했다. '기찻길 옆 공부방', 천주교 '자비의 침묵 수도원', '불교 도피안사 향적당', '밝맑도서관' 등의 건축작업이 있고, 유행하는 '건물' 아닌 근원적 '건축'은 무엇인가에 몰두해 있다. '식물성의 사유'를 지닌 건축가로 불린다. 『뒷산이 하하하』, 『나는 다르게 생각한다』, 『모형 속을 걷다』 등의 저서 외 다수의 공저가 있다. 경향신분 테마칼럼 '사물과 사람 사이'를 쓰고 있다.